한국행정학회 재무행정연구회

재정규율과 재정책임의 이론과 실제

권오성 · 김관보 · 김재훈 · 김철회
박정수 · 이원희 · 이정희 · 인태환
임동완 · 하연섭 공저

도서출판 대영문화사

머리말

1980년대 이래로 영국, 뉴질랜드, 호주, 캐나다, 미국 등 앵글로-색슨계 국가들을 필두로 세계의 주요 선진국은 공공부문의 전반에 걸쳐 행정개혁을 추진해 오고 있다. 이는 경제 여건의 악화와 막대한 재정적자의 누적이라는 위기 의식에서 공공부문의 효율성, 투명성, 책임성을 높이기 위한 것이다. 특히 OECD 주요 선진국은 예산제도를 정부 재정 운영의 성과관리와 연계한 재정규율과 재정책임을 강화하고 있으며, 2008년 이후 미국발 금융위기와 최근의 유럽발 재정위기를 겪으면서 재정건전성 회복이 글로벌 이슈로 대두되고 있다. 우리나라의 경우에도 인구 고령화와 복지 지출의 급격한 증가로 인해 재정위기가 현실화될 수 있음을 우려하는 목소리가 높아지고 있다. 이러한 이유로 최근 재정정책 영역에서 가장 큰 관심을 끄는 주제가 바로 재정건전화와 재정규율이다.

이러한 배경에 따라 한국행정학회 재무행정연구회는 2010년 한국연구재단으로부터 소규모연구회 지원사업을 수주받아 6개월 간 '재정책임의 이론과 실제: 재정규율 및 재정책임성을 중심으로'란 주제로 연구발표회 모임을 성공적으로 마무리짓고 그 실적물을 토대로 이번에 한국행정학회 재무행정연구회 시리즈 제3판『재정규율과 재정책임의 이론과 실제』란 제목으로 책을 발간하게 되었다.

이 책의 내용은 제1편 재정규율과 재정책임, 제2편 주요 국가의 재정규율 사례, 제3편 우리나라의 재정정책과 재정규율, 제4편 종합 등 총 4편에 걸쳐 10편의 논문을 포함하고 있다. 각 장별로 재정규율의 확보 방안, 미국·핀란드·스웨덴·유럽연합(EU)·일본 등의 재정규율 사례, 예산사업과 기금사업의 연계 방안, 재정사업의 수준 평가, 정부회계제도, 국가공공채무, 프로그램(사업)예산제도 등에 대한 쟁점과 대책을 담고 있다. 집필 과정에서 가급적이면 질적인 많은 논문을 포함하고자 재무행정연구회 모든 회원에게 집필 참여를 공지했지만 아쉽게도 기대만큼 포괄적인 내용을 다루지 못했다. 추후 재무행정연구회의 지속적인 연구를 통해 개정판을 발간할 경우 보완하려고 한다.

아무쪼록 이 책이 우리나라 재정건전화를 위한 이론적 기초를 제공함은 물론 정부의 국가재정 운영을 위한 정책 과정에 도움이 되기를 기대한다. 특히 이 책은 예산 및 국가재정을 연구하는 학부 고급학년과 대학원의 석사 또는 박사 과정, 정부의 실무자들에게 참고 교재로 활용될 수 있을 것이다.

끝으로 이 책 발간의 모태가 된 한국연구재단 소규모연구회 모임 지원사업 제안서 기획에 큰 기여를 하신 박석희 교수님께 감사드리며, 또한 당초 발간 계획보다 1년이 지연되었음에도 불구하고 인내를 가지고 도움을 주신 이원희 현 회장님과 편집위원회 하연섭 교수님, 이정희 교수님, 무엇보다도 공사다망한 가운데 이 책의 발간에 적극적으로 협조해 주신 집필진의 노고에 감사드린다. 또한 이 책의 출판을 흔쾌히 수락해 주신 대영문화사 임춘환 사장님과 이 책의 편집을 위해 수고를 아끼지 않은 관계자 여러분께도 감사의 말씀을 드린다. 이 한 권의 책 속에 한국행정학회 재무행정연구회 회원 모두의 얼이 담겨 있음을 전하고 싶다.

2012년 11월

한국행정학회 전(前) 재무행정연구회 회장

김관보

인사말

여자가 아이를 출생하는 과정에서 남편을 그렇게 미워할 수 없다고 한다. 그리고 다시는 아이를 낳지 않으리라 다짐한다고 한다. 그러나 출산의 고통이 지나고 아이가 사랑스럽게 자라나는 모습을 보면서 또 출산을 하는 모습을 본다. 책을 출판한다는 것이 그러한 기분이 아닐까 한다. 오랜 시간 계획하고 준비하고 원고를 정리하는 과정이 새로운 생명을 탄생시키는 것에 유사한 고통과 인내를 요구한다. 다시는 이런 소모적인 일을 하지 않겠다고 다짐한다. 그러나 책이 출판되고 그 책을 통해 새로운 지식과 지혜가 공유되어 사회에서 회자되고 논의되는 과정을 지나다 보면, 새로운 과제를 생각하게 되고 새로운 책을 출판해야 한다는 의무감을 갖게 된다.

2007년에 한국행정학회 재무행정연구회의 이름으로 『현대재무행정이론』이라는 단행본을 출판했다. 재무행정을 너무 실무적으로 그리고 제도적으로만 접근하고 있다는 반성을 하면서, 재무행정 관련 이론서를 모아서 출판했었다. 당시 총무로서 신무섭 교수님을 도와 작업을 하면서 신교수님과 같은 순수한 학자적 열정이 없으면 정말 못할 작업이라는 것을 생각했었다.

그러나 전 세계적으로 재정위기가 경제위기로 전이되고 우리 사회에서도 국가채무 논쟁이 점화되는 시기에 김관보 교수님이 회장을 맡으시면서 재정건전화를 위한 이론을 종합하여 단행본을 내자는 분위기가 조성되었다. 그만 과거의 고통을 잊어버리고, 함께 고민을 해보자는 순수 열정만으로 다시 모였다. 2010년에 계획된 책이 2012년에 출판되었으니 꼬박 3년의 세월이 소요된 것이다. 그나마 재정위기의 문제가 바로 해소되지 않고 여전히 우리 사회의 주된 쟁점이 되어 있어 다행이다. 역설적이지만, 이러한 논쟁과 고민이 있기 때문에 재정건전성을 지키고 있다고 믿는다.

무엇보다 이러한 논의를 통해 재무행정 연구자의 범위가 확대되기를 기대한다. 재무행정이 실무적인 내용을 포함하고 있고, 매년 예산이 편성, 심의되면서 새로운 사안이 발생하여 추적을 하기가 어렵다. 심지어 재무행정의 가장 좋은 교과서가 인터넷의 정보라는 이야기도 공감이 가는 대목이다. 그러나 쟁점의 다양성과 접근의 어려움은 학문적 공동체의 필요성을 의미한다. 각자의 고민을 모아서 하나의 흐름을 형성하는 것이 학파가 될 수 있기 때문이다. 이런 맥락에서 재무행정연구회의 연구서 발간 노력이 우리 학계의 새로운 흐름으로 자리매김하기를 기대해 본다. 그런 맥락에서 신무섭 전임 회장님과 김관보 교수님의 순수한 학자적 열정에 대해 존경의 마음을 전한다. 그리고 순수한 열정으로 집필 과정에 참여해 주신 강호의 역량 있는 학자들에게도 감사의 마음을 전한다. 아마 출판기념회를 하면서 그 중 일부는 이미 다음의 출판을 위한 각오를 다지고 있을 것이다.

2012년 11월
한국행정학회 재무행정연구회 회장
이원희

차 례

제 2 편 주요 국가의 재정규율 사례

제 3 편 우리나라의 재정정책과 재정규율

제 4 편 종합

제 1 편 재정규율과 재정책임

제1장 재정규율의 확보 방안

제 1 장 재정규율의 확보 방안

하연섭

제 1 절 서론

2008년부터 밀어 닥친 금융위기와 최근의 유럽발 재정위기를 겪으면서 재정건전성의 회복이 거의 모든 국가에서 초미의 관심사로 떠오르고 있다. 우리나라의 경우에도 인구 고령화와 복지 지출의 급격한 증가로 인해 재정위기가 현재화될 수 있음을 걱정하는 목소리가 높아지고 있다. 이러한 이유로 최근 재정정책 영역에서 가장 큰 관심을 끄는 주제가 바로 재정건전화(fiscal consolidation)와 재정규율(fiscal discipline)이다.

재정규율의 확보는 거시경제의 안정, 외부 충격의 완화, 그리고 총량적 경제 성과의 향상을 위한 필수 요건이다. 거시경제의 안정과 성장을 가능케 하는 재정 상태를 유지하기 위해서는 재정규율의 확보가 필요하며, 이를 통해 과도한 정부 차입과 국가채무의 누적을 사전에 방지해야 한다. 동시에 외부적 충격과 고령화와 같은 미래의 재정적 압력에 대응할 수 있는 재정적 완충장치를 확보한다는 측면에서도 재정규율의 유지는 대단히 중요하다(Kumar & Ter-Minassian, 2007: 2-3).

이 글은 재정규율 확보와 관련된 최근의 논의와 쟁점을 살펴봄으로써, 재정규율 확립을 위한 최적의 방법을 모색하는 데 그 목적이 있다. 서론에 이어 제2절에서는 재정규율 약화의 원인을 근시안적 시계(視界), 공유자원의 문제, 시간적 비일관성, 그리고 정보의 문제로 나누어 설명한다. 이어 제3절부터 제6절까지는 재정규율과 재정건전성을 확보하기 위한 수단으로 제시되고 있는 재정준칙의 제정, 독립적 재정기구의 설립, 예산 과정의 개혁, 그리고 적절한 예산제도의 설계를 각각 살펴보고, 마지막으로 제7절에서는 논의를 요약하고 결론을 맺고 있다.

제 2 절 재정규율 약화와 재정적자의 원인

1 근시안적 시계

근시안적 시계(myopia)는 일반 국민과 정치가 모두에게서 나타난다. 일반 국민은 현세대가 누릴 수 있는 편익에 대해서만 주로 관심을 가질 뿐 현세대의 편익을 위해 미래 세대가 짊어져야 할 부담에 대해서는 큰 관심을 두지 않는 경향이 있다. 이렇게 되면 현세대에 부담을 주는 세부담의 증가는 피하는 대신 정부지출을 늘리게 되어, 그 결과 재정적자의 발생과 국가채무의 누적이라는 현상이 나타나게 된다.

일반 국민보다 더 근시안적 시계를 갖는 사람들이 정치가들이다. 정치가들은 재선의 가능성을 높여줄 수 있는 단기적인 정책에만 초점을 맞출 뿐 정책의 중장기적인 결과에는 관심을 두지 않는 경향이 있다. 정치가들의 근시안적 시계는 정치 과정에 내재되어 있는 불확실성, 다시 말해서 재선(혹은 재집권)에 실패할 수 있는 가능성 때문이다. 선거 패배의 위험성 때문에 정치가들은 정책이 낳을 수 있는 단기적인 결과에만 초점을 맞출 뿐 정책이 파생시킬 수 있는 중장기적인 영향에는 관심을 갖지 않는다. 예를 들어 현재 추진하고 있는 정책으로 말미암아 재정적자가 발생하고, 이로 인해 미래에 증세를 하거나 지출이 감소되더라도 이러한 결과에 대해서는 별 관심을 갖지 않는다는 것이다.

특히, 정치인들은 재선의 가능성을 높여줄 수 있는 팽창적인 재정정책을 선호하기 때문에, 세 부담을 낮추고 정부지출을 늘림으로써 재정규율을 약화시키고 재정건전성을 위협하는 결과를 초래할 가능성이 높다. 나아가 정치가들이 갖는 근시안적 시계 때문에 불황기에 대비하기 위해 호황기에 발생하는 재정흑자를 저축하지 못하고 바로 지출하게 되는 경기순행적(procyclical) 재정정책을 사용함으로써 결국 재정적자를 지속적으로 발생시키는 문제가 나타나게 된다(Calmfors & Wren-Lewis, 2011; Debrun, Hauner, & Kumar, 2007a; Kumar & Ter-Minassian, 2007).

2 공유자원의 문제

소비에서는 경합적이지만 배제가 불가능한 재화를 공유자원(common-pool resources) 혹은 공유재라고 부른다. 공유자원의 경우에는 이 재화를 빨리 확보해서 소비하는 것이 개인 이익을 극대화시키는 방법이다. 따라서 사용에 대한 적절한 통제장치나 공동체 구성원 간 협약이 없으면, 공유자원은 고갈될 위험에 처하게 된다. 공유자원이 갖는 이러한 문제점을 공유지의 비극(the tragedy of the commons)이라 부른다.

그런데 흥미로운 사실은 예산이 공유자원의 특징을 그대로 갖고 있다는 점이다. 공유자원을 중심으로 나타나는 공유된 이익은 제한된 자원, 많은 사용자, 그리고 과다 사용에 의한 고갈이라는 세 가지 특징을 지니는데, 이러한 특징이 예산을 둘러싸고 그대로 나타난다. 일반적으로 예산을 통해 발생하는 편익은 소수의 집단에 집중되는 반면, 이를 위한 비용은 일반 국민에게 널리 퍼지는 경향이 있다. 개별 납세자의 입장에서 보면 특정 사업에 소요되는 자신의 세금 부담은 무시할 수 있을 정도로 작게 나타나기 때문에, 이러한 사안에 대해서는 별 관심을 두지 않는다. 결국 소수의 이익집단에 대한 혜택의 집중과 일반 국민들에 의한 비용의 폭넓은 부담이라는 현상이 나타나게 되며, 특수이익의 보호를 위해 사회적 총비용이 사회적 총편익을 상회하는 예산정책을 채택하게 된다. 이것이 곧 재정적자와 국가채무의 발생으로 연결되는 것이다(하연섭, 2010).

소수에 대한 편익의 집중과 일반 국민에 대한 비용의 분산이라는 예산의 특징 때문에, 예산을 둘러싸고 윌슨(Wilson, 1989)이 이야기하는 고객정치(client politics)와 기업가정치(entrepreneurial politics)가 나타난다. 편익이 집중되는 소수의 사람들은 자신의 편익을 유지하기 위해 사업의 계속 혹은 확대를 줄기차게 요구하는 반면, 일반 국민들은 이 사안에 대해 무관심하다. 이러한 고객정치로 말미암아 정부지출은 지속적으로 늘어나는 경향이 있다. 반대로, 정부지출을 축소 내지 폐지하려는 움직임은 이른바 기업가정치에 의해 저지되기 일쑤이다. 정부지출의 감소로 인한 비용은 소수의 사람들에게 집중되는 반면, 그 편익은 다수의 사람들에게 분산되는 형태를 취하기 때문에, 피해를 보는 소수의 사람들이 예산 감축을 반대함으로써 사업이 지속되고 궁극적으로 재정규율이 와해되는 것이다(Posner & Blöndal, 2012: 19).

예산을 둘러싼 공유자원의 문제는 동일 세대 내 사회집단 사이에서만 나타나는 현상이 아니다. 정부수입의 동시적인 증가 없이 정부지출만 늘어날 경우 현세대에 편익이 집중되는 반면, 그 비용은 미래 세대에 분산되는 형태를 띠게 된다. 특히, 미래 세대는 현재의 정책 결정에 참여할 수 없기 때문에 미래 세대에 부담을 전가하는 예산정책이 채택될 가능성은 매우 높다. 이를 동세대 내 공유자원의 문제(intra-temporal common-pool resource problem)와 구별하여 세대 간 공유자원의 문제(intertemporal common-pool resource problem)라고 부른다.

예산을 둘러싼 공유자원의 문제는 중앙정부와 지방정부 간 관계에서도 나타난다(Wyplosz, 2012). 특정 지방정부의 입장에서는 자신의 지역민들에게 돌아가는 편익을 지속적으로 늘리는 동시에 그 부담을 다른 지역민들에게 전가시킬 수 있는 정책이 최선의 정책이다. 특정 지방정부가 중앙정부로부터 지속적으로 재정적 지원을 받을 수 있다고 판단하면, 재정지출을 계속해서 늘리려고 할 것이다. 이렇게 되면 특정 지역에 편익이 집중되는 반면 그 비용은 모든 지역의 주민들에게 분산되는 현상이 나타나게 되고, 이는 궁극적으로 재정규율의 와해로 연결될 것이다. 이러한 현상을 정부 간 공유자원의 문제(intergovernmental common-pool resource problem)라고 명명할 수 있을 것이다.

3 시간적 비일관성

시간적 비일관성(time inconsistency)의 문제는 사전적으로 합의된 정책이 사후적으로는 지켜지지 않는 경향을 의미한다. 재정균형의 달성과 거시경제의 안정이라는 목표를 달성하기 위해서는 경기역행적(countercyclical) 재정정책이 필요하다. 불황기에는 재정지출을 늘리는 동시에 조세 부담을 줄이는 정책이 필요한데, 이 정책은 불가피하게 재정적자를 발생시킨다. 이때 발생할 수밖에 없는 재정적자와 국가채무의 문제에 적절히 대응하기 위해서는 호황기에 재정지출을 줄이고 조세수입을 늘리는 정책이 필요하다. 그러나 균형재정을 달성하기 위한 목적으로 호황기에 늘어난 세입을 저축하게끔 만드는 재정준칙이 사전적으로 마련되어 있다 할지라도 호황기에 나타나는 지출 압력 때문에 세입을 저축하는 것이 불가능한 상황이 발생한다. 늘어난 세수입 때문에 지출 압력을 피하기가 어려워 지출이 늘어나는 이른바 경기순행적 재정정책이 나타나는 것이다. 이것이 곧 시간적 비일관성의 문제이다. 결국 시간적 비일관성의 문제 때문에 과도한 재정적자의 발생과 국가채무의 누적 현상이 발생하는 것이다(Balassone & Kumar, 2007b; Debrun, Hauner, & Kumar, 2007a; Kumar & Ter-Minassian, 2007).

4 정보의 문제

재정규율이 약화되는 중요한 원인 중의 하나로 정보의 문제(informational problems)를 지적할 수 있다(Calmfors & Wren-Lewis, 2011). 재정규율을 확보하기 위해서는 예산편성 단계에서 재정적자의 규모를 줄이거나 지출의 확대를 방지하는 노력을 기울일 필요가 있는데, 이 단계에서 왜곡된 정보가 제공될 경우 재정건전화를 위한 정책적 시도가 아예 이루어지지 않을 가능성이 있다.

왜곡된 정보 제공의 대표적인 예가 경제 성장에 대한 낙관적인 예측이다. 정치적인 이유로 집권당은 국민들에게 항상 장밋빛 희망을 주는 것이 필요하다. 바로 이러한 정치적인 이유 때문에 정부는 경제성장률을 과다 예측하려는 경향이 있다. 그런데 경제성장률을 과다 예측하게 되면 예산편성 단계에서는 세입이 늘어나는 것으로 예측되기 때문에 표면적으로는 재정규율이 확립되는 것으로 보이지만, 궁극적으로는 재정건전화에 방해가 된다. 이러한 왜곡된 정보 제공의 문제를 해결하기 위해 후술하는 바와 같이 최근에는 경제 예측 기능을 정부가 아닌 독립된 재정기구에 맡기는 경우가 생겨나고 있다.

제 3 절 재정준칙

1 재정준칙의 개념과 조건

재정규율의 약화는 일반적으로 예산 운용 과정에서 나타나는 재량권(discretion)의 남용이 그 원인이다. 예상치 못한 충격에 효과적으로 대응하기 위해서는 예산 운용에서 재량권의 행사가 불가피하지만, 재량권의 남용으로 인해 재정적자의 누적과 경기순행적 재정정책이 나타날 수 있다. 이러한 재량권의 남용을 사전적으로 방지하기 위해 도입된 정책 수단이 바로 재정준칙이다. 재정준칙(fiscal rules)이란 주요한 예산총량을 규제하는 계량적 목표치(numerial targets)라고 정의할 수 있다. 이론적으로 재정준칙은 국가채무, 재정적자, 총세출, 혹은 총세입을 대상으로 할 수 있으나, 현실적으로는 세입을 제외하고 국가채무, 재정적자, 정부지출을 대상으로 한다. 국가채무에 대한 한도 설정을 목표로 하는 재정준칙을 흔히 국가채무 준칙, GDP 대비 재정적자의 비율 혹은 균형예산 달성을 목표로 하는 재정준칙을 재정수지 준칙 혹은 균형예산 준칙, 그리고 지출한도를 설정하는 재정준칙을 재정지출 준칙 혹은 정부지출 준칙이라고 부른다. 재정준칙의 효과성을 확보하기 위한 방안으로는 법적인 구속력을 부여하는 방안과 투명성을 제고하는 방안이 흔히 거론된다. 재정건전화를 달성하기 위한 수단으로서 최근 재정준칙의 활용이 급격하게 늘어나고 있는데, IMF(2009)의 조사에 의하면 1990년에는 7개 국가만이 재정준칙을 도입하고 있었지만, 2009년도에는 80개국에서 재정준칙을 도입한 것으로 나타났다.

재정준칙을 폭넓게 해석하는 경우에는 재정규율을 확보할 수 있는 계량적 목표치뿐만 아니라 예산제도 등을 모두 포함하는 의미로 사용하고 있다. 반면, 재정준칙을 가장 좁게 정의하는 경우에는 계량적 재정준칙(numerical fiscal rules)만을 의미하기도 한다. 이 글에서 사용하는 재정준칙이란 개념은 계량적 재정준칙만을 지칭하는 개념이며, 예산 과정을 규율하는 공식적·비공식적 규칙을 예산제도(budgetary institutions)로 구분하여 사용하고자 한다. 재정준칙의 개념적 정의나 운영 방식에 대해 아직까지 완전한 합의가 이루어져 있지 않다는 사실 자체가 재정준칙이 아직까지 개념적·정책적 시행착오를 경험하고 있음을 보여주는 것이다.

재정준칙과 관련해서는 다음과 같은 쟁점들이 제기되고 있다.

첫째, 충분한 정치적 의지가 없거나 체계적인 재무행정의 뒷받침 없이는 재정준칙이 효과를 발휘할 수 없으며 정책 신뢰성만을 떨어뜨릴 수 있다.

둘째, 재정준칙, 특히 재정수지 준칙 혹은 국가채무 준칙은 재량권을 제약함으로써 오히려 경기순행적 재정정책을 낳을 수 있다. 경직적인 재정수지(혹은 균형재정) 준칙은 경기순행적 재정정책을 야기하기 때문에 이 문제를 해결하기 위해서는 균형재정이 경기순환 사이클 전체를 대상으로 달성될 필요가 있다. 그러나 경기순환 사이클을 사전에 예측할 수 없기 때문에, 경기순환 사이클에 초점을 맞추는 구조적 수지 준칙은 기대한 성과를 내기 어렵다(Wyplosz, 2012: 10). 어쨌건 재정규율을 확보하기 위해서는 불황기보다 호황기의 재정관리가 더욱 중요하다. 호황기에는 이익집단이나 일반 국민이 더 많은 지출을 요구하게 되고 이에 대해 정부는 세금 감축 혹은 지출 증가로 대응하기 일쑤이다. 이렇게 되면 불황기의 재정적 어려움에 대응할 수 있는 자원을 정부가 갖지 못하는 상태가 나타나기 때문에, 재정준칙은 호황기에 더 강력하게 적용할 필요가 있다(Schick, 2003: 32-33).

셋째, 재정준칙은 총량에만 관심을 가지고 정부지출의 구성에는 관심을 가지지 않기 때문에 삭감하기 쉬운 투자적 지출을 줄임으로써 궁극적으로 경제의 성장잠재력을 떨어뜨릴 수 있다.

넷째, 재정준칙이 도입되면 회계 조작(creative accounting)을 활용하거나 혹은 예산외(off-budget) 활동으로 재정활동을 이전시킴으로써 투명성을 약화시킬 수 있다(IMF, 2009: 15).

재정준칙과 관련해서 제기되는 문제들을 해소하기 위해서는 다음과 같은 조건이 구비될 필요가 있다.

첫째, 재정준칙이 효과적이기 위해서는 회계적 정확성뿐만 아니라 경제적 가정 등과 관련된 투명성 확보가 가장 중요하다(Wyplosz, 2012: 24).

둘째, 다년도 예산 체계(medium-term expenditure framework)를 도입할 필요가 있다. 단년도주의에 입각해서 예산을 운용하게 되면 현재의 재원배분이 미래에 어떤 영향을 줄지 파악할 수 없다. 이와는 달리 3~5년간의 재원 흐름에 대한 사전적 정보와 계획에 입각해서 예산을 운용하게 되면 재정적자의 발생을 사전에 방지할 가능성이 높아진다(하연섭, 2010; Blöndal, 2003).

셋째, 미래 예산 상황에 대한 기준선(baseline) 예측이 필요하다. 기준선이란 정부지출에 영향을 미칠 수 있는 법과 정책이 변동 없이 지속된다는 전제 하에 다음 회계연도에 예상되는 경제적 요인의 변화에 의해 예측되는 지출 수준을 의미한다. 즉, 현재의 정부정책이 그대로 지속될 경우 예상되는 지출 수준을 의미하는 것이다(Forsythe, 1997). 기준선을 예측하게 되면 기준선을 초과하는 금액은 모두 신규 사업이나 사업규모의 확대를 의미하기 때문에 예산 과정에서 특별히 초점을 맞추어 타당성을 검토해야 할 사업이 되는 것이다(하연섭, 2010).

넷째, 정책 변화가 예산에 미치는 영향을 평가할 필요가 있다.

다섯째, 과다 지출을 모니터링하고 이를 교정할 수 있는 절차를 확립할 필요가 있다.

여섯째, 기회주의적인 정치가들이 준칙을 훼손할 수 없도록 하는 강제집행 기제를 구비할 필요가 있다(Schick, 2003: 9).

2 재정준칙의 종류

재정준칙은 크게 절차적 준칙과 계량적 재정준칙으로 구분할 수 있다. 절차적 준칙(procedural rules)은 예산 과정 참여자들의 역할과 상호작용을 규율하는 준칙으로서, 투명성, 책무성 및 재정관리의 향상을 목표로 한다. 절차적 준칙을 활용한 대표적인 사례로는 호주, 뉴질랜드, 영국 등을 들 수 있다. 이에 반해 계량적 재정준칙(numerical fiscal rules)은 예산총량에 대한 구속력 있는 목표치로서 재정수지 준칙(균형예산), 국가채무 준칙(국가채무의 한도), 정부차입 준칙, 재정지출 준칙(지출한도) 등의 형태를 띨 수 있다(Corbacho & Schwartz, 2007: 60). 절차적 준칙은 예산 과정 참여자들 간의 역할과 책임의 배분에 관한 사항만 규정하지만, 계량적 재정준칙은 실질적 예산 결과를 규제하는 것이 차이점이다(Schick, 2003: 10).

절차적 준칙 그 자체로는 재정의 운용에 대해 구속력을 갖지 힘들지만, 예산 과정을 위계적(hierarchical)으로 만들어 재정에 대한 책무성을 강화시키는 것이 특징이다. 다시 말해서, 위계적인 질서를 확립함으로써 예산편성 단계에서는 실무부처보다 중앙예산기관의 영향력을 확대하고, 예산 심의 단계에서는 지지 세력에게 유리한 방향으로 행정부의 예산안을 수정하고자 하는 입법부의 상대적 영향력을 약화시키며, 집행 단계에서는 일단 승인된 예산을 수정하고자 하는 입법부의 시도를 약화시키는 것이 절차적 준칙의 특징이다(Corbacho & Schwartz, 2007: 61). 적절한 절차(due process)가 준수되지 않으면 재정을 효과적으로 관리할 수 없는 것은 분명하다. 그러나 재정준칙을 어겼을 경우 발생하는 정치적 비용이 대단히 큰 경우에만 재정준칙이 준수되고 재정규율이 확립될 수 있는 것이다. 이는 곧 절차적 준칙만으로는 바람직한 실질적 예산 결과를 얻기 어렵다는 것을 의미한다.

계량적 재정준칙은 예산 총량에 대한 구속력 있는 한도 설정을 통해 재정적자의 발생 가능성을 줄이고 시간적 비일관성의 문제를 해소할 수 있다는 장점이 있다. 특히, 계량적 재정준칙이 제정되어 있다는 사실만으로도 당해 국가에 대한 외국 투자자들의 신뢰를 회복시킴으로써 차입 비용을 낮출 수 있는 장점이 있다. 그러나 계량적 재정준칙의 가장 큰 약점은 재정 운용에서 신축성을 저해한다는 것이다. 또한 재정준칙을 회피하기 위한 다양한 수단, 즉 회계 조작, 지표의 왜곡, 예산외 기관의 활용 등 다양한 수단이 활용될 가능성이 얼마든지 있다(Corbacho & Schwartz, 2007: 61-63).

무엇보다도 계량적 재정준칙은 신축성을 저해하기 때문에 경제안정화를 위한 재정운용을 어렵게 하는 것이 가장 큰 문제점으로 지적된다. 바로 이 이유 때문에 신축적인 정책 대응을 저해하지 않으면서 재정정책의 문제를 줄일 수 있는 절차적 준칙이 대안으로 등장하는 것이다(Debrun, Hauner, & Kumar, 2007a: 16).

계량적 재정준칙을 경성준칙과 연성준칙으로 구분하기도 한다. 경성준칙(hard rules)은 경제 상황이나 정치적 선호의 변경과는 상관없이 수정되지 않는 재정준칙을 의미하며, 연성준칙(soft rules)은 정부의 정책 변화에 따라 수정할 수 있는 재정준칙을 의미한다(Schick, 2003: 18).

경성준칙이 연성준칙보다 더 효과적일 것으로 보이지만, 연성준칙이 경성준칙보다 정치적 지지를 받기 용이할 뿐만 아니라 현실적이고 달성 가능하기 때문에 연성준칙이 경성준칙보다 더 효과적인 경우도 있다. 지나치게 경직적인 준칙은 제대로 작동하지 않으며 사실 강제하기도 대단히 어렵다. 재정준칙이 구속력을 지니면, 예산 과정 참여자들은 이를 회피하기 위해 노력하기 마련이다. 신축성을 확보하기 위해 예외 조항(escape clauses)을 두면 재정준칙이 상황 변화에 적응할 수 있는 가능성은 높아지지만, 그만큼 재정준칙을 회피할 수 있는 기회 또한 많아지게 된다.

쉬크(Schick, 2003: 19)에 의하면 경성준칙과 연성준칙을 선택하는 데도 역설이 발생한다. 재정 관련 제반 제도적 장치가 바람직한 재정 결과를 낳을 수 있는 국가에서는 연성준칙이면 충분한 반면, 바람직한 재정적 결과를 낳기 어려운 국가에서는 경성준칙이 필요하다. 그런데 역설적이게도, 경성준칙이 가장 필요한 국가에서는 경성준칙이 효과성을 발휘하기 어려운 반면, 재정준칙이 효과성을 발휘할 수 있는 여건을 갖춘 국가에서는 사실상 (연성이건 경성이건) 재정준칙이 별 필요가 없다는 것이다.

3 계량적 재정준칙

1) 국가채무 준칙

이론적으로 볼 때, 달성하고자 하는 대상에 대한 목표치를 직접적으로 설정하는 것, 즉 국가채무의 규모에 상한선을 설정하는 재정준칙이 가장 이상적인 준칙이다. 국가채무의 한도 설정은 절대 규모가 아니라 GDP 대비 국가채무의 비율로 설정되는데, GDP 대비 국가채무의 비율을 유일한 목표치로 설정하기에는 무리가 따른다. 왜냐하면 국가채무는 그 자체가 직접 통제될 수 있는 대상이 아니라 세입과 세출의 부산물이기 때문이다. 또한 GDP 대비 국가채무 비율은 이자율과 환율 등과 같은 다른 경제적 변수들에 의해서도 영향을 받는다. 이러한 이유로 국가채무 준칙은 재정적자 한도를 설정하는 재정수지 준칙과 함께 사용되는데, 대표적인 예가 EU에서 활용하고 있는 안정과 성장 협약(Stability and Growth Pact)에서 설정된 재정적자 3% 및 국가채무 60%가 목표이다.

2) 재정수지 준칙

재정수지 준칙은 재정적자의 한도를 설정하는 것이므로 이해하기 쉽다는 것이 큰 장점이다. 그러나 재정수지 준칙은 경기 변동과는 무관하게 설정되는 것이므로 실질적인 효과를 파악하기 어렵다는 문제점이 있다. 예산 운용의 결과는 경기순환에 크게 영향을 받기 때문에, 경기가 호전되면 자동적으로 예산 균형이 이루어져 재정적자 목표치가 달성될 수 있다. 이 문제는 경기순환주기 동안 균형을 이루게 함으로써 해결할 수 있지만, 이 구조적 수지 개념 자체가 명확하게 정의되기 어렵기 때문에 예산과정에 불확실성을 야기하는 단점이 있다(OECD, 2010: 258).

더 심각한 문제는 재정수지 준칙이 경제안정화를 오히려 저해할 수 있다는 점이다. 재정수지 준칙은 GDP 대비 몇 퍼센트와 같은 형태로 명목 재정적자의 비율을 정하는 것이 일반적이다. 그러나 이러한 고정적인 목표는 호황기와 불황기를 구분하지 않기 때문에, 경기가 과열되어 있을 때나 경기를 진작시킬 필요가 있을 때를 구분하지 않고 일률적인 재정적자 목표치를 설정한다. 경기안정화를 위해서는 경기 역행적 재정정책을 추구해야 하는데, 이는 불황기에는 세입 감소, 지출 증가 및 재정적자를, 반대로 호황기에는 세입 증가, 지출 감소 및 재정흑자가 발생해야 함을 의미한다. 따라서 균형예산 준칙은 사실상 경기 순행적 준칙으로써 경제안정화에 역행하는 준칙이라고 할 수 있다(Alesina & Perotti, 1999: 15).

이러한 경기순행적 재정준칙의 문제점을 해결하기 위해서는 예외 조항을 두는 상황적 균형예산 준칙(contingent budget-balance rule)을 생각해 볼 수 있지만, 무릇 준칙은 단순해야 한다. 복잡한 준칙은 이를 회피할 수 있는 가능성을 열어주는 것이며, 모니터링의 문제를 야기하기 때문에 궁극적으로 그 유용성이 제한된다. 또한 준칙을 회피하기 위해 회계 조작이 발생하고 왜곡된 정책을 유도함으로써 오히려 역효과를 낼 수도 있다.

재정수지 준칙이 효과를 가지기 위해서는 예산외 기금과 활동을 모두 포함할 필요가 있다. 그렇지 않으면 예산외 활동을 통해 재정은 균형이 이루어진 것처럼 보이게 할 수 있기 때문이다. 또한 재정수지는 그 자체가 통제 가능한 것이 아니며 궁극적으로 세출과 세입의 흐름에 의존하는 것이다. 그러므로 지출한도를 설정하는 재정지출 준칙과 결합되지 않는 재정수지 준칙은 효과를 기대하기 어렵다(Guichard, 2007: 18).

3) 재정지출 준칙

지출한도의 가장 큰 장점은 다른 변수에 영향을 받지 않고 독립적으로 통제가 가능하며, 경제성장률이나 재정적자 규모의 예측에 의존하지 않는다는 점이다. 재정수지 준칙은 예상되는 재정적자의 수준에 따라 그 적용 여부가 결정된다. 이를 회피하기 위해 경제성장률을 낙관적으로 예측하고 이에 기반해서 세수입의 증가를 과다하게 예측하는 동시에 세출의 증가를 과소하게 예측하면 예산편성 단계에서는 재정수지의 목표치가 달성된 것처럼 보일 수 있다. 회계연도 말에 경제 성장과 세입 및 세출의 흐름이 예측과는 차이를 보이고 그 결과 재정적자가 발생한다 할지라도, 재정수지 준칙의 적용은 통상적으로 예산편성 단계에서 이루어지기 때문에 형식적으로는 재정규율이 준수되었다 할지라도 실질적으로 재정건전성이 악화되는 문제가 발생하는 것이다. 그러나 지출한도의 준수 여부는 단순히 지출 총액의 규모만 보면 알 수 있기 때문에 재정수지 준칙과 같은 문제는 발생하지 않는다. 다시 말해서, 재정지출 준칙 하에서는 지출한도를 준수하지 않는 것이 극명하게 드러나고 지출한도를 넘긴 부처가 직접 책임을 질 수 있도록 하는 것이 장점인 것이다(OECD, 2010: 258).

균형재정을 달성하기 위해서는 지출 측면뿐만 아니라 세입 측면에서의 조정도 필요하지만, 현실적으로 세 부담의 수준이 높고 정치적으로 증세를 시도하기 용이하지 않은 만큼 균형재정을 달성할 수 있는 유일한 방법은 지출 통제밖에 없다고 해도 과언이 아니다. 그러나 경기가 호황 국면에 있을 경우 정부는 지출한도를 준수하는 대신 세입을 줄일 가능성이 있다. 이렇게 되면 재정지출 준칙은 준수하지만 재정적자 축소와는 거리가 먼 결과가 나타날 수 있다. 결국 지출에 초점을 맞추기는 하지만, 재정지출 준칙이 세입정책과 독립적으로 설정될 수는 없는 것이다(Balassone & Kumar, 2007a: 52). 특히, 높은 지출과 낮은 세입의 경계가 모호한 만큼 재정지출 준칙 또한 조작될 가능성이 얼마든지 있다. 예를 들면, 지출한도를 준수하는 대신 조세지출(tax expenditures)을 광범위하게 활용함으로써 표면적으로는 재정지출 준칙을 준수하지만 재정건전성이 훼손될 수 있는 가능성이 있다. 이 문제를 해결하기 위해서는 재정지출 준칙을 운용하면서도 조세지출을 모니터링할 수 있는 제도적 장치를 갖출 필요가 있다. 결국 재정적자 발생의 구조적 문제를 해결하기 위해서는 지출한도에 초점을 맞추면서도 세입 측면을 모니터링할 수 있는 제도적 장치를 갖추는 동시에, 재정수지 준칙을 함께 활용하는 것이 필요하다(Balassone & Kumar, 2007a; Schick, 2010).

재정지출 준칙을 운용하는 데는 한도 설정의 대상이 되는 재정지출의 포괄 범위, 투자적 지출과 경상적 지출의 구분 여부, 포함되는 정부의 범위, 지출의 시간적 범위, 지출한도의 기준, 회계 방식 등이 매우 중요한 쟁점이다.

(1) 재정지출의 포괄 범위

한도 설정의 대상이 되는 지출 총량은 가능한 한 포괄적이어야 한다. 지출 통제 대상이 포괄적이어야만 총량지표에 포함되지 않은 영역의 지출을 늘림으로써 지출한도를 벗어나는 행위를 제어할 수 있기 때문이다. 예를 들어 지출한도가 경상적 지출만을 포함하고 있을 경우 지출 항목을 자본적 지출로 옮겨 지출한도를 피해 나갈 수 있다. 또한 공기업이 지출한도에 포함되어 있지 않으면 공기업에서 수행하는 활동 영역을 넓힘으로써 지출한도를 회피할 수 있다. 유사재정적 기관(quasifiscal bodies)을 설립해서 일반정부 부문에서 수행해야 하는 사업을 맡길 수도 있다. 중앙정부에 대해서만 지출한도가 설정되어 있으면 지방정부의 지출을 활용할 수도 있는 것이다(Balassone & Kumar, 2007a: 49-50). 다시 말해서, 좁은 범위의 재정지표에 초점을 맞추는 재정준칙은 예산외 기금, 공기업, 혹은 지방정부로의 지출의 이동을 통해 그 효과성이 제한될 수밖에 없다.

(2) 투자적 지출과 경상적 지출

단기적으로 지출을 삭감하더라도 정치적으로 덜 민감한 예산 항목이 삭감되는 경향이 있기 때문에 투자적 지출을 지출한도에서 제외할 필요가 있다고 주장되기도 한다. 특히, 경상적 지출에 비해 지출 삭감의 단기적 효과가 뚜렷하게 나타나지 않는 투자적 지출을 먼저 삭감하는 경향을 제어하기 위해 지출한도에서 투자적 지출을 제외하는 이른바 황금률(golden rule)이 도입된 경우가 있다. 그러나 투자적 지출을 지출한도에서 제외시키면 지출한도 준수 여부를 모니터링하기 어려울 뿐만 아니라 지출한도를 회피하기도 쉬워진다. 또한 경상적 지출과 투자적 지출을 현실적으로 구분하기도 쉽지 않다. 예를 들어 교육예산은 인적자본에 대한 투자라는 측면에서는 투자적 지출로 분류할 수 있지만, 반복적인 지출이라는 측면에서는 경상적 지출로 분류할 수도 있다.[1] 또한 모든 투자적 지출이 생산적이라고 주장할 근거도 없기 때문에 투자적 지출을 제외하는 것은 바람직하지 않다. 이러한 이유로 최근에는 영국과 독일 모두 황금률을 파기한 바 있다(Guichard et al., 2007: 19; OECD, 2010: 258).

1) 일반적으로 자본적 지출로 분류되기 위해서는 대규모 지출이며 비반복적이어야 하고 투자의 효과가 장기간에 걸쳐 나타난다는 세 가지 조건을 동시에 충족해야 한다.

(3) 정부의 범위

지방정부가 상당한 세입·세출 권한을 갖고 있는 상황에서 재정준칙이 중앙정부에만 해당될 경우에는 지출 권한을 지방정부에 이관시킴으로써 재정건전화 노력을 벗어날 가능성이 있다. 따라서 재정준칙은 중앙정부뿐만 아니라 지방정부를 포함해야 한다.

중앙정부와 지방정부 간 수직적 재정불균형이 심한 경우에는 지방정부의 책임 있는 재정 운용을 기대하기 어렵다. 지방정부가 경험하는 재정 갭을 중앙정부가 지속적으로 메꾸어주는 한, 중앙과 지방 사이에는 예산을 둘러싼 공유자원의 문제가 나타날 수밖에 없기 때문이다. 중앙정부와 지방정부 간 나타날 수 있는 공유자원의 문제를 해결하기 위해서도 재정준칙은 지방정부를 포함할 필요가 있다. 그러나 수직적 재정불균형이 존재하는 상황에서 지방정부의 예산 운용에 제약을 가하게 되면 이는 공공서비스 질의 저하로 나타날 위험성이 있다. 그러므로 재정준칙이 지방정부까지 포함할 경우에는 중앙정부와 지방정부가 동일한 회계 방식과 재정보고 체계를 갖출 필요가 있으며, 중앙정부가 지방정부의 세입·세출을 모니터링할 수 있는 능력을 갖추고 있어야 한다(Corbacho & Schwartz, 2007: 72-73; Schick, 2010: 11).

(4) 시간적 범위

경제안정화정책과 재정건전화 모두 다년도 예산 체계 없이는 수행되기 어렵다. 특히, 재정지출 준칙이 단일 회계연도에만 적용될 경우에는 지출을 다음 연도로 넘김으로써 지출한도를 쉽게 피해 나갈 수 있다.

그러나 경기 전망을 낙관적으로 함으로써 얼마든지 재정규율을 피해 갈 수 있기 때문에, 다년도 예산 체계가 실제로 재정규율을 강화시킬 수 있는지에 대해서는 의문의 여지가 있다. 이 문제를 해결하는 방법은 크게 두 가지이다. 하나는 독립적 재정기구를 통해 객관적인 경제 예측을 하도록 하는 방법이고, 다른 하나의 방법은 다년도 예산 체계를 운용한다 하더라도 3~5년을 대상으로 하는 지출한도를 사전에 확정짓는 것이 아니라 연동계획(rolling plan) 형태로 가게 하는 방법이다.

연동계획 형태로 가게 되면 계획 당시의 가정과 달리 거시경제가 움직인다 할지라도 계획의 수정이 가능하기 때문에 계획 작성 시점에서의 낙관적 경기 예측이 큰 영향을 미치지 못한다. 동시에 연동계획을 작성하게 되면 경기 변동에 따라 계획의 수정이 가능하기 때문에 정부가 재정 운용에서 상당한 신축성을 가질 수 있다. 그런데 이때 제기되는 문제는 신축성은 항상 남용될 위험성이 있다는 점이다. 연동계획 형태로 가게 되면 정부가 바뀔 경우 계획 자체를 아예 수정함으로써 궁극적으로 재정규율이 와해될 수 있는 위험성이 있다. 이 경우 정부의 임기 시작 시점에서 임기 동안 지출한도를 고정시켜 놓고 지출한도를 수정할 수 있는 비상계획(contingency plans)을 갖추어 놓는 것이 투명성을 확보하는 동시에 책무성을 강화할 수 있는 방법이다(Balassone & Kumar, 2007a: 50-51).

(7) 명목한도와 실질한도

지출한도 설정에서 명목한도를 사용할지 실질한도를 사용할지도 쟁점이 된다. 인플레이션, 디플레이터 등을 활용해서 목표 달성 여부를 판단하는 실질한도에 비해 명목한도는 이해하기 쉽고 모니터링하기 용이하다는 것이 장점이다. 또한 명목한도를 사용하게 되면 예상보다 높은 인플레이션이 발생했을 경우 정부지출을 자동적으로 낮추게 하기 때문에 자동안정화 장치가 좀 더 강력하게 작동하는 것도 장점이다. 그러나 명목한도 설정에 따른 이러한 지출의 급격한 감소는 재정건전화에는 기여하지만 예산의 순조로운 집행에는 방해가 될 수도 있다(Balassone & Kumar, 2007a: 51).

(8) 회계 방식

발생주의회계와 현금주의회계 중 어떤 회계 방식을 사용할 것인지도 쟁점이다. 정부재정 상태를 명확하게 파악하고 장기적인 시각에서 재정을 운용하도록 유도한다는 측면에서 보면 발생주의회계가 일반적으로 현금주의회계보다 우월하다. 발생주의회계는 정부의 재정 상태를 좀 더 정확하고 투명하게 보여주기 때문에, 이러한 재정 상태에 대한 정확한 판단을 통해 재정건전성 확보에 도움을 줄 수 있는 것이다(하연섭, 2010: 309). 그러나 발생주의회계는 비용 산정 등이 신속히 이루어지지 않기 때문에 회계연도 내에서의 예산 조정이 이루어지지 않을 가능성도 있다.

현금주의회계는 현금의 유·출입 시기를 조정함으로써 회계를 조작할 가능성이 있다. 예를 들어 현금 지급 시기를 다음 회계연도로 미룸으로써 재정적자가 실제보다 적게 나타나게 할 수 있다. 발생주의회계에서는 현금의 유·출입 시기 조정을 통한 회계 조작의 가능성은 없다. 그러나 발생주의회계에서도 이자율에 대한 가정의 변경, 자산가치의 변경 등 좀 더 내밀한 상태에서 회계 조작이 이루어질 가능성은 얼마든지 있다. 게다가 이러한 조작은 기술적 가정을 내밀하게 변경시키는 것이므로 현금주의회계에서 이루어지는 회계 조작에 비해 발견하기도 쉽지 않다(하연섭, 2010). 이러한 이유로 재정규율 확보를 위해서는 두 회계 방식을 함께 사용하고 상호 검증을 하는 것이 좀 더 바람직한 방법이 될 것이다.

제 4 절 재정기구의 설립

재정규율을 회피하기 위해서는 예산외로 재정활동을 옮기거나 낙관적인 경제 예측을 통해 세입은 과다하게, 세출은 과소하게 예측함으로써 사전적 재정규율을 회피할 수 있다. 이 문제를 해결하기 위해서는 투명성 확보가 대단히 중요한데, 이를 위한 수단으로서 독립적 재정기구의 설립에 관한 논의가 최근 이루어지고 있다(Alesina & Perotti, 1999; Calmfors & Wren-Lewis, 2011; Debrun, Hauner, & Kumar, 2007b).

두 가지 유형의 재정기구들(fiscal agencies)이 최근 거론되고 있다. 하나는 독립적인 중앙은행과 유사한 독립적 재정기구(independent fiscal authorities)이며, 다른 하나는 재정정책에 대한 결정권을 갖고 있지는 않으나 재정정책에 대한 독립적인 분석을 행하거나 규범적인 평가를 내리는 이른바 재정평의회(fiscal councils)이다.

독립적 재정기구의 설립은 사실상 불가능하다. 무엇보다도 중앙은행과 달리 독립적 재정기구에 대해서는 민주적 책무성의 문제가 대두되기 때문이다. 또한 정부와 독립적 재정기구 간 갈등이 생길 경우 정책 혼란이 초래될 위험성을 배제할 수 없다. 이러한 이유로 아직까지 독립적 재정기구를 설립한 예는 없다(Debrun, Hauner, & Kumar, 2007b: 114-15).

이보다 현실적인 대안이 재정평의회인데, 이는 세 가지 유형으로 분류할 수 있다.

첫째, 재정정책에 대한 객관적 분석을 행하는 유형이다.

둘째, 독립적인 경기 전망과 경제 예측을 하는 유형이다. 정부에 의해서 경제 예측이 이루어질 경우 과다 예측이나 과소 예측의 위험성이 있기 때문에 경제 예측에 대한 기능을 독립적인 기구에 위임한 경우들이 있다.

셋째, 규범적인 판단을 행하는 유형으로서, 주어진 거시경제 여건 하에서 바람직한 재정정책의 방향 등에 대한 규범적인 판단을 하는 유형이다(Debrun, Hauner, & Kumar, 2007b: 115).

재정평의회의 정책조언에 대해 정책결정자들이 귀를 기울일 경우에만 이러한 기구들이 효과를 가질 수 있다. 재정평의회의 활동을 통해 적절한 재정정책이 만들어질 수 있는 제도적·환경적 조건이 구비되어 있는 국가에서나 재정평의회가 설립되고 운영된다는 것이다. 이는 이른바 역인과성(reverse causality)을 보여주는 경우이다(Wyplosz, 2012: 12).

제 5 절 재정준칙과 예산 과정

재정규율이 와해되는 근본적인 원인은 공유자원의 문제이다. 공유자원의 문제를 해결하는 방법은 공유자원 사용자들 사이의 협약을 만들거나 혹은 공유자원을 전체적인 차원에서 관리하는 권위 있는 조정자를 두는 것이다. 협약이 구속력을 가진다면 공유지의 비극을 사전에 방지할 수 있다. 재정준칙은 공유자원을 둘러싼 사용자 간 협약에 다름 아니다.

공유자원을 전체적인 차원에서 관리할 수 있는 권위 있는 조정자란 예산 과정에서는 예산을 전체적인 시각에서 파악할 수 있는 중앙예산기관(central budget office)을 의미한다. 중앙예산기관의 역할이 강화되기 위해서는 예산 과정 전체가 집권화될 필요가 있으며, 예산 과정에서 전체와 부분이 분리될 필요가 있다.

예산 과정에서 전체와 부분의 분리가 가능한 예산제도가 이른바 하향식(top-down) 예산제도이다. 하향식 예산제도에서는 정부부처의 예산요구액을 최종적으로 합산하는 과정에서 예산의 총액이 정해지는 것이 아니라 예산의 총액을 미리 정해 놓은 상태에서 부문 간, 부처 간 예산배분이 이루어지는 것이 특징이다. 예산의 총액이 먼저 정해지기 때문에 예산 증가를 억제할 수 있고 궁극적으로 재정규율을 확보할 수 있는 것이 하향식 예산제도의 최대 장점이다(Posner & Blöndal, 2012; Wyplosz, 2012).

하향식 예산제도 하에서의 예산 과정은 이른바 '2단계 예산 과정(two-stage

budget process)'을 밟는다. 전체 예산 규모가 결정된 후, 구체적인 프로그램예산이 결정되는 과정을 순차적으로 밟는 것이 특징이다. 행정부의 예산편성 단계이건 의회의 예산 심의 단계이건 전체 예산 규모가 먼저 결정된 후 구체적인 사업예산이 결정되는 2단계 예산 과정이 재정규율 확립에 도움이 되는 것으로 알려져 있다. 그러나 2단계 예산 심의 과정을 밟고 있는 대표적인 예라할 수 있는 미국 의회의 예산 과정을 보면 2단계 예산 과정이 반드시 재정건전화에 기여하는 것이 아님을 알 수 있다.[2] 페레존과 크레빌(Ferejohn & Krehbiel, 1987)의 연구에서도 순차적 예산 과정이 반드시 예산 규모의 축소를 가져오는 것이 아님을 밝히고 있다. 이들에 의하면, 예산 규모가 결정의 순서와 완전히 독립적이라고 할 수는 없지만, 예산의 규모에 가장 큰 영향을 미치는 요인은 예산 구성에 대한 의원들의 선호 분포라는 것이다. 이 연구 결과는 예산 과정이 예산 규모에 미치는 영향을 단순화하는 것은 위험하다는 것을 보여준다(Alesina & Perotti, 1999: 19).

재정준칙의 필요성은 적절한 예산 과정이 구비되어 있다 하더라도 이것이 바람직한 예산 과정으로 연결되지 않는다는 인식에 기초하고 있다. 적절한 과정이 적절한 결과로 연결되지 않는 한 재정규율을 확립하기 위해서는 예산에 대한 실질적인 한도를 설정하는 것이 필요하다. 예산 과정을 통해 세대 간 공유자원의 문제, 세대 내 공유자원의 문제, 정부 간 공유자원의 문제를 야기하는 정책이 만들어지고 이것이 재정건전화와는 정반대되는 결과를 얼마든지 낳을 수 있기 때문이다.

쉬크(Schick, 2010)에 의하면, 적절한 예산 과정뿐만 아니라 적절한 재무행정 체계를 구비하고 있더라도 이것이 반드시 바람직한 정책으로 연결되지는 않는다고 한다. 즉, 성과예산제도, 계획예산제도, 영기준 예산제도, 성과주의 예산제도 등 다양한 예산개혁이 시도되었고 회계, 감사, 평가 등 다양한 측면에서 합리성을 증진시키기 위한 노력이 시도되었지만, 이러한 노력에도 불구하고 정부지출의 상대적 크기, 재정적자와 국가채무의 상대적 크기는 지속적으로 증가해 왔다는 것이다.

2) 미국에서는 1974년 의회예산 및 지출거부통제법안에 의해 예산위원회가 설립되었는데, 예산위원회의 주요 기능은 의회 내부적으로 세입과 세출의 총액을 결정하는 예산결의안(budget resolution)을 채택하는 것이다. 예산결의안이 채택된 후 상·하 양원에서 세출위원회를 중심으로 예산의 구체적인 배분을 정하기 때문에, 미국 의회는 이른바 2단계 예산심의 과정을 밟는 것으로 흔히 이야기된다.

제 6 절 예산제도와 재정규율

재정준칙의 한계 때문에 재정제도의 개혁 및 설계가 관심사로 떠오르고 있다. 재정제도의 중요성을 강조하는 사람들은 계량적 재정준칙을 통해 재정규율을 확보할 수 있는 것이 아니라 적절한 예산제도의 설계를 통해 신축성을 유지하면서도 재정규율을 확보할 수 있다고 주장한다(Alesina & Perotti, 1999). 이때 예산제도(budgetary institutions)란 예산편성, 예산심의, 예산집행을 규율하는 공식적, 비공식적 규칙으로 정의된다. 이러한 규칙들은 예산 과정 참여자들 간 전략적 영향력의 배분과 정보의 흐름에 영향을 미친다. 이를 통해 예산제도는 예산 과정의 결과물에 대해 중요한 영향력을 행사하는 것이다(von Hagen, 2008: 116).

재정규율이 와해되는 근본적인 이유인 공유자원의 문제를 해결하기 위해서는 예산 과정 참여자들이 자신들의 결정에 수반되는 비용과 편익을 전체적인 시각에서 조망할 수 있도록 예산제도를 설계하는 것이 필요하다. 홀러버그(Mark Hallerberg)와 폰 하겐(Jurgen von Hagen) 등 이른바 재정 제도론자(fiscal institutionalists)에 따르면,[3] 공유자원 문제를 해결하고 재정규율을 확보하기 위해서는 예산 과정이 집권화될 필요가 있다. 예산 과정을 집권화시킬 수 있는 제도의 형태로서는 위임(delegation)과 계약(contract)이 있다.

위임이란 예산 과정을 전체적인 시각에서 조망하고 통제할 수 있는 사람, 즉 재무장관에게 예산에 대한 권한을 집중시키는 것을 의미한다. 계약이란 예산 과정 참여자들 간의 구속력 있는 합의에 기반해서 예산이 편성되고 배분되는 것을 의미한다. 어떤 제도적 형태가 재정규율 확립에 더 기여할 수 있는가는 배경이 되는 정치 체제의 모습에 따라 달라진다. 위임은 단일 정당에 의해 정부가 구성되거나 복수의 정당에 의해 정부가 구성되더라도 정당 간 이데올로기의 차이가 크지 않을 때 가능한 방법이다. 다시 말해서, 정부가 단일 행위자(single-actor)로 활동할 수 있을 때 위임이 가능한 것이다. 이와는 달리 계약은 다수 정당의 연합에 의해 정부가 구성되거나 정부를 구성하는 정당 간 이데올로기적 차이가 상당히 클 때 가능한 방법이다. 결국 재

3) 최근 논의되고 있는 재정제도론에 관한 자세한 설명은 하연섭(2010)의 제10장을 참고할 것.

정제도가 제대로 운영되기 위해서는 배경적인 정치제도(선거제도, 정치 체제) 등과 정합성을 지니고 있어야 함을 알 수 있다(Wyplosz, 2012).

폰 하겐(von Hagen, 2008) 등의 재정 제도론자들은 예산제도가 재정준칙보다 더 중요하다고 주장한다. 재정준칙은 단순하고 모니터링하기 용이하기 때문에 재정적자와 국가채무 문제를 해결할 수 있는 강력한 수단인 것처럼 보인다. 그러나 이러한 재정준칙은 예산 과정 참여자 간 합의가 있어야만 효과가 있다. 재정 제도론자들이 이야기하는 계약이 바로 재정준칙을 의미하는 것이다. 예산 과정 참여자 간 계약이 불가피하도록 만드는 정당 구성, 그리고 이러한 정당 구성이 불가피하도록 만드는 정치체제와 선거제도 하에서만 재정준칙이 효과를 가질 수 있다는 것이다. 그러나 단일 행위자에 의한 정부 구성, 즉 위임에 의한 경우에는 재정준칙을 정부 스스로가 쉽게 어길 수 있는 가능성이 엄연히 존재한다. 따라서 재정준칙이 아니라 위임과 이를 통한 예산 과정의 집권화가 오히려 재정규율 확보를 위한 적절한 수단이라는 것이다(von Hagen, 2008: 125). 이렇게 본다면, 재정규율을 확보하기 위한 방법이 정치 체제의 모습에 따라 달라진다는 것을 인식할 필요가 있다. 즉, 협약이 중요한 상황에서는 재정준칙을 정교화하는 것이 필요하겠지만, 위임이 중요한 상황에서는 예산제도를 정교화하는 것이 더 중요하다.

제 7 절 요약 및 결론

재정규율을 확보하기 위한 방안으로서 재정준칙의 제정, 독립적 재정기구의 설립, 예산 과정의 개혁, 그리고 예산제도의 개혁 등이 제시되고 있다. 재정규율이 와해되고 재정건전성이 약화되는 근본적인 이유는 예산이 갖는 공유자원적 특성 때문이다. 즉, 세대 내 공유자원의 문제, 세대 간 공유자원의 문제, 그리고 정부 간 공유자원의 문제로 인해 재정규율이 약화되고 있는 것이다. 이에 더해 정치가의 근시안적 시계, 시간적 비일관성, 왜곡된 정보의 제공 등이 재정건전성의 약화를 초래하고 있는 것이다.

재정규율의 확보 방안으로서 재정준칙의 중요성이 새롭게 논의되고 있는 근본적인 이유는 민주적 절차를 갖춘 예산 과정을 통과한 예산이라 하더라도 예산이 갖는 정치적 성격으로 말미암아 예산이 지속적으로 팽창하는 속성을 갖고 있기 때문이다. 따라서 절차적 중립성과 엄격성만이 아니라 예산에 대한 실질적 한도 설정이 재정규율을 확보하기 위한 대안으로 등장한 것이다. 그러나 재정준칙만으로 재정규율이 확립될 것으로 기대하기는 어렵다. 모든 중요한 결정은 예산 과정을 통해 내려지기 때문에, 예산 과정이 재정준칙의 실제 운용에 영향을 미칠 수밖에 없기 때문이다. 물론 재정준칙의 존재 자체가 예산 과정에 심대한 영향을 미치는 것도 사실이다. 그러므로 재정건전성 확보를 위해서는 실질적인 제약과 과정적인 제약을 통합하는 제도의 재설계가 필요하다(Schick, 2010).

예산편성 과정에서 제기되는 또 다른 문제, 즉 왜곡된 정보의 제공이라는 문제를 해결하기 위한 대안으로 등장한 것이 재정기구의 설립이다. 그러나 중앙은행 형태의 독립적 재정기구는 통화정책과 달리 재정정책의 경우에 민주적 책무성 확보가 더욱 중요하기 때문에 현실적으로 실현가능성이 없다. 이른바 재정평의회의 설립을 통해 정보의 문제를 어느 정도 해결할 수는 있으나 재정규율 와해의 원인에 대한 포괄적인 대책이 아니라는 점에서 재정건전성 문제를 근본적으로 해결할 수 있는 것으로 보이지 않는다.

예산이 갖는 공유자원의 문제를 해결하기 위해 최근 주목받고 있는 예산 과정의 개혁 방법이 하향식 예산 과정의 도입이다. 공유지의 비극을 해결하기 위해서는 그 사용 패턴을 조정할 수 있는 집권화된 의사결정자가 필요한데, 예산에 대해 이러한 해결책이 적용될 수 있게 하기 위해서는 예산 총액을 우선 결정한 후 예산의 부문 간, 사업 간 배분을 결정하는 방식을 따라야 한다는 것이다.

하향식 예산제도, 예산결정 권한의 집권화, 중앙예산기관의 역할 강화를 포함하는 모든 변화를 예산제도의 개혁으로 통칭할 수 있다. 경직된 계량적 재정준칙이 아니라 예산제도의 개혁을 통해 재정규율을 확보하는 방안에 대해 최근 새롭게 관심이 집중되고 있다. 유럽 사례를 중심으로 재정규율을 확보하기 위해 예산 과정을 집권화시키는 제도의 형태로 제시된 것이 위임과 계약이다. 그런데 흥미로운 사실은 위임과 계약이 효력을 발생시킬 수 있는 정치적 맥락이 서로 다르다는 점이다. 이러한 논의가 시사하는 바는 정치적 맥락, 더 나아가 경제적 맥락까지 포함해서 제도의 설계를 통해 어떻게 재정규율을 확보할 것인가에 대한 논의가 앞으로 매우 중요해질 것이라는 점이다.

끝으로, 재정준칙, 예산 과정의 개혁, 제도개혁 등 어떤한 노력도 재정건전화를 위한 정치적 의지를 대체하지 못한다는 점을 인식할 필요가 있다. 사실, 재정준칙이 제정되어 재정규율이 확보된 사례에서도 재정준칙을 통해 재정규율이 확보 되었다기보다는 재정건전화를 위한 정치적 의지가 있었기 때문에 재정준칙이 만들어졌고 이를 통해 재정건전성이 확보되었다고 보는 것이 훨씬 정확한 해석일 것이다. 재정기구의 설립이 갖는 효과도 그 자체의 효과보다는 재정건전화를 향한 정치적 의지가 재정기구의 설립으로 나타났다고 보는 것이 더 정확한 해석일 것이다. 정치적 의지 없이는 재정준칙이건 예산 과정의 개혁이건 큰 효과를 갖기 어렵다. 다시 말해서, 재정준칙의 제정을 통해 예산 과정에서 제기되는 정치적·경제적 압력을 사전에 방지하기는 어렵다. 그러나 다른 한편 재정준칙의 존재가 이러한 압력이 예산 과정에 어떻게 투영되는가에 대해서는 영향을 미칠 수 있다(Schick, 2010).

결론적으로, 재정건전화를 위한 정치적 의지, 재정준칙, 예산 과정이 상호 결합되어 재정건전화의 정도가 결정될 것이다. 그런데 이러한 요소들이 상호 결합되는 방식은 각 국가에 고유한 제도적 맥락에 따라 달리 나타날 것이다. 그러므로 재정규율의 확보 방안에 대한 논의는 단순히 하나의 수단에 집착할 것이 아니라 제도-과정-준칙 간의 상호작용을 어떤 식으로 조정할 것인가에 초점을 맞출 필요가 있다.

참고 문헌

이동원 외(2011). 재정위기 방지의 유용한 수단, 재정준칙. 삼성경제연구소 CEO Information.

하연섭(2010). 「정부예산과 재무행정」. 서울: 다산출판사.

Alesina, Alberto & Roberto Perotti(1999). Budget Deficits and Budget Institutions, in James M. Poterba (ed.). *Fiscal Institutions and Fiscal Performance,* 13-36. Chicago: University of Chicago Press.

Balassone, Fabrizio & Manmohan S. Kumar(2007a). Addressing the Procyclical Bias, in Manmohan S. Kumar & Teresa Ter-Minassian (eds.). *Promoting Fiscal Discipline*, 36-57. Washington, D.C.: International Monetary Fund.

———(2007b). Cyclicality of Fiscal Policy, in Manmohan S. Kumar & Teresa Ter-Minassian (eds.). *Promoting Fiscal Discipline*, 19-35. Washington, D.C.: International Monetary Fund.

Blöndal, Jón R. (2003). Budget Reform in OECD Member Countries: Common Trends. *OECD Journal on Budgeting,* 2(4): 7-26.

Calmfors, Lars & Simon Wren-Lewis(2011). What Should Fiscal Councils Do? *CESifo Working Paper,* No. 3382.

Corbacho, Ana & Gerd Schwartz(2007). Fiscal Responsibility Laws, in Manmohan S. Kumar & Teresa Ter-Minassian (eds.). *Promoting Fiscal Discipline*, 58-105. Washington, D.C.: International Monetary Fund.

Debrun, Xavier, David Hauner, & Manmohan S. Kumar(2007a). Discretion, Institutions, and Fiscal Discipline, in Manmohan S. Kumar & Teresa Ter-Minassian (eds.). *Promoting Fiscal Discipline*. 9-18. Washington, D.C.: International Monetary Fund.

———(2007b). The Role for Fiscal Agencies, in Manmohan S. Kumar & Teresa Ter-Minassian (eds.), *Promoting Fiscal Discipline*. 106-34. Washington, D.C.: International Monetary Fund.

Ferejohn, John & Keith Krehbiel(1987). The Budget Process and the Size of the Budget. *American Journal of Political Science,* 31(2): 296-320.

Forsythe, Dall W. (1997). *Memos to the Governor: An Introduction to State Budgeting*. Washington, D.C.: Georgetown University Press.

Guichard, Stéphanie, Mike Kennedy, Eckhard Wurzel, & Christophe André (2007). What Promotes Fiscal Consolidation: OECD Country Experiences. *OECD Economic Department Working Papers*, No. 553.

Hallerberg, Mark(2004). *Domestic Budgets in a United Europe: Fiscal Governance from the End of Bretton Woods to EMU*. Ithaca: Cornell University Press.

Hallerberg, Mark, Rolf Rainer Strauch, & Jürgen von Hagen(2009). *Fiscal Governance in Europe*. New York: Cambridge University Press.

International Monetary Fund(2009). Fiscal Rules–Anchoring Expectations for Sustainable Public Finances.

Kumar, Manmohan S. & Teresa Ter-Minassian(2007). Fiscal Discipline: Key Issues and Overview, in Manmohan S. Kumar & Teresa Ter-Minassian (eds.). *Promoting Fiscal Discipline*. 1-8. Washington, D.C.: International Monetary Fund.

OECD(2010). Fiscal Consolidation: Requirements Timing, Instruments and Institutional Arrangements. in *OECD Economic Outlook*, Vol. 2010/2.

Posner, Paul & Jón Blöndal(2012). Democracies and Deficits: Prospects for Fiscal Responsibility in Democratic Nations. *Governance*, 25(1): 11-34.

Price, Robert(2010). The Political Economy of Fiscal Consolidation. *OECD Economics*

Department Working Papers, No. 776, http://dx.doi.org/10.1787/5kmddq798lls-en

Roberts, Alasdair(2010). *The Logic of Discipline: Global Capitalism and the Architecture of Government*. Oxford: Oxford University Press. ch. 3. Treasury Power and Fiscal Rules

Schick, Allen(2003). The Role of Fiscal Rules in Budgeting. *OECD Journal on Budgeting,* 3(3): 7-34.

——(2010). Post-Crisis Fiscal Rules: Stabilising Public Finance while Responding to Economic Aftershocks. *OECD Journal on Budgeting,* 10(2): 1-17.

von Hagen, Jürgen(2007). Budgeting Institutions for Better Fiscal Performance, in Anwar Shah (ed.). *Budgeting and Budgetary Institutions*. 27-51. Washington, D.C.: The World Bank.

——(2008). European Experiences with Fiscal Rules and Institutions, in Elizabeth Garrett, Elizabeth A. Graddy, & Howell E. Jackson (eds.). *Fiscal Challenges: An Interdisciplinary Approach to Budget Policy*. 103-29. Cambridge: Cambridge University Press.

Wilson, James Q. (1989). *Bureaucracy: What Government Agencies Do and Why They Do It*. New York: Basic Books.

Wyplosz, Charles(2012). Fiscal Rules: Theoretical Issues and Historical Experiences. *National Bureau of Economic Research Working Paper,* 17884.

제 2 편 주요 국가의 재정규율 사례

제 2 장 미국: 레이건 행정부에서 오바마 행정부까지를 중심으로

인태환

제 1 절 서론

미국 연방정부에서 재정적자나 국가채무가 사회문제화되고 이를 해결하기 위한 제도적 노력이 경주된 것은 어제 오늘의 일이 아니다. 연방정부의 적자나 국채 문제는 18세기에는 독립전쟁 이후, 19세기에는 남북전쟁 및 스페인전쟁 이후, 20세기에는 제1차 세계대전, 대공황, 제2차 세계대전 및 월남전 이후, 21세기에는 아프가니스탄·이라크전쟁, 그리고 2008년 글로벌 금융위기 이후 등 주요 정치·경제적 사건과 더불어 여러 차례 사회적 이슈로 부각되어 왔다. 그러나 전쟁, 대공황 등 불가항력적인 사태로 인해 초래됐던 재정 적자는 그 원인이 되었던 사건이 종료된 이후에는 시간이 지나면서 균형재정 상태로 수렴되어, 일반적으로 연방정부 적자 현상이 사건 종료 이후까지 장기화되지는 않았다.

그런데 평시임에도 불구하고 미 연방정부는 1975~1993 회계년도까지 약 20여 년 동안 재정적자 규모가 GDP 대비 평균 3.73%에 달하는 대규모 재정적자 시대에 진입하게 된다. 이로 인해 재정 적자가 10년 이상이나 장기화되고 그 규모가 통제하기 어려운 수준으로 급증하면서 미국 연방정부 예산제도 내에 존재하던 내재적인 균형예산 회복 기능이 약화되었다는 우려가 발생하게 된다. 이에 미 의회가 재정규율을 외재적으로 제도화하는 사태가 발생하게 되는 바, 그 본격적인 시작은 레이건 행정부 시절부터였다. 공급경제학 이론에 따라 추진된 대규모 감세 조치가 국방예산 증액 정책과 상승 작용을 하면서 레이건 행정부 시절인 1983 회계년도에는 재정적자 규모가 GDP의 6%에 달해 제2차 세계대전 직후인 1946년 이후 사상 최고치를 기록하면서 미국은 전후 최초로 재정위기 사태에 직면하게 된다. 이에 의회와 행정부는 1980년대 중반부터 10여 년간 재정건전성을 회복하기 위해 재정준칙을 법제화하는 등 적자 감축 기제 제도화에 국가적 노력을 기울이게 된다. 그 결과 클린턴 행정부 시절 2기부터 지출 통제 및 적자 감축 효과가 나타나기 시작하면서 1990년대 후반에는 4년 연속(1998~2001 회계년도) 재정 흑자를 실현해 미 연방정부는 세계적으로 드물게 재정 건전성 회복에 성공한 국가로 자리매김하게 된다.[1]

그러나 미국은 2001년 9월 11일 테러 사태 이후 아프가니스탄전쟁 등을 겪으면서 2002 회계년도부터 다시 재정 적자국으로 전환되었고, 2008년 9월 글로벌 경제 위기 사태 이후에는 대규모 경기 부양 재원을 재정이 부담하면서 2009 회계년도부터 적자 폭이 다시 급격히 악화되고 있다.[2] 이에 2009년 1월 취임한 오바마 행정부는 균형재정을 회복하기 위한 노력의 일환으로 2010년 2월에는 세출·세입 연계 적자 중립화법(Statutory Pay-As-You-Go Act)을 제정했고, 국가재정 책임성 제고 및 개혁위원회(National Commission on Fiscal Responsibility and Reform)를 설립하기에 이른다. 더욱이 2010년 11월 2일 중간선거에서 재정건전성 제고를 선거 공약의 하나로 설정한 공화당이 하원 다수당으로 복귀함에 따라 2011년 초부터 세출 감축 및 재정 규율(fiscal discipline) 강화 노력이 의회 내에서 더욱 배가되어 8월에는 예산통제법(Budget Control Act of 2011) 제정에 성공했고, 앞으로도 2012년 11월 대선이 종료된 이후부터 대선 결과에 따라 재정적자 감축을 위한 추가적인 대책 마련과 이를 달성하기 위한 재정준칙 제도화 시도가 예상된다.

이에 이 글은 재정적자 감축에 성공한 경험도 있는 미국 연방정부의 적자 감축 정책의 변천을 재정준칙 법제화 관점에서 살펴보고자 한다.[3] 이를 위해 1980년대 중반

---

1) 재정적자 감축 성공 요인에 관해서는 제3절에서 상술한다.

2) 2009 회계년도에는 재정적자가 1조 4,127억 달러(GDP 대비 10.0%), 2010 회계년도에는 1조 2,935억 달러(GDP 대비 8.9%), 2011 회계년도에는 추계치가 1조 6,451억 달러(GDP 대비 10.9%)를 기록할 것으로 예상, 3년 평균 GDP 대비 적자 규모가 9.9%를 초과할 전망이다(OMB, 2011a: 22-23, 25).

이후 현재까지 기간에 집중하여 미 의회와 행정부가 재정위기를 극복하고 균형재정을 실현하기 위해 제도화했던 적자 감축 기제들을 분석한 후, 국가채무가 지속적으로 증가하고 있는 우리가 재정의 지속가능성과 책임성을 회복하기 위해 미국의 적자 감축 노력에서 찾을 수 있는 정책적 시사점을 도출하고자 한다. 이를 위해 제2절에서는 미 의회와 행정부가 재정위기 사태를 극복하기 위해 1980년대부터 시도했던 재정준칙 법제화 노력들을 행정부 별로 대분하여 개관 분석한 후, 3절과 4절에서 우리에게 주는 시사점과 결론을 도출하고자 한다.

제 2 절 미 의회와 행정부의 재정준칙 법제화 노력

대공황 이후 재정적자는 미국 연방정부에서 일상화된 현상이다. 1930년부터 2012년까지 약 83년 동안 재정적자가 발생하지 않은 회계년도는 불과 13번에 불과하다.[4] 특히 1970년부터는 재정적자가 관행화되면서 1997회계년도까지 38년간 연속적으로 적자가 지속된다. 특히 1980년대에는 재정적자 규모가 확대되어, 10년 평균 GDP 대비 재정적자 비율이 제2차 세계대전 종전 이후 처음으로 3%대를 초과하면서 재정적자에 대한 국민과 정치권의 우려가 심각하게 제기되었고, 이에 부응하여 의회와 행정부의 재정건전성 회복을 위한 적자 감축 노력이 본격화된다. 이에 제2절에서는 1980년대 이후 현재까지 미 연방정부의 재정적자 감축 노력을 40대 레이건, 41대 부시,

3) 재정준칙(fiscal rule)이란 행정부의 재정 운용상의 재량권을 제약하기 위해 국내적으로는 행정부나 입법부가 국제적으로는 국제기관이 내부규칙, 법률, 헌법, 조약 등 다양한 방식으로 행정부에 부과하는 명시적 재정 규제(regulation)이다. 재정준칙은 일반적으로 재정수지·국가채무·세출·세입·재정적자 등 다섯 가지 재정지표 중 한두 가지를 선정해, 행정부에 준수할 목표를 총량적 형태로 부과하는 방식을 채택하고 있다. EU 간의 통화통합(Economic and Monetary Union), 즉 유로화 도입을 위해 1992년 체결된 마스트리히트(Maastricht) 조약은 조약 방식의 재정준칙으로, 체결국들에게 EMU 가입 조건 중 하나로 각국의 GDP 대비 재정적자 비율은 3%, 국가채무 비율은 60%를 초과하지 말 것을 요구했다.

4) 미국의 재정수지를 1930년부터 약 80년 이상 동안을 매 10년 동안씩 구분 분석해 보면 흑자 발생 연도는 1930년대에 1회(1930년), 1940년대와 1950년대에 각각 3회씩 (1947~49년, 1951, 1956~57년), 1960년대, 1990년대 및 2000년대에 각 2회씩(1960, 69년, 1998~2001년) 등 총 13번에 불과하다 (OMB, 2011a: 21-23).

42대 클린턴, 43대 부시, 44대 오바마 행정부별로 재정준칙 제도화에 그 초점을 맞춰 분석하고자 한다.

1 레이건 행정부 시절(Ronald Reagan: 1981.1.20~1989.1.20)

1) 개관

미국의 재정적자는 레이건 대통령 취임 이후 제2차 세계대전 이래 최악의 상황에 직면하게 된다. 1982 회계년도에는 적자 규모가 사상 최초로 1,000억 달러(1,280억 달러 GDP의 4%)를, 1983 회계년도에는 2,000억 달러(2,078억 달러 GDP의 6%)를 넘어서게 되는 바, 이에 의회는 재정적자의 심각성을 통감하고 1985년과 1987년 등 2차례에 걸쳐 재정적자를 통제하기 위한 법을 최초로 제정하기에 이른다.

2) 균형예산 실현을 위한 긴급 재정적자 통제법 I (The Balanced Budget and Emergency Deficit Control Act) 제정

균형예산 실현을 위한 긴급 재정적자 통제법 I은 재정건전화 계획을 법제화하는 것이 주요 내용으로, 연방정부의 적자 규모를 1986년부터 점차적으로 감축시켜서 1991년에는 균형예산을 달성한다는 일종의 중장기 재정계획이다. 적자 상태인 연방정부 예산을 1991 회계년도까지 균형 상태로 회복시킨다는 목표를 사전에 설정하고, 이를 달성하기 위해 1986년에서 1991년까지 6회계년도 동안 각 회계년도에 연방정부가 달성해야 할 재정적자 감축 목표치(fixed limit)를 사전에 설정하여 1985년 12월에 이를 법제화했는 바[5] 이것이 균형예산 실현을 위한 긴급 재정적자 통제법 I(GRH법 I)이다.[6]

---

5) GRH법 I상 각 회계년도 재정적자 감축 목표치(적자 허용 한도)는 1986 회계년도에 1,720억 달러, 87 회계년도에 1,440억 달러, 88 회계년도에 1,080억 달러, 89 회계년도에 720억 달러, 90 회계년도에 360억 달러이고, 91 회계년도에는 균형재정을 실현해 목표치가 영(제로)이 되도록 감축계획을 수립했다(노기성, 2001: 32).

6) 균형예산 실현을 위한 긴급 재정적자 통제법은 법안 발의자인 그램(Phil Gramm)·루드만(Warren Rudman)·홀링스(Ernest Hollings) 상원의원의 성만을 따서 일명 Gramm-Rudman-Hollings(GRH

동법은 연방정부가 각 회계년도에 재정적자 목표치를 달성할 수 있도록 강제 적자 감축 기제를 도입했는 바, 이것이 지출강제 자동삭감(sequestration) 제도이다. 매년 예상되는 재정적자가 미리 설정한 적자 감축 목표치를 100억 달러 이상 초과하고 대통령과 의회 간에 이를 감축하기 위한 합의가 이루어지지 않을 경우, 의회는 지출강제 자동삭감 명령을 발동해 적자 감축 목표치 초과분의 50%는 국방예산에서, 그리고 나머지 50%는 비국방 분야 예산에서 삭감-산식에 의거해 획일적으로 일정 비율씩 일괄 자동삭감(automatic spending cuts)해 목표치와 추정치 간의 차액을 영(zero)으로 만드는 제도이다.

그러나 동법은 시행 첫해인 1986년부터 실제 재정적자 규모가 법상 적자 감축 목표치를 493억 달러나 크게 초과하면서 결국 적자 감축 목표치 달성에 실패하게 된다.[7] 동법 실패의 원인으로는 첫째로 낙관적인 경제성장률 전망치에 기초하여 지나치게 높은 재정적자 목표치를 행정부가 변경할 수 없게 고정 수치로 설정·부과했다는 점이다. 둘째로는 당해 재정적자 목표치에 매년 실제(actual) 발생한 재정적자 수치가 아니라, 매 회계년도 초 전망한 재정적자 추정치(deficit projected)를 대비시켜 추정치가 감축계획상의 재정적자 목표치를 초과할 경우 목표치 달성을 위해 각 회계년도 예산을 자동적으로 삭감하는 비현실적으로 지출강제 자동삭감 규모를 산정하는 방식을 채택했다는 점이다 (Schick, 2000: 22).

결국 대법원이 지출강제 자동삭감 제도에 대해 위헌 결정을 함에 따라 GRH법은 폐지되었으나, 연방정부가 재정적자 감축을 위해 추진한 최초의 법제화 노력이었다는 점(신영수, 2005: 45), 동법이 도입한 지출강제 자동삭감 제도가 이후 제정되는 각종 재정적자 감축법에 원용되어 지금도 시행되고 있다는 점에서, 동법은 재정적자를 감축하기 위한 규율을 제도화하는 데 기여한 바가 크다고 판단된다.[8]

법)이라 통칭한다.

7) GRH법상 1986 회계년도 재정적자 목표치는 1,720억 달러였으나, 실제 적자 발생 규모는 2,213억 달러에 달해 목표치를 493억 달러나 초과했다.

8) 일례로 부시 행정부가 1990년 제정한 예산통제법(Budget Enforcement Act)은 물론, 오바마 행정부가 2010년 제정한 PAYGO법도 1985년 균형예산 실현을 위한 긴급 재정적자 통제법의 256항(section 256), 즉 지출강제 자동삭감 제도(sequestration)에 대한 규정을 원용하고 있다.

3) 균형예산 실현을 위한 긴급 재정적자 통제법 II (The Balanced Budget and Emergency Deficit Control Reaffirmation Act) 제정

GRH법의 I 발의자인 그램·루드만·홀링스 상원의원은 재정적자 추정치가 1987년에도 GRH법 I에서 이미 설정한 재정적자 허용 한도를 초과해 재정적자 감축 목표치 달성이 어려울 것으로 판단되자 GRH법 I상의 적자 허용 한도를 5년 동안(1988~1992 회계년도) 매년 평균 440억 달러씩 전면 상향 조정하고,[9] 균형예산 달성 목표연도도 1993 회계년도로 2년 연장하는 등 GRH법 I을 일부 수정·보완해 GRH법 II(균형예산 실현을 위한 긴급 재정 적자 통제법II)를 제정하게 된다.[10]

그러나 1988년 이후에도 실제 재정적자 규모가 수정된 목표치를 해마다 100억 달러 이상씩 초과(1988년: 111억 달러, 1989년: 171억 달러)했고, 특히 1990년에는 저축은행 부실 사태(Savings and Loan Crisis) 발생으로 연방정부가 대규모 금융 구조조정 비용을 재정에서 지원하면서 실제 재정적자 규모가 GRH법 II가 설정한 적자 허용 한도를 1,210억 달러나 초과하는 재정 재앙 사태가 발생하게 된다. 문제는 1,210억 달러라는 규모는 당해 연도 예산의 17.6%에 달해 연방정부가 이를 해소하기 위해서는 당해 연도 모든 예산 항목에서 17.6%씩 일괄 삭감하는 지출강제 자동삭감 명령을 발동해야 하나, 일괄 삭감해야 하는 단위가 연방 재정이 한 해에 감당하기 곤란할 정도로 대규모라 삭감 명령을 발동·집행하기가 현실적으로 불가능하게 되었고, 이에 동법은 결국 1990년도에 폐기되었다.

GRH법 I, II는 실패로 끝났으나 동법 제정이 주는 정치적 의미는 간과할 수 없다. 국익에는 기여할 수 있으나 정치인 자신들에게는 낙선이라는 정치적 손실을 초래할

---

9) GRH법 II상 각 회계년도 재정적자 감축 목표치는 1988 회계년도가 1,440억 달러, 89 회계년도가 1,360억 달러, 90 회계년도가 1,000억 달러, 91 회계년도가 640억 달러, 92 회계년도가 280억 달러이고, 93 회계년도에는 균형재정을 실현해 영(제로)이 되도록 감축계획을 수립했다(Lynch, 2011: 7).

10) GRH법 I은 지출강제 자동삭감 시행 과정에서 대통령과 의회가 합의하지 못할 경우 당해 연도 재정적자 목표치 달성을 위해 의회 소속 회계감사원(GAO)장이 필요한 삭감 액수를 산정해 대통령에게 제안하도록 규정하고 있는바, 동 규정은 행정부에 예산집행 권한을 보장한 헌법의 권력분립 정신에 위배된다는 대법원의 위헌 판결을 1986년 받게 된다(한국법제연구원, 2003: 105). 이에 1987년 제정된 GRH법 II는 이러한 위헌 문제를 해소하기 위해 지출강제 자동삭감 규모 산정 권한을 대통령 소속 예산관리처(OMB)로 이관했다.

수 있는 국가적 결단을 정치인들이 스스로 단행할 가능성이 낮다는 점을 국민들이 급속도로 증가하는 재정적자를 보면서 인식하게 되었다는 점이다. 이에 정치인들에게 재량을 주고 정치인들 스스로 알아서 국민을 위해 국익을 추구해 줄 것을 바라기보다는 차라리 엄격한 재정 규율을 만들어 재정준칙을 통해 정치인들을 구속·통제하는 것이 오히려 적자 해소 및 국익 증진에 바람직하다는 인식을 국민들이 공유하게 되었으며, 이러한 국민적 공감대가 GRH법 I, II 제정을 통해 처음으로 표출, 법제화되었다는 점에 동법 제정의 정치적 의미가 크다고 판단된다 (Schick, 2000: 22).

2 41대 부시 행정부 시절(George H. W. Bush: 1989.1.20~1993.1.20)

1) 개관

레이건 행정부 시절 법제화된 GRH법 I, II 모두가 재정적자 감축에 실패하고 재정규율로 정착되지 못함에 따라, 부시 행정부는 이 문제를 해결하기 위해 공화당의 정치적 이념과 상충되는 증세까지 허용하면서 민주당이 장악하고 있는 의회와 현상을 통해 포괄예산조정법(Omnibus Budget Reconciliation Act)과 예산통제법(Budget Enforcement Act)을 제정하게 된다. 그러나 부시 대통령은 재정 긴축 효과가 대통령 재임 기간 중 구체적으로 실현되지 않으면서 4년 내내 재정적자 문제로 민주당과 국민들로부터 정치적 압박을 받았고, 특히 자신이 재임 중 추진한 증세 조치로 인해 1992년 대선 유세 기간 내내 1988년 대선 당시 자신의 슬로건인 증세 반대(No New Taxes) 선거 공약을 위배했다는 정치적 비난까지 받게 되면서 결국 대통령 재선에 실패하는 정치적 손실까지 감수하게 된다.

2) 1990년 포괄예산조정법(Omnibus Budget Reconciliation Act of 1990) 제정

부시 대통령은 1991 회계년도에 재정적자 추정치가 6개월 전 추정치보다도 1,660억 달러나 급증하는 대규모 재정위기 사태에 직면하게 된다. 이에 부시 대통령은 증세에 반대한다는 자신의 대선 공약과 공화당의 핵심 재정정책 기조인 감세정책까지 파기하며 민주당이 장악하고 있는 의회와 재정적자 감축 협상을 추진하게 되고, 협상 과정에서 민주당이 요구하는 증세 방안까지 수용하게 된다. 이러한 부시 대통령의 정치적 손실을 감수하는 리더십 발휘로 인해 공화당 행정부와 민주당 의회 간에 극적인 정치적 타협이 이루어지게 되는 바, 그 산물로 제정된 것이 1990년 포괄예산조정법(1990년 OBRA법)이다(Schick, 2000: 24-25).

포괄예산조정법의 핵심 내용은 세수 증대(1,370억 달러)와 지출 삭감(3,590억 달러) 정책을 결합시키는 재정적자 감축정책 패키지(policy-mix)를 시행해 5년 동안(1990~1995 회계년도) 총 4,960억 달러의 재정적자를 감축한다는 계획서이다(Schick, 2000: 25와 141). 또한 포괄예산조정법은 GRH법 II상의 1991, 1992 회계년도 재정적자 목표치를 각각 2,630억 달러, 2,890억 달러씩 상향 조정했고, 균형예산 달성 목표연도도 1993 회계년도에서 1995 회계년도로 2년 연장했다. 나아가 포괄예산조정법은 재정적자 감축 목표를 차질 없이 달성하기 위해, 구체적인 적자 감축 수단(재정준칙)을 동법 8장에 제도화했는 바, 이것이 예산통제법이다(국회사무처 의사국, 2000: 119).

3) 1990년 예산통제법(Budget Enforcement Act) 제정

예산통제법의 핵심 내용은 크게 세 가지로 나눌 수 있는 바, 먼저, 재정적자 목표 설정 방식을 고정 목표제에서 변동 목표제로 변경했고, 성격에 따라 연방정부 지출을 재량적·의무적 지출 등 두 가지로 분류한 후 재량적 지출에 대해서는 분야별 지출 상한제(spending caps) 준칙을, 의무적 지출에 대해서는 세출·세입 연계 적자 중립화 준칙(Pay As You Go: PAYGO 준칙)을 도입하는 항목으로 구성되어 있다(Schick, 2000: 49-54).

첫째로, 의회가 수년 전에 법제화한 고정된 적자 목표치를 달성하려고 행정부가 노력했으나 오히려 이로 인해 사전에 예상하기 어려운 경기 침체 등 경제 여건 변화에 행정부가 능동적으로 대응할 수가 없는 사태가 발생했고, 그 결과 재정적자 감축에도 실패했다는 점이 GRH법 I, II의 문제점으로 지적되었다. 이에 예산통제법(BEA법)은 지나치게 실현 불가능한 고정 목표치를 사전에 설정한 후 이를 행정부에 강요하는 고정 목표제의 단점을 보완하기 위해, 경제 상황 및 재정 여건 변화에 따라 각 연도 적자 상한을 행정부가 자율적으로 조정할 수 있는 권한을 재량 형태로 행정부에 부여하는 변동 목표제로, 재정적자 목표 설정 방식을 변경했다.

둘째로, 예산통제법(BEA법)은 재정적자 감축 자체에 초점을 두었던 GRH법과는 달리, 재정적자를 감축하기 위해서는 적자 자체를 통제하기보다 적자의 근본 원인 중 하나인 지출을 통제하는 것이 선결되어야 한다고 판단, 연방 지출 항목을 재량적 지출(discretionary spending)과 의무적 지출(direct spending)로 크게 나눈 후[11] 각각의 지출 성격에 부합하는 지출 통제 준칙을 따로 제도화했다.

먼저 재량적 지출의 증가를 통제하기 위해 BEA법은 향후 5년 동안의 연방정부 연간 재량지출 총상한(spending caps)을 사전에 설정한 후[12] 이를 크게 국방비와 비국방비로 나누고 비국방비를 다시 국제 관계비와 국내지출(환경, 우주, 교통 등 정부의 기본 활동과 관련한 지출)로 재구분하여 세 가지 범주의 재량적 지출에 대해 각각 별개의 세부 지출 상한을 설정했다. 또한 각 연도 실제 지출 규모가 분야별 세부 지출 상한을 초과하는 경우에는 해당 분야 지출을 동일한 비율로 일률 삭감하는 지출강제 자동삭감 제도를 적자감축 기제의 하나로 재도입했다.

셋째로, 의무적 지출의 증가를 통제하기 위해 BEA법은 재정적자를 유발시키는 신규 법안을 제정할 경우에는 반드시 이에 상응하는 적자 축소 방안도 의회가 동시에 마련할 것을 의무화하는 PAYGO 준칙을 도입했다. PAYGO 준칙은 예산이 수반되는 신규 입법 조치로 지출이 증가하거나 혹은 신규 조세 감면 조치로 세입을 감소시켜 재정적자를 증가시키는 경우가 발생할 경우, 지출 증가분이나 세금 감면분에 상응하는 규모만큼의 지출 감축이나 조세 수입 증대 조치 혹은 그 양자를 혼합한 정책적 조합을 의회가 반드시 동시 입안할 것을 의무화하는 준칙이다. 결국 PAYGO 준칙은 신규 법안이나 신규 사업 도입이 재정적자에 미치는 순증가분을 제로로 중립화시켜, 이들이 재정적자에 초래할 수 있는 부정적 영향을 사전에 봉쇄하는 기제를 제도화한 것이다.

---

11) 지출은 매년 의회 세출위원회(Appropriation Committee)의 예산 배정(appropriation)을 받아야 당해 연도 지출 가능 금액이 결정되는 통상적 형태의 지출인 재량적 지출과, 일반적으로 자동세출(entitlement) 법안에 따라 매년 세출위원회의 예산 배정 조치 없이도 자동적으로 각 연도 예산 규모가 수권법에 따라 결정되는 의무적 지출로 구분된다.

12) 1991 회계년도부터 1995 회계년도까지 각 연도 연방정부의 재량적 지출 총상한은 91 회계년도가 5,144억 달러, 92 회계년도가 5,249억 달러, 93 회계년도가 5,340억 달러, 94 회계년도가 5,348억 달러, 95 회계년도가 5,408억 달러였다(Schick, 2000: 49; 신영수, 2005: 55).

3 클린턴 행정부 시절(William Jefferson Clinton: 1993.1.20~2001.1.20)

1) 개관

1992년 대선 기간 중 재정적자가 2,903억 달러(GDP 대비 4.7%; OMB, 2011a: 22, 25)라는 큰 폭으로 악화되었고, 대통령 취임 첫 회계년도(1993)에도 재정적자가 대규모(2,550억 달러, GDP 대비 3.9%)로 발생하면서, 연방정부 적자 감축 문제는 클린턴 행정부의 최대 정책 현안으로 부상하게 된다(Schick, 2000: 24-26). 이에 클린턴 대통령은 민주당 대통령으로서는 정치적으로 부담이 되는 복지 등 재량적 지출을 대폭 삭감하라는 야당인 공화당 의회의 요구를 일부 수용하면서 동시에, 공화당이 반대하는 소득세・법인세 인상 등 증세 조치를 반대급부로 요구하며 의회와의 정치적 대치 및 타협 과정을 통해 1993년에는 포괄예산조정법(Omnibus Budget Reconciliation Act)을 법제화하는 데 성공했고, 1997년에는 의무적 지출 대폭 삭감과 감세정책을 조합한 균형예산법(Balanced Budget Act)을 제정하게 된다.

연방정부 적자 규모는 야당인 공화당 의회의 요구를 일부 수용하며 재정적자 감축 방안에 대한 정치적 타협을 유도해 낼 수 있는 클린턴 행정부의 리더십과 노력으로 1994 회계년도부터 지속적인 감소세로 돌아서 1995 회계년도에는 적자 폭이 1천억 달러 대로 대폭 축소되었고 1998 회계년도에는 1969 회계년도 이후 40여년 만에 처음으로 흑자(692억 달러)를 기록해, 연방정부는 균형재정을 달성했고, 이후 이러한 재정 흑자 추세는 다음 대통령인 43대 부시 대통령 취임 이후까지 4년 연속 지속된다.

2) 1993년 포괄예산조정법(Omnibus Budget Reconciliation Act of 1993) 제정

1993년 포괄예산조정법(OBRA법)의 주요 내용은 세출・세입 혼합 정책 패키지를 재도입하고, 이에 1990년 도입한 지출상한제 준칙과 PAYGO 준칙의 적용 시한을 연장하는 조치 등 크게 두 가지로 압축된다.

먼저, 1993년 OBRA법은 재정적자 감축 속도와 규모를 가속화하기 위해 1990년 제정된 포괄예산조정법에서 사용했던 지출 삭감과 증세 혼합 정책 패키지(policy mix)를 재도입했다. 이를 통해 재량적・의무적 지출 삭감으로 2,550억 달러, 고소득층에 대한 소득세 최고세율 36%에서 39.6%로 인상(Schick, 2000: 141) 및 법인세율 34%에서 35%로 인상 등 증세 조치로 2,410억 달러의 추가 세수를 확보해 포괄예산조정법은 5년 동안(1994~1998 회계년도) 총 4,960억 달러의 재정적자를 감축할 수 있게 된다(한국조세연구원, 2009: 23).

또한 1993년 포괄예산조정법은 1990년에 제정되어 시행되고 있는 예산통제법(Budget Enforcement Act)이 재정적자 감축에 실효를 거두고 있다고 판단해, 지출상한제 준칙과 PAYGO 준칙의 적용 시한을 1995 회계년도에서 1998 회계년도로 3년간 연장하고, 연방정부만으로 한정했던 예산통제법의 적용 대상 범위도 주정부까지로 확대해, 연방과 50개 주정부 모두에게 균형재정 달성 의무를 법적으로 부과했다.

3) 1997년 균형예산법(Balanced Budget Act) 제정

1994년 중간선거를 통해 40여년 만에 처음으로 연방 의회 상원과 하원을 동시에 장악해 1995년부터 2000년까지 다수당이 된 공화당은 증세를 통해 재정건전화 정책을 추진하고 있던 클린턴 민주당 행정부의 재정정책 기조에 적지 않은 불만이 누적되고 있었다. 이에 공화당 의회는 재정적자 감축에 효과가 있는 1990년, 1993년 포괄예산조정법에서 도입・시행 중인 적자 감축 방식(지출상한제 준칙과 PAYGO준칙)은 그대로 승계하나[13] 재정적자 감축 계획분의 약 50%를 증세를 통해 소화(1993년 OBRA법)하며 지출 삭감보다 증세에 주력하는 민주당식 재정정책 기조는 다시 수용하지 않는다.

대신에 공화당 의회는 감세와 사회보장 지출 대폭 삭감이라는 전통적인 공화당식 재정정책 조합을 강하게 재추진하는 바, 이를 법제화한 것이 1997년 제정된 균형예산법이다. 동 법은 감세를 실시하고, 동시에 감세로 인해 발생할 재정적자 증가분까지 추가 지출 삭감을 통해 흡수하는, 즉 대폭적인 지출 삭감 방식으로 재정 건전화 정책을 추진하게 된다. 이를 위해 균형예산법은 해마다 연방정부 예산의 3분의 2를 차

13) 의회는 예산통제법의 적용 시한을 1998년에서 2002년까지 5년간 연장했다. 이로 인해 지출상한제는 2002년 9월 30일까지, PAYGO 준칙은 2002년 12월 2일까지로 시효가 연장되었다(Keith, 2010a: 2).

지하는 의무적 지출 삭감에 주력하게 된다. 특히 저소득층 무료 의료지원(Medicaid), 노인의료보험(Medicare)제도 등 의무적 지출의 대표적 형태인 자동세출(entitlement) 프로그램 제도 개혁에 정책적 초점을 조준하게 된다. 일례로, 공화당 의회는 주정부가 집행하고 있는 자동세출 프로그램에 대한 연방정부의 재정 지원 방식을 국고 지원에 상한을 두지 않던 종전의 무제한적 지원 방식(open-ended matching fund)에서 주정부에 대한 연방정부의 국고 지원에 상한을 설정하고 그 한도 이상 지출에 대해서는 주정부가 스스로 부담하는 보조금 지급 방식으로 전환, 의무적 지출 삭감 및 증가율 억제에 주력했다.[14)]

4 43대 부시 행정부 시절(George Walker Bush: 2001.1.20~2009.1.20)

1) 개관

2001년 취임한 부시 대통령은 1961년 취임한 케네디 대통령 이후 처음으로 흑자재정 상태를 인수받으며 대통령 임기를 시작했으며 재임 기간 내내 재정 흑자가 지속될 것으로 예상됐었으나 취임 1년 후부터 재정수지는 적자로 반전됐다. 2001년 9·11 테러사태 이후 아프가니스탄전쟁, 이라크전쟁 등 테러와의 전쟁 수행을 위한 대규모 전비 조달, 9·11 사태 이후 위축된 국내 경기를 부양하기 위한 3차례의 대규모 조세감면 정책에 막대한 재정이 투입되면서 연방정부의 재정수지는 급격히 악화되기 시작해, 2002 회계년도에는 적자 상태(1,577억 달러, GDP 대비 1.5%)로 전환되고 이후 적자폭이 급증하기 시작해 2003 회계년도에는 3천억 달러(3,776억 달러)를, 2004년에는 4천억 달러(4,127억 달러)를 초과하면서 2번에 걸친 대통령 임기 8년 내내 재정적자 상태에 직면하게 된다.

대통령 재임 기간 동안 연방정부 적자폭이 지속적으로 확대됨에 따라 재정적자 감축은 부시 행정부에서 또다시 국가적 어젠다로 부상하게 되었고, 재선을 준비해야 하

---

14) 1996~2002 회계년도에 걸쳐 감세 조치를 통해 연방 세입은 2,180억 달러 삭감하고, 연방정부 지출은 의무적 지출에 대한 보조금 지급 방식 변경을 통해 1조 2,000억 달러 대폭 감축하는 공화당식의 재정적자 감축 방식을 도입, 2002 회계년도에 균형예산을 실현하는 것을 목표로 정했다 (노기성, 2001: 34).

는 부시 대통령으로서는 정치적으로 재정적자 감축을 위해 노력하는 모습과 구체적 대안을 제시해야 하는 상황에 직면하게 된다. 이에 부시 행정부는 적자 감축을 위해 지출통제법(Spending Control Act) 제정을 2004년 추진했으나, 감세와 대폭적인 지출 삭감에 반대하는 야당인 민주당의 반대로 동 법안이 6월 하원에서 부결되면서, 법제화에는 실패하게 된다.

2) 지출통제법 제정 추진

부결된 지출통제법(SCA법)안의 주요 내용을 살펴보면 1장(Title I)에서 지출상한제 준칙과 PAYGO 준칙을 2009년 9월 30일까지 재도입할 것을 명기했고, 2장(Title II)에서는 자동세출(entitlement) 프로그램과 관련해 연방정부가 부담해야 하는 장기 암묵적 부채에 대한 통제 강화 조치 등을 핵심 내용으로 하고 있다.

SCA법안 1, 2장의 내용을 구체적으로 살펴보면, 첫째로 SCA법안은 재량적 지출을 통제하기 위해 분야별로 2004~2009 회계년도까지 6개년간 지출 상한을 설정했다. 이를 위해 재량적 지출을 다시 국방비와 비국방비로 분류해 두 가지 지출에 대해 각각 다른 지출한도를 설정했다. 또한 재량적 지출이 지출 상한을 초과할 경우를 사전적으로 예방하기 위해 이 경우에는 반드시 연방 상원의원 5분 3 이상의 표결 동의를 받도록 의무화하고, 한도를 벗어난 재량적 지출 초과분에 대해서는 지출강제 자동삭감(sequestration) 명령 발동도 명문화했다(OMB, 2004: 4).

둘째, SCA법안은 의무적 지출을 통제하기 위해 예산통제법이 채택한 PAYGO 준칙을 재수용했으나, 조세 법안에 대해서는 PAYGO 준칙 적용을 배제시켰다.[15] 또한 PAYGO 조항을 위배한 의무적 지출 초과분을 삭감하기 위해 행정부에 재량적 지출 삭감 권한과 지출강제 자동삭감 명령 발동권을 추가로 부여했다(OMB, 2004: 6).

셋째, 지출통제법안은 국민연금(Social Security) 등과 같이 연방정부가 미래의 연금 수급자들에게 연금 등 혜택을 지급할 법적 의무는 존재하나 미래 연금 지급 의무를 이행할 준비금이 현재 충분하게 적립되어 있지 않은 자동세출 프로그램으로 인해

15) 부시 행정부는 2001년 제정한 경제 성장 및 조세감면법(Economic Growth and Tax Relief Reconciliation Act), 2003년 제정한 고용 성장 및 조세감면법(Jobs and Growth Tax Relief Reconciliation Act) 등 본인들이 제정한 조세감면법들의 시한 연장으로 인해 발생하는 의무적 지출 증가분에 대해서는 PAYGO 준칙 적용을 배제시켰다 (OMB, 2004: 6).

장기 암묵적 부채(long-term unfunded obligations)가 급증하는 사태를 차단하기 위해 이에 대한 통제 조치를 강화했다. 국민연금, 노인의료보험(Medicare), 연방공무원연금, 외교관연금, 군인연금, 철도연금, 원호 대상자에 대한 의료 지출 등 복지 지출들이 대표적인 바, 이러한 의무적 지출 프로그램의 경우 그 시계가 초장기적이라 현재 의회가 실시하는 10년 단위 중장기 재정 전망으로는 자동세출 프로그램이 연방재정에 미치는 초장기적인 총체적 영향을 파악하기가 어렵다 점을 감안, 지출통제법안은 자동세출 프로그램 평가를 위한 초장기 재정영향 분석제도를 도입했다(OMB, 2004: 9-10). 따라서 이 법안은 단기적으로 볼 때는 연방정부의 지출 부담이 적은 것처럼 보이나 초장기적 관점에서는 대규모 지출을 유발하는 자동세출 프로그램에 대해 75년간이라는 초장기 재정영향 분석을 실시하도록 의무화했다는 점에서 그 의의가 크다.

5 오바마 행정부 시절(Barack Obama: 2009.1.20~현재)

1) 개관

미국의 재정적자 추이는 대형 투자은행인 리먼 브라더스사가 파산해 국제적 금융위기 사태가 발생하기 시작한 2008년 9월 이전까지는 GDP 대비 1~2%대로 그 규모가 부시 행정부 초기 때보다 다소 축소되는 추세였으나, 글로벌 금융위기 발생으로 다시 제2차 세계대전 종전 이후 최악의 상태로 전환되게 된다.[16] 금융위기 이후 경기 침체로 세입은 급격히 감소하고,[17] 경기 부양을 위한 확장적 재정지출 여파, 부실 금융기관에 대한 대규모 재정 지원 등으로 세출이 급증하면서[18] 오바마 행정부 초기부

16) 2012 회계년도 미국 예산안에 따르면 2011 회계년도 미국 연방정부 재정적자는 1조 6,451억 달러(GDP의 10.9%; OMB, 2011a: 23, 25)에 달할 것으로 전망되는 바, 이 규모는 제2차 세계대전 이래 최고치(제2차 세계대전 종전 연도인 1945 회계년도 재정적자 규모는 GDP의 21.5%)이다.

17) 특히 세입이 격감했는 바 2009, 2010, 2011 회계년도의 경우 세입은 GDP 대비 각각 14.9%, 14.9%, 14.4%에 불과해 1950 회계년도(14.4%) 이후 최저치인 반면, 세출은 2009, 2010, 2011 회계년도에 각각 GDP의 25%, 23.8%, 25.3%(OMB, 2011a: 24~25)로 급격히 증가해 양자의 격차인 재정적자는 확대 추세에 놓이게 되었다.

18) 미국 의회가 금융위기 극복과 경기 부양을 위해 제정한 미국재건법(American Recovery and Reinvestment Act) 시행에만 7,870억 달러, 리먼 브라더스 파산 신청 이후 의회가 승인한 부실 금융기관 정상화 구제금융에만 7,000억 달러의 재정이 투입됐다.

터 연방정부의 재정적자와 국가채무는 급속도로 악화된다.

오바마 행정부는 이를 해결하기 위해 2010년에는 세출·세입 연계 적자 중립화법(Statutory Pay-As-You-Go Act of 2010)을 제정했고, 2011년에는 공화당이 장악하고 있는 하원과 대치 끝에 법정 국가채무 한도 상향 조정 및 재정적자 감축 협상에 성공해 8월 2일에는 예산통제법(Budget Control Act of 2011)을 제정하기에 이른다. 이로 인해 오바마 행정부는 다행히 연방정부 채무 불이행 사태를 모면하는 데에는 성공했으나, 예산통제법 제정에도 불구하고 통과 직후 미국 연방정부의 국가신용등급이 강등되는 수모를 당하면서[19] 아직도 미국의 재정적자와 국가채무에 대한 국제사회의 우려는 가시지 않고 있는 상황에 직면하게 된다. 따라서 2012년 11월 대선이 종료된 이후부터 민주, 공화 양당 간의 의회 역학 구도 변화와 행정부 변화 여부에 따라 재정적자 감축 방식에 대한 양당 간의 입장 차이가 수렴될 경우, 향후 추가적인 감축 정책 수립과 이에 따른 재정규율 추가 제도화도 예상할 수 있다.

2) 2010년 세출·세입 연계 적자 중립화법(Statutory Pay-As-You-Go Act of 2010) 제정

오바마 행정부는 임기 말까지 재정적자를 50% 축소시킨다는 목표 아래 집권 초반인 2009년부터 신규 입법이 재정적자에 미치는 영향을 중립화시킬 수 있도록 하는 PAYGO 준칙 법제화를 추진해 오다가 드디어 2010년 2월 12일에 세출·세입 연계 적자 중립화법(Statutory Pay-As-You-Go Act of 2010: PAYGO법)을 제정하게 된다(PL-111-139: 1-23).

PAYGO법은 43대 부시 행정부 시절 법제화하려다가 실패한 지출통제법(Spending Control Act)보다 포괄 범위를 넓혀, 의무적 지출은 물론 조세 관련 모든 법안을 적용 대상으로 규정하고 있다. 따라서 의무적 지출 법안, 조세법안, 의무적 지출과 조세법안이 혼합된 세입·세출 종합법안 등 의무적 지출이나 조세 관련 법안은

---

19) 미국 의회가 법정 국가채무 한도를 상향 조정했음에도 불구하고 신용평가회사인 S&P는 예산통제법(Budget Control Act of 2011)상의 중기 재정적자 감축 방안이 아직 미진하고, 미국 연방정부 정책결정 체제와 정치 체제의 역량과 예측가능성이 지난 4월 이후 오히려 약화되고 있다는 점 등을 근거로 제시하며, 미국 연방정부의 국가신용등급을 8월 3일 AAA에서 AA+로 하향 조정했다(Standard&Poor's, 2011: 3-5).

모두 PAYGO 준칙의 적용을 받게 된다.

또한 PAYGO법은 신규 법안의 예산상의 영향(법안 소요 비용과 절감분) 추계 및 지출강제 자동삭감 명령 발동 여부를 결정하기 위해 예산 심의 당해 회계년도를 포함한 6 회계년도 및 11 회계년도 등 두 가지 기간에 걸쳐 각각 신규 입법 행위가 유발하게 될 예산상의 영향을 PAYGO 기록표(scorecards)에 2개 기간을 구분하여 기록할 것과 의회 회기가 종료한 이후 14일 이전에 PAYGO 기록표 2개를 종합하여 PAYGO 입법 연차 보고서를 발간할 의무를 OMB에 부과하고 있다 (Keith, 2010a: 7-8). 나아가 PAYGO법은 동법의 강제력을 확보하기 위해 PAYGO 입법 연차보고서에 기록된 2개의 PAYGO표 중 하나에서라도 PAYGO 준칙 위반 여부가 확인될 경우, 대통령은 기존 의무적 지출사업 항목에서 일괄적으로 동일 비율만큼씩 예산을 삭감하는 지출강제 자동삭감(sequestration) 명령을 반드시 발동할 것을 명문화하고 있다.

끝으로 PAYGO법은 PAYGO 준칙의 적용 시한을 특정 회계년도만으로만 한정했던 한시법 형태의 과거 입법 사례들과 달리 적용 시한을 규정하지 않는 항구법 형식을 채택했는 바, 이로 인해 현행 PAYGO 준칙은 모법(母法)인 세출・세입 연계 적자중립화법이 향후 폐지되지 않는 한 그 시효가 영구적인 항구적 재정준칙으로 성격이 전환되었다 (Keith, 2010a: 9).

3) 2011년 예산통제법(Budget Control Act of 2011) 제정

오바마 행정부는 2011년 7월 31일 연방정부의 법정 국가채무 한도 상향 조정 협상 과정에서 공화당 의회와 어렵게 합의한 한도 증액 조건, 즉 재정적자 감축 방식을 여야 합의 3일 후인 8월 2일 법제화했는 바, 이것이 예산통제법(Budget Control Act of 2011)이다. 예산통제법의 주요 내용은 크게 네 가지로 요약될 수 있는 바, 법정 국가채무 상한 3단계 증액, 재량적 지출에 대한 지출 상한제 도입, 균형예산 의무화 헌법 개정안 마련 및 찬반 투표 시행, 재정적자 감축을 위한 여야(양당) 위원회 설치 등이 그것이다 (CRFB, 2011: 1).[20)]

20) 예산통제법에서 제시하고 있는 재정적자 감축 방식이 모두 성공적으로 이행될 경우 지출 상한제 시행으로 9,200억 달러, 재정적자 감축 양당 위원회에서 마련할 적자 감축안 시행으로 1조 5,000억 달러 등 2021 회계년도까지 10년 동안 총 2조 4,200억 달러의 재정적자를 감축할 수 있을 것으로 추산

첫째, 예산통제법은 연방정부 부도 사태를 예방하기 위해 1단계로 의회에 법정 국가채무 상한을 9,000억 달러 증액 요청할 수 있는 권한을 대통령에게 즉시 부여했다. 2단계로 만약 균형예산 달성을 의무화하는 헌법개정안이나 혹은 재정적자 감축 양당 위원회가 의회에 제출한 재정적자 감축 보고서가 의회의 상하원을 통과할 경우, 국가채무 상한을 추가로 최소 1조 5,000억 달러 이상 증액 요청할 수 있는 권한을 대통령에게 부여하고 있다.[21]

둘째, 예산통제법은 예산 절감을 위해 재량적 지출에 대해 10년간 지출상한제(discretionary spending caps)를 도입해 이자절감분(1,700억 달러)을 포함해 총 9,200억 달러의 예산 절감(적자 감축)을 계획하고 있다. 이를 위해 2012 회계년도에서 2013 회계년도까지는 재량적 지출을 안보(security) 분야와 비안보 분야(non-security) 예산으로 대분해 지출 삭감 목표치의 45%를 안보 분야에서, 나머지 55%는 비안보 분야 예산에서 절감하나, 2014 회계년도부터 2021 회계년도까지는 안보와 비안보 예산에 동일한 삭감률, 즉 각각 50%씩을 적용한다. 또한 지출 삭감을 이행하기 위해 필요 시 지출강제 자동삭감 명령을 발동하도록 명시하고 있다.

셋째, 예산통제법은 향후 재정적자 보전용 국채 발행을 통해 적자 재원을 마련하는 사태 재발을 원천적으로 금지시키기 위해, 상하 양원이 2011년 12월 31일까지 연방정부가 균형예산을 편성할 것을 의무화하는 조항을 헌법에 추가하는 헌법개정안(balanced budget amendment)에 대해 찬반 표결을 종료하도록 의무화하고 있다.

끝으로, 예산통제법은 재정적자 감축 방안 수립을 위해 공화, 민주 양당에서 각각 6명씩, 각 당에서는 다시 상원의원과 하원의원이 각각 3명씩 동수로 안배하여 구성하는 초당파적인 총 12인의 재정적자 감축을 위한 여야 위원회(Joint Committee on Deficit Reduction, 재정적자 감축 여야 위원회)를 신설하도록 규정하고 있다. 재정적자 감축 여야 위원회는 장기 세출 기준선 추계치를 기준으로 하여 10년간 재정적자를 최소 1조 5,000억 달러 이상 감축할 수 있는 적자 감축 방안을 2011년 11월 23일

된다.

21) 그러나 균형예산 의무화 헌법개정안이나 혹은 재정적자 감축을 위한 양당 위원회가 제출한 재정적자 감축 보고서가 상하원을 통과하지 못할 경우, 대통령은 의회에 국가채무 상한을 1조 2,000억 달러만 증액 요청할 수 있게 된다. 따라서 국가채무 상한은 향후 헌법개정안이나 재정적자 감축 개혁안의 의회 통과 여부에 따라 총 2조 1,000억 달러에서 2조 4,000억 달러까지 증액이 가능하게 된다.

까지 마련한 후, 이에 관한 보고서를 의회에 제출할 것을 의무화하고 있다. 또한 동법은 이 보고서에 대해 상하 양원이 수정 없이 다수결 투표 방식에 의해 2011년 12월 31일까지 찬반 투표를 실시해 감축 방안을 확정·마련할 것을 규정하고 있다. 또한, 예산통제법은 만약 재정적자 감축 양당 위원회가 제출한 감축안의 재정적자 감축(추계) 규모가 1조 2,000억 달러에 미달할 경우, 미달분을 추가적으로 감축하기 위해 2013년 1월부터 재량적 지출을 국방(defence)과 비국방(non-defense) 분야로 구분한 후 각 분야별로 각각 50%씩 미달분에 해당하는 규모가 삭감될 수 있을 때까지 각 분야 지출을 강제 자동 삭감하도록 규정하고 있다.[22]

제 3 절 우리나라에 주는 정책적 시사점: 지출 통제를 위한 구속력 있는 재정준칙 법제화

1 우리나라 국가 재정 및 재정규율 현황

1) 국가 재정 현황

우리나라는 국가 재정 상황이 다른 나라들에 비해 상대적으로 건전했기 때문에 1997년 IMF 외환위기, 2008년 글로벌 금융위기 등 각종 경제위기가 발생할 때마다 중앙정부가 재정을 투입해 제반 위기를 빠르게 극복할 수 있었다. 또한 현재 우리나라의 재정수지나 국가채무 수준은 재정위기에 직면한 미국이나 유럽 국가들과 비교해 볼 때 재정건전성 자체를 당장 우려할 상황은 아니다.

그러나 2008 글로벌 금융위기 이후 관리대상수지 적자가 지속되고 있고 GDP 대비 국가채무 비율도 IMF 외환위기 이후 지속적으로 증가세를 보이고 있으며,[23] 국

---

22) 단 국민연금(social security)이나 저소득층을 위한 사회보장 프로그램 등은 지출 삭감 대상에서 제외되고, 노인의료보험(Medicare) 등은 최대 삭감 폭을 2%로 제한하고 있다. 또한 균형예산 의무화 헌법개정안이 연방 상원과 하원을 통과한 이후 50개 주의 동의를 받기 위해 각 주(州) 주민투표에 부의된 경우, 대통령은 지출강제 자동삭감 명령을 발동하지 않아도 된다.

23) 우리나라 관리대상수지는 2002년과 2007년을 제외하고는 1997년부터 2011년까지 해마다 적자 상태

가채무 산정에 포함되지 않는 공기업, 준정부기관 등 공공기관의 부채가 급증하고 있어[24] 중장기적으로 재정안정화 대책이 필요한 것도 사실이다.

더욱이 그리스 등 유럽 재정위기 사태에서 볼 수 있는 바와 같이 국가 재정위기가 발생할 경우 다른 위기와 달리 그 해결을 위한 적절한 정책 수단이 민간부문에 부재한 바, 최선의 대비책은 평소에 공공부문이 재정건전성을 확보해 놓아야 하며 그래야 정치, 경제, 사회 등 제반 국가적 위기 사태 발생 시 중앙정부가 재정을 투입해 적시에 이를 극복할 수 있다는 점이다. 우리 정부도 이러한 건전 재정의 중요성과 역할을 인지하고 대통령이 공식적으로 2013년까지는 균형재정을 달성할 수 있도록 진력하겠다는 정치적 의지까지 이미 표명한 바 있다.[25]

2) 재정규율 약화

우리나라 중앙정부에는 공식적으로 법제화된 재정준칙이 존재하지는 않았지만, 재정당국자들은 1980년대 이후 1997년 IMF 경제위기 이전까지 각 회계년도 세입의 범위 내에서 세출을 집행한다는 일반회계 수지균형이라는 재정규범(fiscal norm)을 실질적으로 재정준칙(fiscal rule)처럼 준수하며 적자예산 편성 없이 보수적으로 국가재정을 운영해 왔었다.

그러나 IMF 이후 경제위기 극복을 위해 정부가 경기 대응적 재정지출을 확대하면서 일반회계마저 적자 예산 편성이 10여 년 이상 지속되어 왔고 이로 인해 재정적자를 당연시하는 경향이 재정 당국과 정치권에 습관화되면서, 일반회계수지 균형 재정규범은 그 기능을 자연 상실했으며 아직까지 이를 대체할 만한 새로운 재정준칙도 제도화하지 못해 우리나라 재정규율은 과거에 비해 약화된 상황에 직면하고 있다 (인

를 지속하고 있으며, 2011년에는 적자 폭이 25조 3,000억 원(GDP의 2%)에 달할 것으로 예상된다 (대한민국정부, 2010: 36). 이로 인해 1997년 12.3%(60조 3,000억 원)에 불과했던 GDP 대비 국가채무 비율도 지속적으로 증가해 2011년에는 35.2%(436조 8,000억 원)에 달할 것으로 전망된다 (대한민국정부, 2010: 37).

24) 공공기관의 부채도 글로벌 금융위기 이후 급증하기 시작해 그 총액이 2007년 257조 5,000억 원에서 2011년에는 463조 5,000억 원으로 약 1.8배나 증가했다 (기획재정부, 2012: 1).

25) "…재정건전성을 유지해야 어떠한 위기에도 대응할 수가 있습니다. 2008년 금융위기도 우리 재정이 건전했기 때문에 남들보다 빠르게 대응할 수 있었습니다. 이런 차원에서 저는 제 임기가 끝나는 2013년까지 가능하다면 균형 재정을 달성할 수 있도록 최선을 다 하겠습니다…"(2011년 8월 15일 제66주년 광복절 대통령 경축사).

태환, 2008: 12-20).

정부는 2006년 국가재정법을 법제화했으나 동법은 균형예산에 관해 선언적 언급만 하고 선언적 언급을 강제할 수 있는 제도적 장치를 법제화하지 않아, 국가재정법이 일반회계 수지균형 원칙을 대체해 새로운 재정규율로서의 역할을 수행하기는 어려운 상황이다.[26] 따라서 중앙정부 재정이 향후 균형 상태를 회복・지속하기 위해서는 과거 일반회계 수지균형 재정규범과 같이 세출 억제 기능을 수행할 수 있는 새로운 재정준칙이 필요하며, 우리 재정 체제 내에서 세출 억제 기능이 재 작동될 수 있도록 제도적 보강, 즉 구속력 있는 재정준칙 제도화 노력이 시급하다.

2 정책 방향: 재정준칙 법제화(法制化)

우리나라의 재정 현황과 재정규율 약화 상황을 감안해 볼 때, 40여 년 동안 지속되어 왔던 재정적자를 감축해 1998 회계년도에는 균형재정을 달성하고 이후 4년 연속 재정흑자를 실현한 경험이 있는 미국 연방정부의 재정준칙 제도화 노력에서 정책적 시사점을 도출해 볼 필요가 있다. 미국 연방정부가 재정위기를 극복하고 균형재정을 달성하는 데는 높은 경제성장률을 실현한 경제 부문, 재정적자를 감축해야 한다는 대통령과 의회의 리더십을 유도해낸 정치 부문, 냉전 종식을 도출해낸 국제 정치 부문 등 여러 부문과 제반 요인이 복합적으로 작용한 것이 사실이지만[27] 재정적자를 감축하기 위해 지출상한제 준칙과 PAYGO 준칙을 도입하고 이에 구속력을 부여하기 위해 지출강제 자동삭감 제도까지 도입한 의회와 행정부의 재정규율(budget discipline) 제

---

26) 국가재정법 제2장(예산) 제1절(총칙) 제18조(국가의 세출재원)는 선언적으로만 균형재정에 관해 언급하고 있다 : "국가의 세출은 국채·차입금(외국정부·국제협력기구 및 외국법인으로부터 도입되는 차입자금을 포함한다) 외의 세입을 그 재원으로 한다. 다만, 부득이한 경우에는 국회의 의결을 얻은 금액의 범위 안에서 국채 또는 차입금으로써 충당할 수 있다."

27) 미국 연방정부가 1990년대 말 재정적자 감축에 성공하고 균형재정을 회복하는 데는 국민들의 반발을 무릅쓰고 증세를 추진한 41대 부시(George Herbert Walker Bush) 대통령 및 클린턴 대통령의 정치적 리더십, 지속된 미국 경제 호황, 제2차 세계대전 이후 지속되었던 동서 체제 간의 냉전 종식과 이로 인한 국방비 감축, 의회와 행정부의 세출 통제 및 세수 증대 노력, 그리고 지출상한제 준칙・PAYGO 준칙과 같은 재정준칙 도입이 주요 요인으로 지적되고 있다 (Schick, 2007: 27-32; 인태환, 2007b: 148-149).

도화 노력도, 적자 감축 및 흑자 실현에 일조했음을 부인하기는 어렵다.28) 따라서 제2절에서 살펴본 미국의 재정준칙 제도화 노력에서 우리 실정에 맞게 수용할 수 있는 균형재정을 회복하기 위한 정책 방향과 구체적 대안을 제시해 보면 다음과 같다.

1) 국가재정운용계획이 재정준칙의 역할을 수행할 수 있도록 현행 국가재정법 부분 개정

먼저, 현행 국가재정법상의 총량적 재정지표가 새로운 재정규율로 작동할 수 있도록 법적 구속력을 보유하는 방향으로 국가재정법을 개정해야 한다.

2006년 제정된 국가재정법은 행정부에 매년 국가재정 운용계획 작성 의무와, 작성된 국가재정 운용계획을 국회에 제출할 의무를 명문화했다.29) 국가재정법은 이러한 명문 규정을 통해 국가재정 운용계획이 중기재정계획의 역할을 수행할 수 있도록 법제화(국가재정법 7조 1항)했고, 그 결과 지금까지 1년 단위 예산 편성에 주력했던 재정 당국이 중기적 시각에서 5년 단위의 재정계획을 사전에 수립하고, 수립된 국가재정 운용계획에 의거해 1년 단위로 예산을 편성할 수 있게 되는 등 국가재정법은 국가 재정 전반을 개관할 수 있는 거시적인 제도적 틀을 구축해 우리 재정제도 발전에 큰 기여를 하고 있다.30)

그러나 이러한 국가재정법에도 미비점이 존재하는 바, 국가재정법은 행정부에 국가재정 운용계획을 수립하여 제출할 의무만을 명문화했을 뿐, 수립된 국가재정 운용계획을 행정부나 입법부가 준수할 의무를 명문화하지는 않았다는 점이다. 행정부가 국가재정법에 따라 재정수지, 국가채무, 세출, 세입 등 국가재정 운용계획상의 총량적 재정지표 계획치들을 매년 수립하고는 있으나, 행정부나 입법부에 총량적 재정지

---

28) 미국 헌법에 균형예산에 관한 명문 규정은 없지만 연방정부 의회나 행정부는 당해 연도 세출이 당해 연도 세입을 초과해서는 안 된다는 균형예산 규범(balanced budget norms)을 건국 초기부터 1970년 초반까지 묵시적으로 견지하면서 전시나 경기 침체기를 제외하고는 적자 예산 편성을 스스로 자제해 왔었다.

29) 재정 당국은 해마다 5년 단위의 경제·사회 · 재정 전망을 기반으로 중앙정부의 중장기 재정운용 방향과 목표를 설정하고 이에 의거해 주요 국가정책과 세출 분야별 재원배분계획을 제시하는 국가재정 운용계획을 작성해야 한다.

30) 기획예산처가 2003년부터 제도적 준비 기간을 거쳐 2004년 9월 처음으로 3년 단위 국가재정 운용계획을 작성한 이후 재정 당국은 매년 이를 수립해 오고 있었던 바, 국가재정법은 2007년부터 국가재정 운용계획 작성과 제출 의무를 명문화해 국가재정 운용계획에 법적 근거를 부여했다.

표 계획치들을 준수할 의무를 법적으로 부과하지 않고 있고, 이를 제재할 법적 구속력도 국가재정법상에 존재하지 않는다.[31)]

이로 인해 재정 당국이나 국회는 국가재정 운용계획상의 총량적 재정지표 계획치들을 준수하지 않고 있어, 국가재정 운용계획상의 총량적 재정지표 계획치들이 재정준칙으로서의 실질적 역할을 수행하지 못하고 있으며 이로 인해 국가재정 운용계획이 새로운 재정 규범으로 정립되지 못하고 있는 실정이다.

따라서 우리나라 중앙정부가 중기적으로 균형재정을 달성하기 위해서는 새로운 법을 제정하여 이를 통해 재정준칙을 새로이 제도화하기보다는, 현행 국가재정법을 일부 개정해 국가 재정의 균형 상태 회복이라는 정책 목표를 달성할 수 있도록 준수 의무를 구체화, 법제화하고 이에 법적 구속력을 부여하는 것이 좀 더 바람직한 정책 방향이다. 국가재정 운용계획상의 총량적 재정지표가 법적 강제력을 가질 수 있도록, 현행 국가재정 운용계획상의 여러 총량적 재정지표들 중 1~2개의 일부 지표에 대해서만이라도 행정부나 입법부가 이를 준수할 것을 법적으로 의무화하고, 이를 위반할 경우 지출강제 자동삭감(sequestration) 제도와 같은 재정적 제재를 부과할 수 있는 방향으로 국가재정법을 개정하는 것이 현실적인 재정준칙 제도화 방향이다(인태환, 2008: 20-26).

2) 국가재정법 개정 시 세출 통제 방식의 재정준칙 도입: 지출상한제 준칙과 PAYGO 준칙 법제화 추진

국가재정법을 개정할 경우 재정적자 자체를 통제하는 방식보다는 세출을 통제하는 방향으로 재정준칙을 도입해야 한다.

레이건 행정부 시절 법제화되었으나 재정적자 감축에 실패한 균형예산 실현을 위한 긴급 재정적자 통제법(The Balanced Budget and Emergency Deficit Control Act) I, II와 41대 부시 행정부 시절 법제화되어 적자 감축에 기여한 1990년 예산통제법(Budget Enforcement Act)을 비교해 볼 때, 재정적자를 감축하기 위해서는 재정

31) 국가재정법은 제1장(총칙) 제7조(국가재정 운용계획의 수립 등) ①항에서 "정부는 재정 운용의 효율화와 건전화를 위하여 매년 당해 회계연도부터 5회계연도 이상의 기간에 대한 재정운용계획을 수립하여 회계연도 개시 90일 전까지 국회에 제출하여야 한다."고만 규정해, 국가재정 운용계획 수립 및 국회 제출 의무만을 명문화했고, 국가재정 운용계획을 준수할 의무에 대해서는 침묵하고 있다.

적자나 국가채무 자체를 통제하기보다는 적자의 근본 원인인 지출을 통제하는 것이 좀 더 본원적인 접근 방법이기 때문이다. 지출 삭감이나 지출 증가율을 억제하는 세출 자체에 대한 구체적인 통제와 구조조정이 수반되지 않고는 중장기적으로 재정적자 해소나 국가채무 완화가 현실적으로 불가능하기 때문이다.

따라서 중앙정부의 재정적자를 감축하기 위해서는 지출 억제에 초점을 맞추는 것이 좀 더 현실적인 대안이라 판단되며, 이에 세출·세입·재정적자·국가채무 등 네 가지 총량적 재정지표 중 세출을 목표지표로 선정한 후, 세출 증가 억제에 초점을 두는 재정준칙을 제도화하는 것이 바람직한 개혁 방향이라 판단된다.[32)]

구체적으로 첫째, 정부 지출 항목을 재량적 지출(discretionary spending)과 의무적 지출(direct spending)로 분류하는 작업을 좀 더 세분화해 재량적 지출과 의무적 지출을 구분 관리하고, 각각의 지출 특성에 맞는 맞춤형 지출 통제 준칙을 도입하는 것이 필요하다.[33)] 국가채무와 재정적자 감축을 위해 중장기적인 지출 통제가 시급한 우리로서는 성격이 상이한 두 지출을 양분해, 재량적 지출에 대해서는 지출상한제 준칙, 의무적 지출에 대해서는 세출·세입 연계 적자 중립화 준칙(PAYGO 준칙)이라는 두 가지 형태의 재정준칙을 동시에 법제화하는 것이 바람직하다.

지출상한제와 PAYGO 준칙은 41대 부시 행정부 시절인 1990년 예산통제법(Budget Enforcement Act) 제정으로 처음 미국에 도입된 이래 클린턴 행정부 시절인 1993년에는 포괄예산조정법(Omnibus Budget Reconciliation Act), 1997년 균형예산법(Balanced Budget Act) 등에서 그 시효를 연장하는 방식으로 재도입되어 미국 연방정부가 1998 회계년도에서 2001 회계년도까지 흑자 재정을 달성하는 데 기여한 바 있다. 이에 43대 부시 행정부 시절인 2004년에도 지출통제법(Spending Control Act) 제정을 통해 이 제도 재도입을 추진한 바 있었으나 법제화에 실패했고, 오바마 행정부는 2010년 2월 세출·세입 연계 적자 중립화법(Statutory Pay-As-

32) 실질 경제성장률과 잠재 경제성장률이 모두 둔화되는 장기적 추세에 돌입한 우리나라의 경제 상황을 감안해 볼 때 정부가 증세를 통해 추가 세수를 대규모로 확보하고 이를 재정 적자나 국가채무 감축에 투입하기는 현실적으로 어려운 국면이라, 세입은 총량적 재정지표로서 바람직하지 않다.

33) 2010년 개정된 국가재정법 제7조는 2012년부터 재정지출을 의무지출과 재량지출 등 두 가지 종류로 구분하여 국가재정 운용계획을 작성, 제출할 의무 조항을 ②에 신설했다. 이 조항은 의무지출은 법률에 따라 지출의무가 발생하고 법령에 따라 지출 규모가 결정되는 법정지출에 국채에 대한 이자지출을 포함시킨 지출로, 재량지출은 의무지출을 제외한 나머지 재정지출로 규정하고 있다.

You-Go Act of 2010)을 제정해 PAYGO 준칙을, 2011년 8월에는 예산통제법(Budget Control Act of 2011)을 제정해 지출 상한제 준칙을 재도입했다. 결국 지출상한제와 PAYGO 준칙은 41대 부시, 클린턴, 오바마 등 3대 행정부에 걸쳐 10년 이상 도입·시행되어 지출 통제 및 적자 감축에 효과가 검증된 재정규율인 바, 향후 국가재정법 개정 시 지출상한제와 PAYGO 준칙 도입을 법제화하는 것이 바람직하다.

둘째, 지출상한제(discretionary spending caps)와 PAYGO 준칙을 도입해도 행정부나 국회에서 이를 위반하는 사태가 발생할 수 있으므로, 실제 지출이 국가재정 운용계획상의 계획치를 초과할 경우 지출강제 자동삭감 제도 도입도 검토가 요구된다. 지출강제 자동삭감 방식은 행정부가 국가재정 운용계획상의 지출 상한을 위반했을 경우 한도 초과분만큼 해당 분야 지출을 강제적으로 자동 삭감하도록 의무화하는 것으로, 이 제도는 지출상한제와 PAYGO 준칙에 강제 집행력을 추가로 부여하는 기능을 수행, 향후 정치권의 비생산적인 지출 확대 행위를 사후적으로 통제하는 데 일조할 수 있을 것으로 생각된다.

제 4 절 결론

오바마 행정부 취임 이후 미국 연방정부의 재정적자는 4회계년도 모두 1조 달러를 초과해 4개년 평균 적자 규모가 약 1조 3,333억 달러(GDP 대비 9.1%; OMB, 2012: 22-23, 25)라는 천문학적 숫자에 달한다. 이로 인해 자연 연방정부의 국가채무 규모도 제2차 세계대전 종전 이후 최대치로 급증해[34] 미국은 2011년 8월 3일 국가신용등급이 강등되는 상황을 자초하기에 이른다.[35]

34) 미국 의회예산처(Congressional Budget Office: CBO)는 2012 회계년도 연방정부 재정적자를 1조 1,000억 달러(GDP 대비 7.3%)로 예상하고 있다(CBO, 2012a: 1). 또한 재정적자의 누적분인 미 연방정부 국가채무는 2012 회계년도에 16조 3,508억 달러에 이를 것으로 추산되어, 사상 최초로 GDP 대비 국가채무 비율도 100%를 초과해(104.8%; OMB, 2012: 140), 제2차 세계대전 종전(1945: 117.5%; OMB, 2012: 139) 이래 최고치를 기록할 전망이다.

35) 그러나 글로벌 재정위기 이후 세계적으로 안전 자산이 부족해지면서 미국 연방정부의 국가신용등급 하락에도 불구하고 미국 국채에 대한 수요가 오히려 증가하면서, 미국 국채 이자율이 상승하지 않고 오히려 하락하는 기현상이 발생하고 있다. 결국 S&P의 국가신용등급 하향 조치는 경제적으로 미국

더욱이 오바마 행정부가 대규모 재정을 투입했음에도 불구하고 경제성장률, 실업률 등 미국의 거시경제 지표가 아직까지 기대했던 수준을 회복하지 못하고 있고 향후 경제 전망도 낙관적이지 않아, 경기 부양을 위해 추가로 재정을 투입하거나 현재 유지하고 있는 대규모 조세 감면 조치를 추가 연장해야 하는 상황도 배제할 수 없어[36] 당분간 대규모 재정적자 및 국가채무 누적 추세는 지속될 것으로 예상된다.[37]

또한 예산통제법(Budget Control Act of 2011) 규정에도 불구하고 연방 의회는 균형예산 편성을 의무화하는 헌법개정안에 대해 상하 양원 찬반 투표를 2011년 말까지 종료하지도 못했고, 재정적자 감축 여야위원회(Joint Committee on Deficit Reduction)도 2011년 11월 23일까지 추가 지출 감축 방안에 대해 합의안을 마련하지 못해 재정적자와 국가채무 문제는 2012년 11월 대선에서 쟁점화되고 있고, 언제쯤 여야가 재정적자 감축 방안에 대해 구체적인 합의에 도달할 수 있을지 의문마저 제기되고 있는 상황이다.[38]

연방정부에 대해 아무런 징벌적 제재 효과도 발휘하지 못한 것으로 판명되었으나, 향후 미국의 국가신용등급이 다시 한 번 하향 조정될 경우, 국채 이자율 급등 등 경제적 효과는 막대할 것으로 예상된다.

36) 미국에서는 최근 재정절벽(fiscal cliff) 사태 발생 여부가 이슈가 되고 있는바, 재정절벽이란 2012년 말로 종료하는 각종 세제 혜택 시한 만료와 예산통제법(Budget Control Act of 2011)상의 지출상한제 준칙 시행에 따른 재정지출 자동삭감 조치 등으로 2013년도에만 총 7,700억 달러에 달하는 재정지출이 일시에 축소되면서, 미국 경제 성장률이 급락하는 경제적 충격 사태 발생을 지칭한다. 재정절벽 사태는 재정적자 감축 여야위원회(Joint Committee on Deficit Reduction)가 2012년 말까지 추가 감축 방안에 대해 정치적 합의안 도출에 실패할 경우, 2013년 초부터 각종 세제 혜택 시한은 자동 만료되고 정부 지출은 자동삭감되면서 가시화될 전망이다. 부시 대통령이 9·11 테러 사태 이후 위축된 국내 경기를 부양하기 위해 법제화했던 대규모 조세 감면 대책 중 일부는 지금도 감면 조치가 지속되고 있고, 오바마 행정부도 경기 부양을 위해 2~3차례 감세 조치를 추진했었는 바 대부분의 감면 시한이 2012.12.31까지로 한정되어 있어, 의회가 감면 조치들의 시한을 추가 연장하지 않을 경우, 세수가 2013년 한 해에만 4,780억 달러나 급증하는 사태가 발생하게 된다. 이러한 조세 감면 조치 종료 사태는 연방정부 재정적자 감축에 크게 기여할 수 있어 재정건전성 측면에서는 반가운 소식이나, 동시에 급격한 재정 감축으로 미국 경제에 경기 하강 사태를 자초할 수 있어 미국 재정당국 및 정치권은 재정건전화와 경기 회복이라는 상반적 정책 목표 충돌을 동시에 해결해야 하는 정책적 딜레마에 직면해 있다. 만약 재정절벽을 해소하기 위한 정치적 합의 도출이 실패할 경우, 겨우 회복세에 돌입한 미국경제는 2013년도에 마이너스(-0.5%)세로 급락하고, 실업률도 올해 대비 0.9% 포인트나 급등한 9.1%로 예측되었다 (CBO, 2012a: 2).

37) 앞으로 미국의 재정수지는 최소 4~5년간 평균적으로 GDP의 4~5%(OMB, 2011a: 25)에 달하는 대규모 적자 상태를 지속하고, 이에 따라 국가채무도 해마다 1조 달러(OMB, 2011a: 140) 이상씩 증가할 것으로 예상된다.

특히 2011년 1월 공화당이 의회 하원 다수당으로 복귀한 이후 4월 초까지 지속되었던 공화·민주 양당 간의 2011 회계년도(2010년 10월~2011년 9월) 예산안 통과 문제를 놓고 벌린 지루한 지연 협상, 그리고 2011 회계년도 예산안 통과 직후인 4월 초부터 8월 초까지 전개된 연방정부 법정 국가채무 한도 상향 조정 문제에 대한 여야 간의 대치와 대립은 재정 사안을 정치화(政治化)시키면서 재정정쟁(財政政爭)으로 발전했고, 이러한 재정정쟁은 2012년 대선이 종료된 이후에도 당분간 지속될 전망이다.

이러한 미국 재정정쟁은 거시적(巨視的)으로는 연방정부의 역할을 최소한으로 제한해야 한다는 '작은 정부'와 연방정부의 영향력 확대를 주장하는 '큰 정부'라는 공화·민주 양당 간의 국가 역할에 대한 이념적 차이에서부터 역사적으로 발원을 해서, 중시적(中視的)으로는 지난 레이건 행정부에서부터 현 오바마 행정부에 걸쳐 감세와 증세, 복지지출 삭감과 증액이라는 양당 간의 구체적인 재정정책상의 차이로 표면화되면서 여야 간의 정책 충돌을 가중시켜 왔고, 미시적(微視的)으로는 2011년부터 예산안 통과, 연방정부 법정 국가채무 한도 상향 조정, 재정적자 해소 및 국가채무 감축 방식을 놓고 양당 간의 첨예한 입장 차이를 노정하면서[39] 재부상하기에 이른다. 문제는 이러한 재정정쟁이 지난 30여년 이상 동안 공화, 민주당 대통령 혹은 공화, 민주당 의회라는 행정부와 의회의 정치 지도자나 다수당의 정치적 조합이 바뀌어도 지속되고 있기 때문에 앞으로도 재정 문제가 정치화되는 재정정쟁이 미국 정치권에

38) 미국 의회가 자신들의 세출 통제권을 재강화할 목적으로 의회 예산 및 지출정지 금지법(Congressional Budget and Impoundment Control Act, 의회예산법)을 1974 제정한 이후 지출을 통제해야 하는 상임위원회의 권한이 오히려 약화되었고, 야당이 장악한 의회와 대통령 간에 사사건건 대립하는 상황이 장기간 지속되면서 재정적자, 국가채무 등 모든 재정 사안이 정치화(政治化)되고 있다. 이로 인해 의회예산법이 규정한 입법부 예산안(budget resolution)마저도 야야 간의 정쟁으로 통과시키지 못하는 사태가 자주 발생하면서 의회가 국가 금고를 지키는 최후의 보루라는 본래적 기능마저 수행하지 못한다는 비난에 봉착해 있다. 이로 인해 미국 의회의 무능력에 실망한 유권자들은 2012년 11월 선거에서 행정부와 의회를 동일 정당이 동시 장악할 수 있도록 투표하는 것이 미국의 국익에 바람직하다는 주장까지 제기하고 있다.

39) 공화·민주 양당 간의 재정적자 및 국가채무 감축 방식에 관한 견해 차이는 2011년 8월 제정된 예산통제법(Budget Control Act of 2011) 제정 과정에 잘 나타났다. 또한 2012년 10월 현재도 공화당은 노인의료보험(Medicare), 의료보험개혁법 폐지 등 복지 지출 대폭 삭감, 소득세 공제제도 철폐를 통한 세수 보전 등을 정책 대안으로 제기하고 있고 반면에 민주당은 부유층에 대한 증세를 통한 추가 세수 확보 등을 적자 감축 방안으로 주장하고 있어, 재정적자 감축 방안에 대한 양당 간 정치적 합의 도출에 어려움을 겪고 있다.

서 재발할 가능성이 높다고 판단된다.40)

2008년도 글로벌 금융위기가 2010년부터 글로벌 재정위기로 전환되면서 재정적자 사태가 한두 개 국가의 개별적 사안이 아니라, EMU 국가들을 포함한 다수 국가에서 보편적으로 발생하는 세계적 현상으로 전환되었고, 이로 인해 재정적자 해소 및 국가채무 감축은 미국만의 문제가 아니라 많은 국가가 직면한 최우선 정책과제로 부상하고 있다. 또한 재정적자 해결 방식, 세출 삭감 및 증세로 인해 초래되는 경제적 부담 등으로 경제 주체들 간에 발생하는 정쟁은 미국, 그리스, 스페인 등 재정적자가 심각한 적자국가들만의 문제에서 벋어나, 상대적으로 건전한 재정을 유지하고 있는 프랑스, 독일 등 나머지 국가에서도 정도의 차이는 있으나 가시화되고 있고, 이제는 우리나라도 이번 대선은 물론 2013년 집권하는 신행정부 재임 기간 동안 이러한 유형의 재정정쟁이 발발할 가능성을 배제할 수 없는 상황에 놓여 있다.

2008년 2월 이명박 정부 집권 이후 지속되었던 감세 논쟁, 2010~2011년도에 가열되었던 무상 급식 논쟁, 2011년에 쟁점화되어 지금도 지속되고 있는 반값 등록금 요구, 2011년에 야당은 물론 여당 내에서도 제기되었던 감세 철회 요구 및 이를 둘러싼 여야 간 갈등과 해결 과정은41) 우리나라에서도 재정정쟁이 이미 시작되고 있음을 반증하고 있다.

국민들의 다양한 복지 요구는 증가하고 폭발적으로 확대되고 있는 국민들의 복지 요구를 모두 수용할 수 있을 정도로 우리 재정 여력(fiscal space)은 충분하지 않아, 본질적으로 재정 수요와 재정 여력이라는 상반된 변수 간의 커다란 간격을 좁힐 수

---

40) 2011 회계년도 예산안 통과(2011.1~4월), 법정 국가채무 한도 상향 조정(2011.4~8월) 및 예산통제법(Budget Control Act of 2011) 제정 과정에서 노정된 민주당 행정부와 공화당 의회 간에 재정적자 감축 방식에 대한 견해 차이가 조기에 수렴되지 않을 경우, 재정적자 감축 문제는 다시 여야 간의 정쟁 대상으로 쟁정화될 소지가 매우 높다.

41) 재정건전성 제고라는 측면에서 볼 때 경기침체기에 감세 기조를 유지하면서 균형재정을 달성하기는 사실상 불가능하다. 이러한 점에서 2011년 9월 정부와 여당의 감세 철회 결정은 건전성 회복을 위한 의미 있는 정책적 진전라고 판단된다. 이명박 대통령이 8·15 경축사에서 2013년까지 균형재정 달성을 선언한 이후, 후속 조치로 당정협의에서 9월 7일 감세 철회를 결정했는 바, 이는 균형재정을 실현하려는 대통령의 준수 의지를 최초로 구체화한 재정 정책이기 때문이다. 국회는 2012년부터 소득세 최고세율을 35%에서 33%로, 법인세 최고세율은 22%에서 20%로 인하하도록 2009년 세법을 이미 개정했는 바, 이번 감세 철회 결정은 기 개정한 세법 시행을 단순히 유보하는 수준을 넘어, 감세와 규제 완화를 통해 시장의 자율성을 제고한다는 현 정부의 경제 및 재정 정책기조를 사실상 번복하는, 현 정부의 정치적 희생을 감수하고 내린 정책적 선회이기 때문이다.

있는 정책적 대안을 손쉽게 도출하기 어려운 상황에 직면하고 있기 때문이다. 나아가 올해 2012년에는 총선과 대선이라는 정치적 행사가 겹치면서 여야 모두가 선거에 승리하기 위해 재정적자와 국가채무 문제를 근본적으로 완화시키기 위한 대승적 · 합리적 접근 방식보다는 국민들의 복지 요구에 편승하는 소승적 · 인기 영합적 · 정치적 접근 방식을 채택하면서 우리나라에서도 재정정쟁이 이번 선거는 물론 선거 이후에도 과거보다 더욱 가열될 전망이다.

따라서 정치권이 국민들의 복지 요구를 일정 부분 수용하면서도 합리적으로 재정정책을 결정할 수 있도록 제도적 보완이 필요한 시점이며, 이러한 관점에서 재정준칙 제정을 통한 재정규율 강화가 국가적으로 요구되고 있다. 재정건전성을 회복하기 위해서는 지출 삭감이나 증세라는 정치적 결단이 필요하나, 양 정책 모두 표를 의식해야 하는 정치권으로서는 선뜻 받아들이기 어려운 정책적 조합들이다. 따라서 포퓰리즘에 편승하기는 쉬우나 균형재정에 대한 인센티브가 부재한 정치인들을 재정건전성을 제고할 수 있는 방향으로 유도하기 위해 재정규율 법제화가 요구된다. 여야가 국민적 합의를 바탕으로 재정준칙을 도입할 경우, 재정준칙을 가지고 무분별한 지출 확대 행태에 대해 공개적으로 문제를 제기할 수 있는 제도적 여건이 형성되기 때문에 행정부의 예산 편성 과정이나 국회의 예산 심의 과정 중에 선심성 정치적 행태가 개입할 수 있는 여지를 사전에 통제, 완화할 수 있다고 판단된다.

이러한 관점에서 지출 상한제 준칙과 PAYGO 준칙의 법제화, 그리고 지출강제 자동삭감 기제 도입 및 정착은 약화된 우리의 재정규율을 회복하기 위해 필요한 제도적 장치라고 사료된다. 재량적 지출에 대한 지출 상한제 준칙, 의무적 지출에 대한 PAYGO 준칙, 또한 지출 상한제 준칙과 PAYGO 준칙을 위반할 경우 해당 분야 지출을 일률적으로 삭감하는 지출강제 자동삭감 제도는 20년 이상 재정적자 감축을 위해 미국이 시행착오를 경험하면서 제도화한 상대적으로 검증된 적자 감축 기제들이기 때문이다.

참고 문헌

국가재정법(2010). 국가법령정보센터. http://www.law.go.kr

국회사무처 의사국(2000). 「미국의회 의사절차」. 한국컴퓨터인쇄주식회사.

기획재정부(2011). 2011~2015년 국가재정운용계획 요약. 9.27.

———(2012). 11년 공공기관 경영공시 재무정보. 4.30.

노기성(2001). 「미국의 적자재정관리제도와 시사점: 미국의 재정건전화 관련법의 사례를 중심으로」. 정책연구시리즈 2001-01. 한국개발연구원.

대한민국정부(2010). 2010~2014년 국가재정운용계획. 기획재정부.

신영수(2005). 「재정의 건전 운영을 위한 미국의 관련법제 연구」. 연구보고 2005-07. 한국법제연구원.

인태환. (2007a). 1960년 이후 미국 재정적자 추이 및 주요 적자 감축정책 연구. 「국제문제연구」, 제7권 제1호: 141-181.

———(2007b). 쉭의 美연방정부 예산제도 개혁: 입법부 예산제도, 행정부 예산제도, 兩 제도 병존. 한국행정학회 재무행정연구회(공저). 「현대재무행정이론」. 대영문화사.

———(2008). 이명박 정부의 재정개혁 과제: 총량적 지출 상한제(spending caps) 도입을 통한 재정준칙 제정을 중심으로. 「정책연구」, 통권 158호. 가을호: 1-36.

한국조세연구원(2009). 「주요국의 예산제도」. 한국조세연구원 정책분석 09-06.

Committee for A Responsible Federal Budget(2011). Summary of the Budget Control Act. August 1.

Congressional Budget Office(2012a). *An Update to the Budget and Economic Outlook: Fiscal Years 2012 to 2022*. August 2012. Washington, D.C.: U.S Government Printing Office.

Keith, Robert(2007). The House's Pay-As-You-Go(PAYGO) Rule in the 110th Congress: A Brief Overview. *CRS Report for Congress RL33850.* January 31.

———(2010). The Statutory Pay-As-You-Go Act of 2010: Summary and Legislative History. *CRS Report R41157.* June 8.

Lynch, Megan Suzanne(2011). Statutory Budget Controls in Effect Between 1985 and 2002. *CRS Report for Congress RL41901.* July 1.

National Commission on Fiscal Responsibility and Reform(2010). *Moment of Truth: Report of the National Commission on Fiscal Responsibility and Reform*: http://www.fiscalcommission.gov/sites/fiscalcommission.gov/files/documents/TheMomentofTruth12_1_2010.pdf

Office of Management and Budget(2004). The Spending Control Act of 2004 Overview.

———(2007). *Budget of the United States Government, Fiscal Year 2008.* Washington, D.C.: U.S. Government Printing Office.

———(2011a). *Fiscal Year 2012 Historical Tables Budget of the United States Government.* Washington, D.C.: U.S Government Printing Office.

———(2011b). *Fiscal Year 2012 Budget of the United States Government*. Washington, D.C.: U.S Government Printing Office. http://www.gpoaccess.gov/usbudget/-fy12/index.html

———(2012). *Fiscal Year 2013 Historical Tables Budget of the United States Government*. Washington, D.C.: U.S Government Printing Office.

Schick, Allen(2000). *The Federal Budget: Politics, Policy, Process*. Revised Edition. Washington, D.C.: The Brookings Institution Press.

———(2003). The Role of Fiscal Rules in Budgeting. *OECD Journal of Budgeting*, 3(3): 7-32. http://www.oecd.org/dataoecd/2/12/43494591.pdf

———(2007). *The Federal Budget: Politics, Policy, Process*. 3rd ed. Washington, D.C.: The Brookings Institution Press.

Standard & Poor's(2011). Research Update: United States of America Long-Term Rating Lowered To 'AA+' On Political Risks And Rising Debt Burden; Outlook Negative. August 5. http://www.ft.com/cms/af2c4fac-bfc2-11e0-90d5-00144-feabdc0.pdf

The Statutory Pay-As-You-Go Act of 2010 (2010). Public Law 111-139.

제 3 장 스웨덴과 핀란드: 지출제한제도의 시사점

이정희

제 1 절 지출제한제도

1 지출제한제도의 의의 및 특징

지출제한(expenditure ceiling)이란 정부재정지출의 일부 또는 전부에 대한 제한으로서 예산편성 이전에 행정부에 제시된 구체적인 기준을 의미한다. 지출제한제도 재정준칙은 지출제한을 통해 정부나 독립된 제3의 주체가 예산편성 초기에 지출 수준의 상한선을 발표하고, 이 수준을 초과하지 않도록 하는 명시적 규정을 만들고 행정부가 이를 준수하도록 하는 제도를 말한다. 지출제한제도는 예산 전체를 대상으로 한다는 점에서 하향식(top-down) 예산편성에서 부처에 제시되고 예산 총액을 구성할 때 사용되는 부처 단위의 지출제한과 구별되며 재정지출의 실제액에 대한 사후적(ex post) 제한이라는 점에서 예산편성을 규율하는 규칙보다 포괄적이다. 특히 형식적으로 예산뿐 아니라 정부의 통합재정 전체를 규율한다는 점에서 예산법제와 다르며 대부분의 경우 중기재정계획과 연동되어 운용되는 특징이 있다.

지출제한제도가 다른 재정준칙 유형에 비해 우월하며 특별히 재정수지 준칙에 비해 우수하다는 주장이 있다. 지출제한제도는 재정준칙의 바람직한 발전의 명확하고 현실적인 의미를 가지며 결과를 실제로 발생시킨다는 것이다(Ljungman, 2008). 첫째, 연간 단위로 또는 몇 년 동안 안정적인 조세 원칙 하에서도 세입은 경제 활동의 수준에 따라 지속적으로 변동되는 특성이 있다. 과세 기준이나 세율을 조정함으로써 경제적인 환경 변화에 대응하는 것은 단기간에 실행 가능한 정책 수단이 아니다. 실용적인 차원에서 세입 변화에 따라 조세 법안을 신속히 변경하는 것은 거의 불가능하고 가능했다 할지라도, 경제주기의 변화에 세입을 통한 자동 안정화를 적극적으로 활용할 필요가 있기 때문에 세입 변동을 허용하는 것이 필요할 수도 있다. 이런 점을 고려할 때 재정수지 준칙에서 재정의 지속적 균형을 유지하기 위해 적극적으로 세입을 관리하는 것은 경기순행적(procyclical) 재정정책을 생산할 가능성이 높은 반면 지출제한 준칙을 이러한 문제가 존재하지 않는다. 둘째, 재정 확대의 주요 원인은 세금 감면에 대한 요구보다 과도한 지출 증가에 대한 요구에 따른 것으로 보인다. 이럴 경우 재정 확대를 통제하기 위해 세입보다 재정지출에 대해 구속을 하는 것이 좀 더 효과적일 것이다. 이 경우 정부의 재정 영향에 대한 과소평가 경향인 재정환상이 통제되고 재정 의사결정이 합리화될 수 있을 것이다. 셋째, 세입을 통제하여 재정수지를 통제할 경우 세금 수준이 이미 높기 때문에, 이에 따른 부작용이 더 클 수 있다. 세금을 높여 세입을 증가시키고 이에 따라 재정수지 준칙을 지키도록 하는 것은 거시경제에 좋지 않은 영향을 미칠 가능성이 크다. 이에 반해 지출제한은 좀 더 근본적인 재정 규모의 제한이라고 할 수 있고 가시적인 부작용이 적다고 할 수 있다.

앤더슨과 미나릭(Anderson & Minarik, 2006)도 지출제한제도가 다른 재정준칙에 비해 우수하다는 주장을 하고 있다. 재정건전성 면에서는 재정수지 준칙은 재정 규모를 확대하기 쉽다. 왜냐하면 정부는 주어진 재정적자의 상한을 최대한 활용하려고 하기 때문이다. 반면에 지출준칙은 경제 상태에 관계없이 정책 당국자가 주어진 가이드라인을 지킬 수밖에 없도록 하기 때문에 이러한 일은 발생하지 않는다. 경기안정성에 대해서는 재정수지 준칙 하에서는 경기대응적인 정책을 쓸 아무런 유인이 존재하지 않을 뿐만 아니라 심지어 경기침체기에 예산상의 자동안정화장치가 원활하게 작동하는 것을 제한하기도 한다. 하지만 지출준칙은 세입의 자동안정화장치와 무관하므로 안정화장치가 원활하게 작동하도록 한다. 행정의 편의성 면에서도 지출준칙은 수지준칙보다 투명하고 논쟁의 여지가 적다. 수지준칙은 낙관적인 경제 전망과 불확

표 3-1 엄격한 재정수지준칙, 경기조정 가능한 재정수지 준칙, 지출제한 준칙 비교

	엄격한 재정수지 준칙 (Deficit Rule)	경기조정 가능한 재정수지 준칙 (Cyclically Adjusted Deficit Rule)	지출제한 준칙 (Spending Rule)
재정적 책임성			
호황 시기	재정확대 유도	재정확대 유도	흑자분에 대한 특별조치 가능
불황 시기	제한적 재정적자	제한적 재정적자	충분한 재정적자
경기 안정	경기순행	경기순행	경기역행
정부재정 활동 지원			
공공투자 활동 (public investment)	지속 가능	지속 가능	지속 가능
정부 핵심 기능 (core government function)	불확실성 존재	불확실성 존재	확실성
제도적 특성			
신뢰성 및 행정적 가능성	신뢰성 적음.	신뢰성 적음.	확인가능, 신뢰성 높음.
통화정책과의 정합성	어려움.	어려움.	용이함.

출처: Anderson & Minarik(2006: 195)의 내용을 바탕으로 재구성.

실한 지출과 수입 전망에 가려져 준칙의 준수가 힘들 수도 있다.

물론 지출제한제도 고유의 문제가 있다. 부채제한제도나 재정적자제한제도에 비해 행정부의 재정의 신축적 운용은 당연히 제한될 것이다. 대부분의 나라의 경우 지출한도 준칙은 일년이 아니라 다년간에 대해 적용하고 있는데, 지출한도 준칙은 일부 지출 항목을 다음 연도로 이전시킴으로써 지출한도를 회피할 수 있다는 단점이 있다. 이러한 단점을 피하기 위해 네덜란드의 경우 특정 예산 항목에 대해 지출한도를 적용하고 미국의 경우 지출과 수입을 연계시키는 제도를 도입했다. 추가적으로 지출을 발생시키는 경우 반드시 추가적 재원 마련이 수반되도록 하는 pay-as-you-go-(PAYGO)제도가 전형적인 예이다. 또한 지출제한제도도 공기업을 통한 지출 증가, 예산외 공공기관, 채무보증, 조세지출, 창조적 회계 조작 등의 상황에 대해 통제할 수

없다. 이런 점에서 재정준칙으로서의 지출통제제도는 완결된 제도라기보다는 재정책임성 확보를 위한 종합적인 제도적 장치가 마련될 때 성공할 수 있다고 할 수 있다.

2 지출제한제도의 제도적 구성

1) 지출제한제도의 기본 원리

지출제한제도는 바람직한 재정정책의 달성이라는 상위 목표에서 바람직한 제도적 속성이 도출되어야 할 것이다. 먼저 안정적 경기 운용과 재정건전성이라는 가치를 균형있게 달성해야 한다는 점을 고려하고 재정의 주요 가치인 재정책임성의 개념과 연계성 및 타당성, 목표치의 측정의 신뢰성, 인센티브가 재정책임성 달성에 기여하는 목적적합성이 확보되어야 하며, 개념이 비교적 단순하고 일관된 기준 적용이 가능하며, 이행 여부 점검이 용이하여 제도의 신뢰성, 실행가능성이 높은지 판단되어야 한다. 이런 점을 고려할 때 바람직한 지출제한제도 설계를 위해서는 다음과 같은 고려가 필요할 것으로 보인다.[1)]

첫째, 재정준칙의 신축성(flexibility)과 신뢰성(credibility)의 가치 조화가 필요하다. 행정부를 규율하는 원칙으로서 재정준칙은 법적 규율이나 행정계획과 달리 재정의 적극적인 기능을 위해 어느 정도의 신축성이 필요하나 이것이 지나쳐 신뢰성을 손상시켜서는 안 되며 적절한 수준에서 조화가 필요하다.

둘째, 규칙의 단순성(clarity) 및 명확성(simplicity)과 복잡성(complexity)에 대한 결정이 필요하다. 단순성이 높을 경우 준칙에 대한 이해가능성(understandability)을 높여 시민 및 의회에 의한 통제가능성을 높일 것이나 행정이라는 업무의 복자성을 고려할 때 지나치게 단순화된 규칙은 행정의 비효율성을 야기할 위험이 있다.

셋째, 투명성(transparency)의 정도를 어느 수준에 둘 것인지에 대한 판단이 필요하다. 재정활동과 관련된 의사결정의 과정까지 구체적으로 공개할 것인지 재정활동의 결과를 중심으로 시민들에게 공개할 것인지에 대한 결정이 필요하다.

---

1) 아래의 요소들은 재정준칙 및 지출제한제도와 관련된 문헌들이 산발적으로 지적하고 있는 바람직한 특성을 필자가 종합적으로 정리하고 의견을 추가한 것이다.

넷째, 조정가능성(manuplability)을 고려해야 한다. 준칙의 신축성과 관련된 것으로 예산은 기본적으로 미래에 대한 예측을 바탕으로 한 지출계획이라고 할 때 합리적인 수준에서 예측할 수 없는 현상에 대해 조정가능성을 행정부에 부여하는 것이 필수적이다. 반면 이러한 조정가능성이 행정부의 재량을 넓혀 재정준칙의 취지에 어긋나는 행동을 하지 못하도록 할 필요가 있다.

다섯째, 책임성(accountability)의 문제로 준칙에 대해 어느 정도 정치적·법적 책임성을 부여할 것인가의 문제이다. 행정부의 활동에 대한 통제가 계획한대로 이루어지기 위해서는 강한 법적 규범력을 부여하는 것이 필요하겠으나 행정의 합리성을 고려하여 관료에 대한 시민의 통제, 대통령에 대한 시민의 통제 형식을 취하는 것도 가능하다. 지출제한을 달성하지 못했을 경우 차년도에 이를 반영하도록 하는 등의 책임을 지게 할 수 있겠다.

여섯째, 합법성(legitimacy)으로 재정준칙에 어떤 법적인 지위를 부여할 것인가의 문제이다. 각국의 재정법 체계를 고려하고 이를 반영하는 것이 필요하다.

2) 지출제한제도 설계

지출제한제도가 갖추어야 할 이상의 제도적 특성을 고려할 때 구체적으로 지출제한제도 설계를 위해 제한 대상의 선정, 인플레이션 반영 방식, 지출한계치의 공식 설계, 재정법 체계상 법적 효력 및 지위 결정, 이행강제 수단 설계 등이 필요하다 (Ljungman, 2008).

(1) 재정준칙 적용 범위 결정

지출제한제도에서 제한의 적용 범위를 결정하는 것이 일차적으로 필요하다. 지출제한의 엄격한 적용을 위해서는 적용 범위를 확대하는 것이 필요하겠으나 재정지출 중 변동이 자연스럽고 바람직한 경우 이를 포함시킬 때 재정의 다른 기능을 약화시킬 우려가 있다.

지출제한의 특징은 포괄성(comprehensiveness)이라고 할 수 있으며, 완전한 포괄성이 원칙이지만 경제적 안정성과 원활한 정부 재정의 필요성과 같은 이유로 특정 품목을 제외하는 것이 바람직할 수 있다. 이때 예외의 증가에 따른 준칙의 복잡성 증가, 단순성(clarity) 훼손의 문제를 고려해야 한다.[2] 기본적인 원칙은 행정부의 재량이 있고 이에 대해 통제할 필요가 있을 경우 재정준칙의 범위에 포함시키고 이런 재량이 없거나 통제의 필요성이 적은 경우 포함시키지 않는다는 것이다. 이를 적용하기 위해 행정부의 재량 범위를 적절하게 정의하는 작업이 필요하다.

(2) 인플레이션 연동 여부 결정

정부의 규모의 확대를 제한하자는 지출제한제도의 취지상 이를 화폐가치로 계산할 때 실제 경제적 가치로 계산하여 제약을 가하는 것이 이상적일 것이나 실제 물가 상승을 어떻게 고려할 것인가 하는 문제가 생긴다. 이때 명목 수치로 실제 변수를 대치하는 기술적인 문제와 이에 따른 투명성(transparency)의 감소가 고려되어야 한다. 또한 모든 공공지출은 가격과 임금 수준의 변화에 의해 영향을 받으나 인플레이션에 대한 민감도가 균일하지 않으며[3] 이에 따라 실질 가치를 계산하기 위해서는 복잡한 계산 과정이 필요하며, 이는 지출한도의 명확성(transparency)과 단순성(clarity)을 줄일 수 있다. 또한 정부가 디플레이터(deflator)를 수정하여 재정을 확대할 수 있는 기회를 허용한다.

(3) 지출변동 적응 허용 범위 결정

이자 변화(interest variations), 경기변동 요인(cyclical factors), 복지지출 수혜자 수 변동, 인플레이션, 투자 계획의 연기, 자연재해, 우발부채(contingent liabilities)의 상환 요구 등 예상치 못한 재정수요에 어떻게 대처할 것인지의 문제가 있다. 특정한 경우 일정한 수준의 변동이 정당화될 수 있을 것이나, 어느 정도 유연성을 허용할 것인지, 이를 어떻게 통제할 것인지의 문제가 발생한다. 지출의 일시적 변동을 허용하는 조치는 재정규칙을 유명무실하게 할 수 있으므로 너무 관대해서는 안 될 것이다. 총지출제한과 예상된 총지출 수준 사이의 약간의 범위를 두어 예상치 못한 지출 증가를 흡수하는 방안을 모색할 수 있다.

---

2) 지출제한 적용에서 배제할 것을 고려할 수 있는 항목으로는 국가채무에 대한 이자지급액(interest payments), 의무지출(non-cyclical entitlement), 경기순환적 지출(cyclically sensitive items), 공공투자지출(investment expenditure) 등이 있다.

3) 가격 및 임금 관련 항목, 정부채권 관련 인플레이션에 대한 명목 이자, 그리고 인플레이션 관련 보조금 등 인플레이션 효과는 자동적이고 예측적이다.

(4) 기간 결정

재정정책의 수요에는 거시경제와 재정 전망의 불확실성이 있고 이것이 중기의 단위로 발생하는 경향이 있으므로 행정부가 중기의 기간에 재량권을 갖고 지출계획을 세울 수 있도록 할 필요가 있다는 주장이 가능하다. 중기지출제한의 두 가지 접근법으로 수년 단위로 계획이 고정된 고정기간제(fixed-term)와 매년 중기계획을 발표하는 변동중기지출제한(rolling ceiling)을 고려할 수 있다.

(5) 목표변수(target variable) 정의

지출제한제도는 목표변수의 정의와 목표변수를 다른 재정목표와 연계시키는 문제가 있다. 경제성장률 및 GDP 대비 정부지출 비율, 정부지출 총액 등이 있고, EU(2010)는 이를 세분하여 명목지출액(nominal expenditure ceiling), 실질지출액(real expenditure ceiling), 명목지출증가율(nominal expenditure growth rate), 실질지출증가율(real expenditure rate)을 제시하고 있다.

(6) 규율의 법적 성격 결정

행정부 및 입법부에 재정 규율을 촉진하기 위한 지출 한도가 효과적이기 위해서는 확고한 제도적 장치를 가진 재정 프레임워크가 중요하다. 예산 법률과 같이 입법적으로 재정적 프레임워크는 법적·정치적 압력을 주어, 행정부 및 입법부의 불응을 억제할 수 있는 것으로 보인다. 또한 지출 제한의 경우 법적 조항은 그들의 재정 규율에 대한 확약을 공공에 표현하는 중요한 방법이 될 수 있다.

3 지출제한제도의 사례

지출제한제도를 예산 과정에 도입한 주요 정치 체제로는 미국 연방정부, 다수의 미국의 주정부 및 지방정부, 스웨덴, 핀란드, 네덜란드, 캐나다, 일본 등이다. 이 중 성공적으로 제도화되어 제도의 목적을 달성하고 있는 것으로 평가받는 사례는 스웨덴, 핀란드, 네덜란드로서 스웨덴은 재정계획안으로 GDP 대비 재정수지 2% 흑자와 27개 지출 분야별 한도를 설정하고 다년간에 지출한도를 적용하는 경우 일부 지출 항목을 다음 연도로 이전할 수 있도록 했다. 핀란드의 경우 특정 예산 항목에 대해 지출한도를 적용하여 2004년 이래 지출총액관리 방식을 통해 균형재정 목표를 달성했다.

미국은 재정적자의 통제를 위해 다양한 법제를 시행하는 과정에서 1990년의 예산집행법(Budget Enforcement Act of 1990) 및 1997년 균형예산법(Balanced Budget Act of 1997)에 지출제한제도로 간주할 수 있는 지출제한(spending cap)를 포함했다. 그리고 다수의 주정부와 지방정부의 경우 주민청원에 의한 조세지출제한제도(tax and expenditure limit)를 도입했으나 현재 더 이상 사용되지 않으며, 일본과 캐나다는 지출제한제도를 단기간 적용하고 다른 재정준칙을 사용하고 있다.

제 2 절 스웨덴의 지출제한제도

1 스웨덴의 예산제도 및 재정준칙

1) 1997년 재정관리프레임워크 개혁

스웨덴은 1996년 춘계재정계획법안(Spring Fiscal Policy Bill)을 도입했다. 1990년대 초 금융위기로 은행에 GDP의 4%에 달하는 구제금융을 지원한 결과 국가채무가 1990년 46.8%에서 1996년 84.7%로 상승한 경험에서 재정적자 문제를 조속히 해결해야 한다는 시민들에 요구에 정치권은 1996년 GDP 대비 재정수지 2%의 흑자를 목표로 설정하는 개혁안을 제시했다. 동시에 지출제한선에 예비비를 두어 경기변동에 대비하고 재정지출 확대를 차단하기 위해 3개년에 대한 중앙정부의 지출한도를 설정하고 27개 지출 분야별로 상한선을 설정하고 지출 분야별 한도 설정에 여유분을 추가해 예상치 못한 경기 변동에 대비하도록 하는 보조장치도 포함했다. 또한 예산 결정 및 회계 원칙, 지출 예측의 보수성, 투자 지출의 지원금 등과 같은 지출 한도 범위, 지출한도를 초과하는 지출이 있다면 정부는 지출 감소 조치를 취하거나 의회에 예산 수정을 제안해야 한다는 내용이 포함되어 있다. 이후 GDP 대비 국가채무가 1996년 84.7%에서 2002년 60.3%로 감소했고 중기적 관점에서 재정을 관리하면서도 예상치 못한 경기 변동에도 대비할 수 있는 유연성을 확보함으로써 재정건전성을 달성한 모범 사례로 꼽힌다.

2) 재정준칙의 내용

스웨덴의 재정준칙은 중앙정부의 지출제한(expenditure ceilings), 재정흑자 목표(surplus objective), 지방정부의 균형예산(balance requirement)으로 구성된다.

(1) 중앙정부의 지출제한

지출제한에 종속되는 지출에는 중앙정부 지출과 예산외 연금제도의 지출이 포함되고, 이자지출은 포함되지 않는다. 이는 전체 일반정부 지출의 약 2/3에 해당한다.

지출제한은 하향식(top-down) 예산 과정 중에 재무부(Ministry of Finance)에 의해 주도된다. 재무부가 제출하는 다년도 재정계획은 차후 2~3개 연도의 명목적 지출제한을 포함한다. 이후 3개년(t+3)의 새로운 지출제한이 9월에 의회에 제출되고, 11월 의회에 의해 승인된다. 이 과정에서 예산 과정은 2단계의 계획결정 과정을 가진다. 총 지출은 27개의 다른 지출로 구분되고, 이들 각각의 예산안을 먼저 의회가 결정한다. 이런 결정은 이전에 세워진 t+1년도의 지출 제한에 따른다. 이후 의회는 각각의 지출 영역의 세출 수준을 승인한다. 세출의 전체 총합은 이전에 세워진 예산안을 초과해서는 안 된다. 이런 이유로 세출에 대한 추가 지출은 지출 삭감과 동시에 고려되어야 한다.

지출제한이 실제 지출을 제한하기 때문에 지출 예측에서 불확실성은 매우 중요하다. 예측치 못한 증가의 영향을 보완하기 위해, 지출제한과 지출제한 하에서 제한된 지출 사이의, 흔히 예산여유분(budget margin)이라 부르는 완충장치(buffer)가 있다. 예산여유분은 또한 스웨덴 정부기관이 특정 제한 내에서 각 연도 사이의 세출재원의 소비를 이동하여 불확실성을 흡수한다. 예산계획에서 지출제한 수준과 예산여유분의 크기를 결정하기 위해 만들어진 원칙은 없으나 지출제한 3번째 연도에 예산여유분은 일반적으로 지출제한의 약 2%로 두었다.

스웨덴 중앙정부의 지출제한제도는 만약 지출이 상한을 넘는 상황이 생길 경우, 재정 축소 노력(consolidation measure)이 있을 것이라는 공적인 확약의 역할을 한다.

(2) 재정흑자 목표

재정흑자 목표는 일반정부의 흑자분인 순대출(net lending)은 경기순환를 통틀어 평균적으로(on average over the business cycle) GDP의 약 2%를 달성해야 한다고 규정하고 있다. 흑자목표는 고령화에 따른 인구통계학적 요인으로 인한 정부 재정건전성이 위협받지 않도록 선제적으로 준비하는 데 취지가 있다.

사전적으로 정의된 중장기 재정목표에서 실제 예산흑자폭에 대해 일년 단위의 매년 목표가 도출된다. 정부에 의해 t+1년도에 대한 회계안을 t년도 9월에 제안되고, 의회에서 늦가을에 승인된다. 매년 목표는 경기순환적인 이유로 GDP 목표로부터 2%의 편차까지의 한도 내에서 변동이 있을 수 있다.

스웨덴의 재정흑자 목표에서 중요한 이슈는 '경기순환을 통틀어 평균적으로'라는 문구의 의미에 대한 정의 문제와 이 재정흑자 목표를 달성하지 못한 경우 강제 수단이 존재하지 않는다는 문제가 지적된다.

(3) 지방정부 균형예산 준칙

1998년 지방정부의 법률로써 규정된 내용으로 지방정부는 2000년까지 균형예산 또는 재정흑자를 달성하기 위한 세입계획을 세워야 한다. 적자를 위한 계획 및 예산을 세우는 것은 허용되지 않는다.

균형예산 준칙의 취지는 현재 세대의 시민들이 그들의 향후의 지출에 대해 재정적으로 공공지출에 대해 책임이 있으며 지방정부 및 커뮤니티는 '좋은 재정의 관리(principle of good financial housekeeping)'의 원칙상 연금 채무(pension liability) 형태의 미래의 비용을 고려하여 예산을 짜야 한다는 점이다. 연금채무를 고려할 때 재정흑자가 필요한 것으로 파악되며 최소한의 조건으로서 균형예산 준칙이 요구되는 것으로 파악할 수 있다. 동일한 취지에서 지방정부 회계 관례에는 보수주의 원칙이 적용된다. 예를 들어, 자본이득은 세입으로 간주되지 않는 반면, 자본손실은 지출로 간주된다. 이런 상황에서는 투자지출을 위해 지방정부가 대출한 경우 자본손실만이 회계상 고려되며 재정수지에 영향을 미치게 된다.

균형예산 준칙의 경우 순응을 위한 메커니즘이 존재한다. 재정적자가 발생한 경우 이후 3년의 기간 내에 흑자를 통해 기존의 정부의 자본 규모를 회복시켜야 한다.

2 스웨덴의 지출제한제도 분석[4]

1) 재정준칙 적용 범위

스웨덴은 중앙정부 세입에 의한 모든 지출은 재정지출제한에 포함되어야 한다는 원칙에 따라 거의 모든 지출을 포함하므로 포괄성의 원칙을 지키고 있다. 행정 지출, 투자 지출, 유럽연합에 대한 스웨덴의 기여, 지방정부의 교부금 지불이 총지출 제한에 포함된다. 그러나 정부 부채에 대한 이자는 지출 제한에 포함되지 않는다. 지출제한에 실업 혜택을 위한 모든 지출을 포함하기 때문에, 정부는 증가하는 재정지출을 통제하기 위해 복지지출(noncyclical entitlements)의 경우도 포함하고 있다. 공공투자지출(investment expenditure)의 경우 공공재와 서비스를 생산하기 위한 정부가 사용하는 자산에 대한 투자는 자산에 대한 이자지불분과 자산에 대한 감모상각분만을 세출에 포함시키고 지출제한의 대상으로 삼는다. 기타 다른 자산은 전체 자산을 위한 투자지출을 지출제한의 대상으로 삼는다. 국회는 자산 중 특정 인프라 투자를 지출제한의 대상으로 삼을지를 결정한다.

2) 인플레이션 연동

스웨덴은 원칙적으로 중단기의 지출제한을 명목치로 설정하고, 지출한도가 결정되었을 때 예상되었던 것보다 향후 예측된 인플레이션 수치가 더 높거나 낮은 경우에 지출한도 조정은 없다. 이러한 명목치의 사용은 지출한도와 지출 예측 사이의 비교에 모호함을 제거하고 인플레이션 조정을 하는 적절한 방법론에 대한 논쟁을 피하고 디플레이터의 조작의 위험을 막을 수 있다.[5]

---

4) 아래는 렁맨(Ljungman, 2008: 38-47)과 스웨덴의 정부문서를 요약한 내용이다.

5) 인플레이션 조정이 크게 문제가 되지 않는 이유는 스웨덴은 상대적인 안정적 인플레이션 수준에서 경제가 안정되어 있기 때문이다. 독립적인 중앙은행은 정부의 간섭 없이 운영되고, 2.0%의 인플레이션 목표를 설정했다. 신뢰할 수 있는 규칙 기반의 금융 정책은 낮고 안정적인 인플레이션에 기여했고, 1997년의 지출 제한이 도입된 이후 낮은 인플레이션을 보이고 있다.

3) 기간

지출제한은 중단기적 관점에서 설정되고, 기본적으로 3년을 단위로 설정되는 것이 원칙이다. 이때 매년 3개년에 대한 예산 추계가 반복적으로 이루어지는 변동상한제(rolling ceiling)이다. 다만 그동안 정부는 예외적으로 경기 변동의 불확실성을 근거로 2년간의 재정 추계와 지출제한을 제안한 적이 있었다.

4) 목표변수

스웨덴에서 지출 제한의 계산에 대한 명백한 공식이 제시되지 않고 있다. 다만 정부가 지출제한치를 제시할 때 총GDP 대비 정부지출이 주로 인용되고 있다. 재정지출 및 기타 재정 변수 사이의 관계가 고려되어야 한다는 개선안이 논의되고 있다.

5) 규율의 법적 성격

스웨덴에서 재정 프레임워크는 법률에 의하지 않는다. 대신 정치적 협약에 의해 수립된다. 준수하지 않는 경우 명시적인 제재 메커니즘도 없다. 공식적으로 지출제한은 의회의 결의로 파악된다. 정부는 매년 예산서의 정부 재정의 중단기적, 장기적 지속가능성을 고려한 지출제한 및 재정 프레임워크를 의회에 제출한다. 지출제한은 정치적으로 많은 관심을 받고 있기 때문에 이를 무시하는 것은 매우 큰 정치적인 부담이며 대체로 행정부와 주요 정치집단에 의해 존중된다.

3 지출제한제도의 성과와 평가

지출제한은 1997년 도입된 이후 지금까지 대부분의 경우 준수되었다. 정치적 권위가 지출제한에 부여되었고 만약 지출이 지출제한을 초과하는 위험이 있을 때, 정부가 해야 할 일을 규정한 예산법, 지출제한의 투명성에 기반한 열린 평가와 토론이 가능한 정치문화와 미디어의 역할이 중요했던 것으로 보인다.

반면 한계도 존재한다. 그동안 지출제한을 피하는 한 가지 방법으로 예산의 세입단계에서 보조금(subside)을 도입하는 조세지출 방식이 사용되었다. 예산법에 따라

주 예산은 모든 세입과 세출을 포함해야 한다. 그러나 의회는 이러한 규칙에 예외를 두어 정부가 이용자 부담의 특정 수입에 대해 특정 조치를 주는 권한을 부여했다. 이는 이용자 부담과 관련된 조세지출이 더 이상 예산에 포함되지 않는다는 것을 의미한다. 다른 방법은 정부가 의회에 세출안에 의한 인프라 투자에 대한 일반적 규칙에서 벗어난 광범위한 예외를 인정하는 예산안을 의회에 제출하는 것이다.

또한 예산여유분과 관련하여 현재의 시스템 하에서는 예산여유분이 경기순행적 방식으로 사용될 수 있는데 이에 대한 제한이 없다. 예산여유분은 원래의 취지에 맞게 의도대로 사용되지 않았다고 평가된다. 또한 예산법이나 의회의 다른 문서에서 만약 지출 한도를 초과할 경우 어떻게 되는지에 대한 명시적 지시가 없다는 문제가 있다. 더불어 스웨덴의 지출제한이 흑자 목표와의 확실한 연결이 없다는 점과 향후 발생할 인구통계학적 변수와 구조적 변화를 충분히 고려하지 않는다는 점도 문제이다.

제 3 절 핀란드

1 핀란드의 예산제도 및 재정준칙

핀란드는 2003년 재정관리 프레임워크 개혁의 일환으로 다년도 지출제한(multi-annual expenditure ceilings)을 도입했다. 이전의 1991년 도입한 지출제한제도를 10년 넘게 활용했지만 좁은 범위, 빈번한 개정, 단시안적인 지출제한으로 효율적인 예산편성이 이루어지지 못했고 그런 이유로 공공지출은 1990년대 중반 이후부터 2000년대 초반까지 서서히 증가했다. 공공재정의 지속 가능한 발전을 보장하기 위해 좀 더 포괄적이고 엄격한 재정 프레임이 필요하여 2003년 전면적인 개혁이 이루어졌다.

핀란드의 재정관리 프레임워크는 다년도 사업 운영 및 자본계획, 예산에 대한 지출제한, 당해 연도 예산 및 추가경정예산, 정부재무보고, 자산관리보고로 구성되어 있다. 재무부의 자문위원단은 권고안에서, 2003년 2004-2007 선거 연도인 4년 동안

비순환적 중앙정부의 기본 지출을 실제치를 제한하는 것을 주된 내용으로 한 재정정책목표를 설정했다. 명시적인 목표는 지출의 증가를 제한하고, GDP에서 정부부채의 비율을 감소하는 것이다. 재정 프레임워크의 도입으로 재정지출의 지속적인 상승을 막는 긍정적인 효과가 나타났다.

2 핀안드의 지출제한제도 분석[6)]

1) 재정준칙 적용 범위

스웨덴과 비교하여 핀란드의 특징은 지출제한의 대상이 상대적으로 협소하다는 점이다. 지출 제한의 범위는 중앙정부의 예산의 3/4을 포함하나 비교적 좁게 정의된다. 이자 지급, 순환 변동의 효과, 사회보장제도, 노령연금 지급의 변화, 인프라 투자의 특정 지출, 정부 균형에 영향을 미치지 않는 지출 변화 등은 지출제한의 적용을 받지 않으며 몇몇 항목은 명시적 제한 없이 증가할 수 있다. 이는 재정준칙 및 지출제한의 효과성을 제한하는 측면이 있다.

2007년 개선안에서도 정부는 지출제한에서 민감한 지출을 제외시키는 원칙을 재확인했다. 예를 들어 실업급여, 일부 실업수당 등의 혜택은 그들의 순환적 민감성으로 지출제한에서 제외된다. 반면에 중앙정부의 사회보장의 사회보험은 새로이 지출제한에 포함되는 것으로 개정되었다. 전체적으로 스웨덴을 비롯한 다른 국가들과 비교할 때 지출제한의 범위가 상당히 협소함을 알 수 있다.

2) 인플레이션 연동

4년 동안의 지출제한은 명목치가 아닌 실제치에 근거하여 만들어진다. 매년 3월 정부의 결정시 지출제한은 중앙정부의 물가지수인 디플레이터를 이용하여 차년도의 가격 수준으로 변환된다. 동시에, 정부는 또한 예산구조 변화를 조정하는 데 필요한 지출제한의 기술적 조정을 시행한다. 다양한 가격과 임금지수의 가중 평균으로 구성된 중앙정부 자체의 물가지수를 사용하여 인플레이션의 실제 영향을 조절한다. 정부

6) 아래는 렁맨(Ljungman, 2008: 20-28)과 핀란드의 정부문서를 요약한 내용이다.

는 이러한 지수의 가중치는 공개하지 않고 있다.

3) 기간

지출제한은 고정상한(fixed ceiling)으로서 정부 내각의 4년 임기 동안에 설정되고 행정부가 지속되는 동안 새정부는 이전 정부에 의해 세워진 지출제한에 의해 제약되지 않는다. 인플레이션 보정과 기술적 보정과는 별도로, 지출제한은 일단 세워지면 4년간 수정되지 않는다. 이는 지출제한 수준을 매년 수정하는 것은 경기순행적 정책을 허용하고, 안정된 재정준칙과 양립하지 않는다는 과거의 경험을 반영한 것으로 보인다. 핀란드는 인플레이션의 충격의 효과를 제거하고 중단기의 변동가능성을 지닌 많은 지출 항목을 지출제한의 범위에 포함시키지 않음으로써 지출제한의 경직성 문제에 대처한 것으로 파악된다.

4) 목표변수

정부는 중앙정부 또는 일반 정부회계 균형에 영향을 주는 지출 제한과 다른 재정 목표변수 사이의 관계를 명시적으로 제시하지 않는다. 지출제한 목표가 실제치로 세워지고, 중앙정부의 물가지수가 자체의 디플레이터로 사용되기 때문에, 중앙정부의 지출제한 목표를 가격지수를 반영한 결과치인 GDP 대비 재정 규모 비율로 정한다.

5) 규율의 법적 성격

정부가 매년 예산에 대해 의회의 승인을 받으며 차년도 회계연도 이상의 기간의 지출제한을 의회에 제시해야 하는 법적 의무는 없다. 원칙적으로 중단기의 지출제한은 정부가 그 스스로 자발적으로 제한하는 것이다. 지출제한의 원칙, 중단기의 지출제한은 정부 결정에 따라 결정되며, 공식적으로 의회에 의해 승인되지는 않는다. 또한 지출제한을 초과하는 것에 대한 공식적 제재 조치는 없다. 지출제한 준수 여부는 재무부(Ministry of Finance)에 의해 기본적으로 감시된다.[7] 이러한 상황에서 지출제한이 지켜지는 것은 지출 제한 준수에 대한 정치적 의지가 높고 이에 대한 미디어

7) 인플레이션의 불투명한 조정과 함께, 지출 제한에 포함되는 제한 항목을 구별하기 어렵기 때문에, 외부기관에서 지출 제한의 적합성을 검증하는 것은 어려울 것이다.

의 감시, 시민들의 정치적 지지가 매우 강하기 때문인 것으로 파악된다.

3 지출제한제도의 성과와 평가

핀란드는 지출제한제도 도입의 직·간접적인 결과로 1990년대 초 금융위기 이후 국가부채 증가분이 1994년부터 감소세로 전환되었다. 2004년 지출제한제도의 재설계 이후 재정정책에 따른 재정지출을 지속적으로 감독하고 통제할 수 있었다.

핀란드의 지출제한제도의 특징은 비교적 협소한 적용 범위를 가지나 지출제한의 산식에 명목치가 아닌 실제치를 사용하고, 신축적 적용을 상당히 제한하고 있음을 알 수 있다. 전체적으로 보아 적용 범위를 넓히되 명목치를 사용하고 신축적인 적용을 허용하는 스웨덴과 접근 방법이 상이하다고 하겠다. 핀란드의 접근 방법은 재정적자 축소라는 목표보다는 행정부의 재정정책에 따른 재정지출의 축소에 대한 노력에 대한 통제를 강조하는 입장이라고 평가할 수 있겠다.

핀란드의 제도적 특성에 대해 현재 적용되는 범위가 지나치게 협소하다는 지적, 지출 총량이 제한되고 있으나 전체 GDP 대비 정부부문의 크기의 증가가 지속되고 있다는 지적 등이 이루어지고 있다. 아울러 다른 나라와 같이 지출제한제도를 강화하기 위해 발생주의회계를 도입하는 작업을 진행 중이며 지출제한제도와 민주주의의 요구를 조화할 수 있는 제도적 장치를 어떻게 마련할 것인가에 대한 토론이 활발하게 이루어지고 있다.

제 4 절 스웨덴과 핀란드의 지출제한제도의 비교 및 시사점

1 비교분석 및 시사점

스웨덴과 핀란드를 비교해 보면 지출제한제도도 기본 철학 및 적용 범위를 비롯한

제도의 세부가 상당히 상이한 것을 알 수 있다. 스웨덴의 경우 정부재정 확대 억제를 목표로 포괄적인 정부지출을 대상으로 제한을 하되 재정활동의 유연성을 확보하기 위해 명목치를 사용하고 신축적인 적용을 허용하고 있다. 핀란드의 경우 재정적자 축소라는 목표보다는 행정부의 재정정책에 따른 재정지출의 축소에 대한 노력에 대한 통제를 강조하는 입장으로 행정부의 재량 범위에 한해 제한제도를 도입하고 있다. 제한 범위가 비교적 협소하나 지출제한의 산식에 명목치가 아닌 실제치를 사용하고, 제한 범위의 지출에 대해서는 재정책임을 상당히 강하게 요구하고 신축적 적용을 상당히 제한하고 있음을 알 수 있다.

스웨덴과 핀란드의 지출제한제도 비교와 검토를 통해 몇 가지 결론을 도출할 수 있다. 첫째, 스웨덴과 핀란드의 사례는 지출제한제도의 경우 제도 자체의 다양성을 인정할 수 있고 우리나라 도입 시 다양한 제도적 설계가 가능함을 알 수 있다. 한 국가의 제도를 절대시하거나 고수할 필요가 없으며 제도의 취지를 반영하되 우리나라의 행정 및 정치적 환경을 충분히 고려하여 제도의 목표인 재정규율과 재정책임성을 달성하는 데 적합한 접근 방식을 선택할 수 있음을 알 수 있다.

둘째, 스웨덴과 핀란드의 사례는 지출제한제도가 재정규율을 위한 중장기 재정관리 프레임워크의 존재할 경우 더 효과적인 것을 보여준다. 지출제한은 상당히 경직

표 3-2 스웨덴과 핀란드의 지출제한제도 비교

		스웨덴	핀란드
적용 범위	이자지출	예외	예외
	복지지출	포함	부분 예외
	경기순환성 지출	포함	부분 예외
	특정 세수입관계 지출 (earmarked revenue)	대부분 포함	불포함
인플레이션 연동		명목적 상한선	정부 지출 디플레이터에 의한 실제 상한선
지출 변동 적응		contingency margin	다음 회계연도 이월 가능성
기간		3년 동안 변동 상한 (rolling ceiling)	정부 임기 4년 동안 고정 상한 (fixed ceiling)
목표재정변수		명시적으로 제시 안됨, GDP 대비 정부지출 비율이 빈번하게 사용됨	명시적으로 제시 안됨, GDP 대비 정부지출 비율이 빈번하게 사용됨
법적 성격		정치적 협약 및 의회의 승인	정치적 협약

적인 재정활동에 대한 제약인데 지출제한의 적용을 해서는 안되는 경기순환 과정이 지속적으로 발생하고 이는 단기가 아닌 중장기의 순환 과정으로 이해된다. 이에 따라 중장기적 경기순환에 대한 정부의 적극적 경기 역행적 재정활동이 원활한 경제 성장과 안정을 위해 반드시 필요한 것으로 파악되며 이에 따라 재정책임성이라는 가치와 재정안정화라는 가치를 아울러 포괄하는 제도적 장치가 필요한데, 지출제한제도가 재정책임성 확보를 위한 제도적 장치라고 한다면 중장기 재정관리 프레임워크는 경기안정화를 위한 제도적 장치라고 할 수 있겠다. 이 두 가지 제도적 장치가 원활하게 조응할 때 정치경제 내에 재정활동이 원활하게 이루어질 수 있을 것이다.

셋째, 지출제한제도는 반드시 법적인 규범력이 있을 필요는 없음을 알 수 있다. 스웨덴이나 핀란드의 경우 정당 간의 협약(coalition agreement)이나 정치적인 공약(political commitment)으로서 지출제한이 성립했고 이에 대한 정치적인 존중, 국회의 의결 정도의 강도로 제도가 유지되었다. 이것은 당연히 각국의 정치문화의 차이에서 발생하는 현상이라고 할 수 있고 절대적인 기준으로 제시될 수는 없을 것이다. 다만 법적인 규율로 지출제한제도가 성립할 경우 신축성이 낮아질 수 있고 경제적 요구에 대해 대처해야 하는 유연성이 떨어질 수 있다는 점을 고려해야 한다.

넷째, 지출제한제도를 설계할 때 지출제한제도의 전반적인 방향을 결정하고 이를 반영하여 전체적인 제도의 유연성 및 신뢰성을 조절할 필요가 있다. 즉, 스웨덴과 같이 지출제한의 범위를 최대치로 잡아야 한다는 입장에 서는 경우 세부적인 제도설계는 다른 측면의 가치를 고려하여 유연성을 최대한 확보해야 하며, 이는 인플레이션 연동이나 긴급지출 필요성 등에서 가능한 한 관대한 입장에서 제도를 설계해야 하며, 핀란드와 같이 지출제한의 범위를 최소치로 잡을 경우는 반대로 엄격한 입장에서 지출제한을 적용하는 제도설계가 필요하다. 제도의 신뢰성과 유연성이라는 두 가지 가치가 상충적이나 제도설계 시 이를 조화하는 방향으로 설계해야 적절한 수준에서 실행 가능하며 재정건전성을 달성하는 제도를 만들 수 있다.

다섯째, 스웨덴, 핀란드의 경우 발생주의 회계제도의 도입과 지출제한제도 도입이 동시적 또는 선행적으로 이루어져서 지출제한제도가 효과적으로 기능할 수 있었음을 파악할 수 있다. 객관적인 재정지표, 투명한 정부회계는 재정준칙의 제도적 기반으로서 지출제한은 정부회계의 투명성 수준이 높아 창조적 회계 또는 회계 조작의 여지가 낮을 때 실효성이 높다고 파악된다. 재정준칙 및 지출제한제도를 확립하기 위해서는 주요 재정지표의 객관적이고 독립적인 평가가 이루어져야 하고, 이는 독립적인 제3의 기구, 초정당적인 재정관리기구나 국회의 소속기구에서 추진되거나 행정부가 객관성을 확보한 상황에서 조직한 위원회 형식의 조직에서 이루어져야 한다.

2 우리나라의 재정준칙설계

먼저 우리나라의 경우 재정준칙 도입을 위한 사회적 합의 도출 필요한 단계에 있다. 재정이 사회에서 해야 할 다양한 역할에 대한 충분한 토론이 이루어지지 않은 상황에서 재정건전성에 지나친 강조를 하는 것은 바람직하지도 않고 제도의 수용성을 낮춘다는 의미에서 실행가능성도 낮출 것이다. 따라서 가장 먼저 필요한 작업은 재정의 역할에 대한 사회적 합의와 이를 보완하는 차원에서 재정건전성이라는 가치를 어느 수준에서 타협할 것인가에 대한 사회적 합의를 이끌어내는 일이라 하겠다.

이런 정치적 합의가 전제가 되면 본격적으로 경제 여건을 고려하여 어떤 형태의 재정준칙을 도입할 것인가에 대한 재정준칙 선택의 문제가 있으며, 이때 가장 느슨한 형태의 채무 관련 준칙에서부터 지출제한제도까지 고려해 볼 수 있을 것이다. 지출수준은 정부가 통제할 수 있는 변수이고 재정건전성과 가장 밀접한 변수라는 점, 경기역행적으로 운용 가능하여 재정건전성과 경기 안정을 동시에 고려할 수 있는 제도라는 장점이 있다. 반면 채무제한이나 재정수지제한은 지나치게 느슨하며 제한선이 가까워 올 때까지 행정부의 재량이 크며 세입을 조정하는 과정에서 경기순행적 재정활동이 발생할 가능성이 매우 크다.

다만 지출제한제도는 좀 더 직접적이고 복잡한 제도이므로 선결되어야 할 문제로서 중기재정운용 프레임워크, 객관적인 지출제한 추계를 위한 기구, 발생주의 정부회계가 준비되어야 한다. 현재 우리나라의 국가재정 운용계획은 중기재정운용 프레임워크로 좀 더 구체화하면 핀란드의 재정운용 프레임워크와 유사한 형태가 될 수 있을 것으로 보인다. 재정건전성에 대한 정치적인 합의와 이를 위한 협약도 고려해야 할 사항이다. 재정정책에 대해 법적인 규율을 하기보다는 정치적인 협약을 통해 신축성과 신뢰성을 확보한 스웨덴이나 핀란드의 예를 벤치마킹할 필요가 있다. 행정부에서 자율적으로 주도하고 의회에서 정치적으로 승인한 지출제한제도를 정치적인 약속에 근거하여 지키는 형식을 고려해 볼 필요가 있다.

세 번째 단계로 지출제한제도 도입을 결정한 경우 세부적인 제도설계를 하는 단계에서는 제도의 초기에는 다분히 좁은 적용 범위에서 시작하는 것이 바람직하다. 스웨덴의 예로 포괄적인 재정준칙 하에 신축적인 운용을 하거나 핀란드의 예로 투명성을 높이고 이해가능성을 높여 제도의 신뢰성을 높이는 방식 중 우리나라 재정의 현실에 맞는 지출제한제도를 선택하여 도입하는 것이 바람직할 것으로 판단된다.

참고 문헌

Anderson, Barry & Joseph Minarik(2006). Design Choices for Fiscal Policy Rules. *OECD Journal on Budgeting,* Vol.5. No.4: 159-208.

Kopits, George & Steven Symansky(1998). Fiscal Policy Rules. *IMF Occasional Paper.*

Ljungman, Gosta(2008). Expenditure Ceilings-A Survey. *IMF Occasional Paper.*

Paulsson, Gert(2003). No Revolution in Sight: the Evolving Roles of the Central Budget Agency in Sweden. *Controlling Public Expenditure: The Changing Roles of Central Budget Agencies-Better Guardians*?. Edward Elgar.

제 4 장

유럽연합(EU): '안정과 성장 협약'*

김재훈

제 1 절 서론

1993년 마스트리히트조약(Maastricht Treaty)으로 유럽연합(European Union: EU)이 출범했고, 이제는 16개 유럽 국가들이 단일 통화인 유로화를 채택하고 독립적인 유럽중앙은행(European Central Bank)으로 하여금 통화정책을 담당하도록 하는 유럽통화연합(European Monetary Union)까지 등장하게 되었다. 유럽연합이나 유럽통화연합의 회원국이 점차 확대됨에 따라 회원국들 간의 경제 규모나 경제 능력 등에서 경제적 격차는 한층 심화되었다. 하나의 시장으로서 효율적으로 기능하기 위해서는 회원국들 간의 정책조정이 필수적이 되었고, 이러한 필요는 특정 산업정책에 한정하지 않고, 복지정책・고용정책・정보통신정책 등 광범위한 분야에 이르게 되었다. 주권국가들인 회원국들의 다양한 의견과 이해를 수렴하지 않고서는 유럽연합 수준의 효율적인 정책집행을 기대하기 어려웠기 때문에 다양한 정책조정 거버넌스들이 도입되었다.

이 가운데 특히 연성 조정 방식인 개방형(정책) 조정 방식(Open Method of

* 이 글은 2007년도 정부재원(교육인적자원부 학술연구조성사업비)으로 한국학술진흥재단의 지원을 받아 연구되었으며(KRF-2007-323-B00047), 「세계지역연구논총」 28권 1호(2010)에 게재되었다.

Coordination: OMC)이 최근에 많은 주목을 받게 되었다. 2000년 리스본 유럽이사회(Lisbon European Council)에서 주요 전략으로 채택된 OMC는 표준화된 지표, 벤치마킹, 국가 간 수범 사례 비교, 국가 계획 및 집행 모니터링에 따른 동료 압력 등을 주요 내용으로 하고 있다.

이러한 비강제적인 방식에 의한 조정은 개별 국가적 이익과 유럽 전체의 이익과 충돌하거나 시급한 조정이 필요한 경우에는 충분히 효과적이기 어려웠는데, 이러한 문제는 재정정책에서 두드러졌다. 통화정책이 새로이 설립된 독립적인 기구인 유럽중앙은행에 의해 중립적으로 수행되는 반면, 유로화의 안정에 큰 영향을 미치는 재정정책은 개별 회원국에 맡겨져 있기 때문에 경제의 성장 및 안정에 필수적인 통화 및 재정의 조화로운 정책 혼합이 효과적으로 이루어지기 어려울 것이 예상되었다. 이는 유로화(貨)를 사용하는 국가들에게는 특히 커다란 문제로 부각되었다. 이에 따라 마스트리히트조약은 과도적자 절차 규정을 두고, 이를 좀 더 구체화시킨 '안정과 성장협약(Stability and Growth Pact: SGP)'을 통해 제재를 포함하는 정책조정 기제를 유럽연합 국가들과 유럽통화연합 국가들에 적용하게 되었다.

그러나, 최근 들어서는 SGP의 강제 조정 방식에 대한 비판이 점증하고 있다. 이는 독일과 프랑스 등 유럽 사회에서 영향력이 큰 국가들이 지침을 위반했어도 이들 국가에 대해 규정된 절차가 개시되지 않고, 아일랜드와 같이 규모가 작은 국가에 대해서는 명백한 지침 위반이 없음에도 절차가 개시되는 등 협약의 내용이 엄격하게 집행되지 않고 있다는 점에 기인한다. 이는 유럽연합 및 유럽통화연합 국가들의 재정건전성에 커다란 영향을 미치는 재정적자가 협약에 의해 적절하게 통제되지 않게 됨에 따라 협약의 신뢰성을 저하시키는 결과를 초래했다. 이러한 비판에 대해 2005년 유럽연합은 다양한 예외를 인정하여 지침 적용의 유연성을 확대하는 방향으로 협약을 개정하여 오히려 협약의 엄정한 집행을 더더욱 어렵게 했다.

이 글에서는 1) 재정정책조정체계인 SGP를 유럽연합의 새로운 거버넌스 양식에 입각해서 그 성격을 규명하고, 2) SGP의 작동 메커니즘과 최근의 사례를 통해 본래 설계 의도와는 달리 어떠한 한계를 갖는가를 분석하며, 3) SGP에 대한 최근의 개선 노력이 과연 이러한 한계를 개선할 수 있을 것인지에 관한 예측을 시도한다.

제 2 절 정책조정 기제로서 새로운 거버넌스 유형

주권을 갖는 독립국가들의 연합체인 유럽연합에서는 국가 간 정책조정이 쉽지 않기 때문에 다양한 거버넌스 유형(new modes of governance)들이 제시되어 왔다. 여기서는 강제성의 정도에 따라 연성 조정 방식과 경성 조정 방식을 구분해 설명한다.

1 연성 조정 방식

1) 개념

연성 정책조정은 회원국 간에 합의에 의해 설계된 지침, 틀을 통해 조정을 시도하거나 아예 이런 것들 없이 우수 회원국들의 사례를 소개함으로써 회원국들에게 방향을 제시하는 방식이다. 경우에 따라서는 정책 목적에 관해 회원국들 간에 합의하고 회원국들 간에 공개적으로 미리 약속한 경제정책을 달성하기 위해 다년간 노력을 기울인다. 연성 정책조정은 실제 목표의 달성보다는 회원국들의 합의 도출, 정책학습 및 그에 따른 정책 확산을 더 강조하며, 동료평가와 벤치마킹과 같은 기제들을 활용해서 회원국들이 유럽연합 수준에서 요구되는 경제정책을 수행하도록 하고자 한다. 주로 유럽연합의 출범 이후에 다양한 분야에서 나타나고 있으며, 개방형 조정 방식(OMC), 다층 거버넌스(multi-level governance) 등으로 표현되고 있다.

OMC는 2000년 3월에 유럽이사회에서 채택된 정책조정 체계이다. 리스본전략(Lisbon Stratgegy)이라고도 불리는 OMC는 유럽연합 회원국들 간에 합의된 목표의 수렴을 달성하기 위해 채택된 새로운 정책조정 체계로서 연성의 비법률적 수단으로 정의된다. 리스본 의장 결론(Lisbon Council Presidency Conclusions)에 따르면, OMC는 다음의 네 가지 요소를 갖는다(European Council, 2000: 12). 1) 단기, 중기 및 장기의 목표를 달성하기 위한 구체적인 일정과 연계된 유럽연합의 지침을 확립한다. 적절한 경우에는 세계에서 가장 우수한 사례에 대비하여 양적 및 질적 지표를 수립하며, 이때 이 지표들은 각 회원국과 부문들의 필요에 따라 조정되며, 최우수 사례와의 비교 수단으로 사용된다. 2) 유럽연합 차원의 지침을 구체적인 목표를 정하고 국가 및 지역의 차이점들을 고려해 수단을 채택하여 국가 및 지역의 정책으로 전환한다. 3) 상호학습 과정으로서 조직된 주기적인 점검, 평가 및 동료평가를 실시한다.

2) 유형

OMC 방식은 일종의 틀(template)이기 때문에 다양한 형식을 띠고 있다. 시티와 로즈(Citi & Rhodes, 2007)는 이를 세 가지로 구분했다. 가장 순수한 형태의 거버넌스 유형으로 '벤치마킹과 권고'가 있는데, 이는 초보적인 형태의 개방형 조정 방식(OMC)에 해당한다. 유럽연합은 회원국들에게 우수 사례를 제시하고, 바람직한 결과를 가져올 것으로 예측되는 정책을 권고하지만, 구체적인 목표치를 제시하지 않고 체계적인 점검도 이루어지지 않는다.

다음으로 '자발적 정책목표 + 벤치마킹 및 동료 압력'이 있다. 회원국이 스스로 추구하고자 하는 구체적인 목표가 있고, 회원국별로 이 목표 달성 여부에 대한 주기적인 점검이 이루어지며, 이 점검은 여타 국가들과 공동으로 이루어지기 때문에 원칙적으로 이 과정에서 동료 압력이 행사된다.

마지막으로 '자발적 정책목표 + 벤치마킹 및 동료 압력 + 구조화된 조정 과정'을 내용으로 하는 유형이 있다. 벤치마킹이 구조화된 조정 체계 안에서 지속적으로 동료평가 및 동료 압력을 유지시키는 유형으로서, 이 과정을 통해 유럽연합의 수렴계획에 따른 유럽연합의 지침들과 회원국 정책을 일치시키게 된다.

2 경성 조정 방식

1) 개념

경성 정책조정은 정책형성에서 유럽연합 등 초국가적 수준의 기구들이 지배적 역할을 하고, 집행은 개별 회원국들에게 맡겨놓기 때문에 정책의 내용을 구성하는 데는 회원국들에게 재량이 허용되어 있다. 주어진 정책목표를 위한 정책 내용을 결정하고 추진하지 않는 경우에는 초국가기구의 다양한 형태의 제재에 직면하게 된다. 회원국들의 정책학습이나 정책 확산 또는 합의형성보다는 합의된 정책목표의 달성을 더욱 중요시하며, 회원국 내부의 정치적 결정들이 유럽연합의 정책과 상충되는 것을 막기 위한 것으로 주로 여타 회원국들에게 부정적인 외부 효과를 시현하는 경우에 채택되었다.

2) 유형

비법적(non-legislative) 거버넌스로 가장 수렴 효과가 강력한 유형으로 '법적 구속력이 있는 정책목표 + 벤치마킹 및 동료 압력 + 구조화된 조정 과정'이 있다. 이는 유럽연합 차원의 공통의 정책목표를 수립하고, 여기에 법적 구속력을 부여한 후, 회원국이 필요한 조치를 재량껏 취하도록 허용하고, 목표 달성에 실패하는 경우에는 제재를 가하는 유형이다.

다음으로 가장 전통적인 거버넌스의 양식으로 '법적 구속력이 있는 규제(legally binding regulations)'가 있다. 이 양식은 유럽연합이 내부 시장을 발전시키고 통합하는 과정에서 오랫동안 채택되어 온 방식으로 개방형 조정 체계(OMC)와 대비되는 공동체 방식(community method)으로 불린다. 이는 모든 회원국에게 모두 적용되며 법적 구속력을 갖는 규칙을 제정하는 것으로 정책 내용을 회원국들의 정책을 공동목표로 수렴시키는 것을 유도하는 것 이상의 성격을 갖는다.

제 3 절 유럽연합의 재정정책 조정 기제: '안정과 성장 협약'

1 배경

유럽 각국의 경제정책 환경은 1991년 마스트리히트조약 이후 1998년 유럽중앙은행의 설립과 1999년 유로화를 사용하는 유럽통화연합(European Monetary Union)

의 출범과 함께 크게 변화했다. 유로화의 안정 없이는 유럽통화연합이 존립할 수 없다는 점에서 유로 지역 내의 모든 국가 간 협력이 불가피하게 된 것이다. 국가 간 협력의 방편으로 '수렴 기준(convergence criteria)'을 충족시킨 11개 국가들이 초국가적인 유럽중앙은행의 통제를 받게 했는데, 이는 개별 국가들이 독자적 판단에 따라 통화정책을 수행할 때 있을 수도 있는 통화 증발이 유로화의 가치 하락을 통해 여타 국가들의 경제에 영향을 구조적으로 제거하기 위한 것이었다.

그러나, 유로화의 가치는 통화정책뿐만 아니라 각국의 재정정책, 즉 적자재정을 운용할 것인지 여부와 어느 정도의 적자를 유지할 것인지에 의해서도 영향을 받는다. 종래에는 개별 국가의 재정정책이 해당국의 부채 및 통화량에 영향을 미쳐서 해당국 통화가치의 변동을 가져왔지만, 유럽통화연합이 출범한 이후에는 유로화의 가치에 영향을 미침으로써 여타 국가의 경제에 직접 영향을 미치게 되었다. 이처럼 방만한 재정 운영을 지속하는 국가는 건실한 재정 운영을 하는 다른 국가들에 재정 운영의 부작용을 떠넘길 수 있기 때문에 각국의 이기적인 재정 운영의 유인이 항상 존재하게 되었다. 이러한 도덕적 해이 문제를 해결하기 위하여 우선 유럽통화연합에 참여할 수 있는 자격이 있는지를 재정적자, 부채, 이자율, 인플레이션률 등의 한계를 지정한 '수렴 기준'에 의해 판단했다.[1)]

유럽통화연합에 참여한 이후에도 개별 국가들이 적자재정정책을 통해 유로화의 안정에 악영향을 미침으로써 회원국들 간의 분쟁이 발생할 소지가 있었기 때문에 마스트리히트조약은 제104조에 이를 방지하기 위해 과도적자 절차(excessive deficit procedure)를 마련해 놓았다. 마스트리히트조약은 유럽집행위원회(European Commission)와 경제재정각료이사회에 회원국의 예산적자와 정부부채 수준에 대한 감독 책임을 맡겼다. SGP는 마스트리히트조약의 과도적자 절차를 좀 더 구체화한 것으로 정책감시와 조정으로 과도적자를 방지하고 과도적자 절차의 적용을 위한 분명한 규칙을 제공함으로써 과도적자를 교정하고자 마련되었다.[2)] 1997년 7월 암스테르담 유

---

1) 예컨대, GDP 대비 재정적자 비율은 3% 이내이고, GDP 대비 부채 비율은 60% 이내이며, 기존 회원국들 가운데 가장 물가가 안정된 3개국의 평균보다 1.5% 포인트를 초과해서는 안 되고, 이자율은 최근 1년 동안 장기명목 이자율이 기존 회원국들 가운데 가장 낮은 3개국의 평균보다 2% 포인트를 초과해서는 안 되며, 환율은 적어도 최근 2년 동안 통상적인 변동폭을 유지해야 한다는 것 등이다. 그러나, 벨기에, 그리스, 이탈리아 등은 이미 부채 비율을 초과하고 있었음에도 유럽통화연합의 출범을 늦추지 않기 위해 이들을 포함시켰다.

럽이사회에서 의결된 '안정과 성장 협약(Stability and Growth Pact)'은 유로화의 사용이 개시된 1999년 1월부터 그 효력을 발휘하게 되었다.

2 내용

SGP는 1996년 더블린 유럽 의회에 이루어진 회원국들 간의 동의에 입각해 있고, 공식적으로 6개월 뒤인 1997년 6월 17일에 암스테르담에서 결의된 결의안과 두 개의 위원회 규제가 법률상의 근거가 되었다. 결의안은 회원국들, 경제재정각료이사회 및 집행위원회에 '안정과 성장 협약'의 집행을 위한 정책지침을 제공했다.

1) 암스테르담 결의안[3]

회원국들은 균형에 가깝거나 혹은 흑자를 내는 것을 내용으로 하는 중기적 예산목표와 함께 다음의 사항을 준수하도록 요구받았다. 첫째, 회원국들이 그들에게 주어진 경제재정각료이사회의 권고들을 스스로 공개하고, 둘째, '안정 혹은 수렴 프로그램'의 목표들을 달성하기 위한 교정적 예산 조치들을 취할 것을 약속하며, 셋째, 과도적자의 위험을 지적하는 정보를 받으면 지체없이 필요한 교정적 예산조정을 시작하고, 넷째, 상황이 발생한 이후에 가급적 빨리 과도적자를 해소하며, 다섯째, 실질 GDP가 적어도 0.75% 이상 하락하는 등 심각한 불황에 있지 않는 한, 2% 이하의 GDP 하락과 연계된 예외적인 성격의 적자가 발생하지 않도록 착수한다.

집행위원회는 첫째, '안정과 성장 협약'을 엄격하게, 적시에 그리고 효과적으로 기능하도록 마스트리히트조약에서 주어진 권한들을 행사해야 하고, 둘째, 이사회가 신속하게 결정을 채택할 수 있도록 필요한 보고서, 의견 및 권고들을 지체없이 제공해야 하며, 셋째, 과도적자의 위험이 있거나 계획된 혹은 실제 정부적자가 기준치인

---

2) 특히 재정적 보수성의 성향이 있는 독일의 유권자들을 만족시키기 위해 독일의 재무장관 와이겔(Theo Waigel)이 제안했다. 독일의 유권자들은 유럽통화연합의 틀이 그리스, 이태리 등 지중해 국가들의 방만한 재정 운영을 방지하기 어려울지도 모른다는 우려를 가지고 있었다(Talani & Fazio, 2008).

3) Resolution of the Amsterdam European Council on the stability and growth pact(Amsterdam, 17 June 1997) [Official Journal C 236 of 02.08.1997].

GDP 대비 3%를 넘을 때 보고서 준비에 착수하고, 넷째, GDP 대비 3% 초과가 과도하지 않다고 판단이 되었는데 이 판단이 경제재정각료이사회의 의견과 다를 때에는 그 이유를 경제재정각료이사회에 문서로 제출하며, 다섯째, 경제재정각료이사회의 요청에 따라 과도적자 존재 여부에 대한 권고안 작성에 착수한다.

그리고, 경제재정각료이사회는 최대한 '안정과 성장 협약'의 모든 요소를 적시에 엄격하게 집행해야 하고, 과도적자 절차의 적용을 위한 시한을 상한으로 간주해야 하며, 회원국이 과도적자 상태의 해소를 위한 필요한 조치를 취하지 않을 때에는 언제나 엄격한 조치를 취해야 한다.

2) 이사회 규제[4)]

유럽집행위원회는 평가를 수행하고, 경제재정각료이사회는 과도적자의 존재 여부를 결정한다. 집행위원회는 보고서를 준비해야 하고 '중기경제 상태(잠재성장)의 방향' 등 모든 관련 요소를 다 고려해야 한다. 해당 회원국의 통제 밖에 있는 비일상적인 사건이 정부의 재정 상태에 큰 영향을 미치거나, 만일 연간 GDP 성장이 마이너스이거나 누적적인 생산량 하락과 같은 심각한 경기 하락으로 인해 재정적자가 GDP 3%를 초과한 경우는 예외적인 경우로 판단한다. 그리고, 만일 비일상적인 상황이나 심각한 하락이 끝난 후 적자가 기준치보다 하락할 것으로 예측되면, 적자가 기준치를 초과한 부분은 일시적인 것으로 간주된다.

경제재정각료이사회 규제가 규정하고 있는 과도적자 절차는 다음과 같다.[5)] 회원국이 기준치를 초과하면 집행위원회가 보고서를 작성하고, 이에 대해 경제재정위원회(Economic and Financial Committee)가 2주 내에 의견을 내야 한다. 집행위원회는 EFC의 의견을 고려하여 과도적자가 존재한다고 판단되면 경제재정각료이사회에 권고안(recommendation)을 제출한다. 경제재정각료이사회는 집행위원회의 의견에 입각해서 3개월 내에 해당 회원국을 제외한 유로지역 국가들만이 참여하는 투표를 실시하고 이때 2/3의 찬성으로 적자 존재 여부를 결정한다. 물론 경제재정각료이사회는 해당 회원국의 의견도 고려한다. 경제재정각료이사회가 과도적자를 인정하면, 결

4) Council Regualtion(EC) No 1467/97 of 7 July 1997 on speeding up and clarifying the implementation of the excessive deficit procedure [Official Journal L 209 of 2 August 1997]
5) 이하의 과도적자 절차의 상세한 설명은 Fatas et al.(2003), Morris et al.(2006) 등을 참고했다.

정과 동시에 회원국에게 권고안을 전달한다. 이때 효과적인 조치가 6개월 내에 취해지도록 기한을 수립한다.

효과적인 조치가 취해지지 않으면 경제재정각료이사회는 그 권고안을 공개할 수 있다. 또한, 어떠한 효과적인 조치가 취해지지 않았다고 결정한 이후 2개월 내에 적자 감소를 위한 조치를 취할 것을 해당 회원국에게 통지(notice)할 수 있으며, 이에 따라 회원국이 경제재정각료이사회의 통지에 따라 조치를 취한 이후에 예상치 못한 불리한 경제사건들이 발생하면 경제재정각료이사회는 집행위원회의 권고에 따라 수정된 통지를 할 수 있다. 이 통지가 주어진 후 2개월 내에 경제재정각료이사회는 회원국이 통지 내용에 순응하지 않으면 제재를 가할 것을 결정할 수 있다. 원칙적으로 과도적자 관련 자료의 보고 시점과 제재를 결정하는 시점 간의 차이는 10개월이 넘어서는 안 된다. 재정적자가 의도적인 경우에는 절차를 신속히 할 수 있다.

과도적자 절차는 해당 회원국이 경제재정각료이사회의 권고(recommendation) 혹은 통지(notice)에 순응하여 조치를 취하는 경우에 정지된다. 회원국의 조정 노력을 감시하기 위해 경제재정각료이사회는 해당 회원국에게 특정한 시간표에 따라 보고서를 제출하도록 요청할 수 있다. 만일 해당 회원국이 필요한 조치를 취하지 않거나 그

표 4-1 SGP의 정책조정 절차

	단계	행위자	내용
연성 조정	1단계	회원국	안정 프로그램 제출
		집행위원회	검토 및 경제재정각료이사회에 보고
	2단계	경제재정각료이사회	비공개 권고(프로그램의 상당한 훼손이 있는 경우)
	3단계	회원국	필요한 조치 수행
	4단계	경제재정각료이사회	공개 권고(조치가 충분하지 못할 경우)
		집행위원회	회원국의 노력 감독
경성 조정	5단계	집행위원회	회원국의 노력에 관한 보고서를 경제재정각료이사회에 제출
		경제재정각료이사회	유럽집행위원회 보고서 검토 후 과도적자 인정 선언
	6단계	경제재정각료이사회	과도적자 계속되면 무이자 예치금 제재 실시
	7단계	경제재정각료이사회	예치 후 2년 간 과도적자 유지되면 벌금으로 전환

정도가 충분하지 않거나, 권고에서 명시한 기한 안에 과도적자가 해소되지 않았다는 것이 밝혀지면, 제재에 착수하게 된다. 제재는 무이자 예치금의 형태를 띠며, 그 액수는 GDP의 0.2%와 기준치인 3%를 초과하는 % 포인트의 1/10의 합으로 구성된다. 해당 회원국의 적자 수준에 따라 경제재정각료이사회는 매년 추가적인 예치금을 요구함으로써 제재를 강화할 수 있으며, 그 한도는 GDP의 0.5%이다. 과도적자가 2년이 지나도 교정되지 않았다면 예치금은 벌금으로 전환될 수 있으며, 벌금과 그로부터 발생된 이자는 과도적자가 발생하지 않은 국가들에게 GNP 규모의 비율대로 배분된다. 이를 정리하면 <표 4-1>과 같다.

제 4 절 '안정과 성장 협약'의 기대와 실제

1 '안정과 성장 협약'의 기대

재정정책 수단으로서 '안정과 성장 협약(SGP)'은 선 연성 조정, 후 경성 조정의 순차적인 방식으로 회원국들의 주권 침해 논란 및 그로 인한 갈등을 최대한 피해가면서 궁극적으로는 유럽 수준의 기준에 수렴시킬 수 있을 것으로 기대되었다.

1) 경성 조정 방식의 한계 극복

SGP가 적용되는 국가들은 이미 수렴 기준을 통과하여 유럽통화연합에 성공적으로 가입한 국가들이다. 그러나, 경제가 침체기에 접어 들어서 수입은 감소하는 데 재정지출이 감소하지 않는 경우나 오히려 국가재정이 적극적으로 경기 부양에 나서는 경우에는 SGP 기준을 초과할 가능성이 있다. 회원국들이 기준을 위반한 경우에 수정된 국가계획 제출, 상호 감시, 비공개 권고, 공개 권고 등 연성 조정 수단들이 우선적으로 사용된다. 연성 조정 방식은 기준을 위반한 회원국 정부에 대한 과도한 정치적 비용을 부과하지 않아도 되기 때문에 좀 더 쉽게 작동될 수 있으며, 동료 압력 등을 통해 해당 회원국에게 어느 정도의 정책 개선 노력을 기대할 수 있다는 장점이 있다.

2) 연성 조정 방식의 한계 극복

경기 침체기의 정부재정 지출의 증대나 조세 감면 등이 재정 사정을 SGP 기준보다 악화시킬 수 있지만, 일자리와 가처분소득의 증대를 바라는 국민들의 요구에 부응할 수 있기 때문에 개별 국가들이 이를 감행할 수 있다. 공개적 권고 및 그로 인한 무형적인 정치적 비용을 감내해야 하겠지만, SGP에 반하는 재정정책이 회원국의 국내 정치에서 지지를 받을 수 있다면 이러한 연성 정책 조정 수단으로는 사실상의 효과를 기대하기 어렵다. 이러한 경우에 SGP의 재정벌을 내용으로 하는 제재 절차는 회원국의 규칙 위반을 제어할 수 있을 것으로 기대되었다.

2 안정과 성장 협약의 실제

‘안정과 성장 협약(SGP)’에 대한 기대와는 달리, 회원국들은 조약 발효 다음해부터 규칙을 위반하기 시작했다. 이는 1999년 SGP의 발효 직후인 2001년부터 시작된 유럽의 경기 침체에 기인한 바 크다. 유로화 사용 국가들의 경우, 실질성장률 기준으로 2000년에는 무려 4.8%의 성장률에 이르렀으나, 2001년에는 2.4%, 2002년에는 2.1%, 2003년에는 1.7%로 급격히 경제가 악화되었다. 이로 인해 각국의 재정적자는 크게 증가했고, 이러한 과정에서 본래 재정이 취약했던 그리스와 포르투갈은 물론, 주요 경제대국인 프랑스와 독일까지도 2002년부터 2005년까지 SGP의 기준을 초과하는 현상이 지속되었다. 또한, 이는 유럽집행위원회와 관련 국가들 간의 갈등, 주요국들과 소규모 국가들 간의 갈등, 유럽집행위원회와 경제재정각료이사회 간의 갈등 등을 야기함으로써 재정정책의 정책조정이 원활하게 이루어지지 못하고 있다는 것이 명백해졌다.[6]

---

6) 이에 관해서는 Henke(2003), Begg et al.(2003), Fatas et al.(2003), Cacheux & Touya(2007), Talani & Casye(2008) 등을 참고했다.

표 4-2 지역 12개국의 재정적자*(1998-2007)

	1998	1999	2000	2001	2002	2003	2004	2005	2006	2007
Austria	-2.5	-2.4	-1.9	-0.2	-0.9	-1.6	-4.5	-1.6	-1.7	-0.5
Belgium	-0.9	-0.6	0.0	0.4	-0.1	-0.1	-0.3	-2.7	0.3	-0.3
Finland	1.7	1.6	6.9	5.0	4.2	2.4	2.2	2.7	4.0	5.3
France	-2.6	-1.8	-1.5	-1.6	-3.2	-4.1	-3.6	-3.0	-2.4	-2.7
Germany	-2.2	-1.5	1.3	-2.8	-3.6	-4.0	-3.8	-3.3	-1.5	0.1
Greece	-3.8	-3.1	-3.7	-4.4	-4.8	-5.8	-7.4	-5.2	-3.1	-3.7
Ireland	2.3	2.6	4.7	1.0	-0.3	0.5	-1.2	-0.1	1.3	3.2
Italy	-3.1	-1.8	-0.9	-3.1	-3.0	-3.5	-3.6	-4.4	-3.4	-1.5
Luxembourg	3.3	3.4	6.0	6.1	2.1	0.5	-1.2	-0.1	1.3	3.2
Netherlands	-0.9	0.4	2.0	-0.3	-2.1	-3.2	-1.8	-0.3	0.6	0.3
Portugal	-3.4	-2.8	-3.0	-4.3	-2.9	-3.0	-3.4	-6.1	-3.9	-2.7
Spain	-3.2	-1.4	-1.0	-0.7	-0.5	-0.2	-0.4	1.0	2.0	2.2
평균	-1.3	-0.6	0.7	-0.4	-1.3	-1.8	-2.4	-1.9	-0.5	0.2
평균(성장률**)	4.1	4.4	4.8	2.4	2.2	1.7	3.0	2.7	3.6	3.4

* Greece (2001년 1월 가입)는 포함, Slovenia(2007년 1월) Malta & Cyprus(2008 1월)은 불포함.
** 실질 GDP성장률.
출처: OECD. OECD Factbook 2009: Economic, Environmental and Social Statistics - ISBN 92-64-05604-1(2009)

1) 아일랜드 사례

2001년 2월에 아일랜드는 과도적자 절차에 따라 최초로 경제재정각료이사회로부터 권고를 받게 되었다. 아일랜드는 1990년대 중반 이래 높은 실질 경제성장률을 기록함에 따라 2000년에는 4..7%의 재정흑자를 기록했다. 이에 대해 아일랜드 국민들은 조세 감면과 정부지출 확대를 요구하고 나섰고, 아일랜드 정부는 국민들의 요구를 수용했다. 이러한 확장적 재정정책에 대해서 유럽집행위원회는 아일랜드에 경기확장 정책의 재고를 요구하는 권고를 경제재정각료이사회에 요청했다. 아일랜드가 재정흑자를 시현하고 있고 공공부채도 낮으며 하락하는 등 SGP의 기준을 모두 만족시키고 있다는 점과 아일랜드의 경제 규모가 작기 때문에 유로지역 전체에 가해지는 인플레이션 압력이 충분히 통제될 수 있다는 점에서 권고의 타당성에 논란이 있었다. 그럼에도 불구하고 경제재정각료이사회는 여타 국가들에게 나쁜 선례가 될 수 있다는 우려 때문에 권고안을 결정했다. 이후 경제 침체로 인해 아일랜드 정부는 경제재정각료이사회의 결정을 받아들이지 않았고, 결과적으로는 경제재정각료이사회의 권고가 적절하지 않았다는 것이 증명되어 아일랜드 사례는 SGP의 기능에 대한 부정적 평가에 기여하게 되었다.

2) 포르투갈 사례

2002년 초에는 포르투갈에 대한 우려가 제기되었다. 1999년 유로 가입 이후에 간신히 재정적자 3% 기준을 맞추어 온 포르투갈은 1995년 이후 3~4%대의 실질 경제성장률을 유지하다가 2001년에는 2%로 상당한 경기 침체를 경험했고, 그 이후 지속적인 경기 하락이 이어졌다.[7] 포르투갈의 GDP 대비 재정적자 비율이 이전의 안정프로그램(stability programme)에 의한 예측보다 높은 수준인 2.2%에 도달할 것으로 예측되자 집행위원회는 포르투갈에 대해 과도적자 절차에 따라 조기 경고를 발하자는 권고를 경제재정각료이사회에 제시했다. 그러나, 포르투갈 정부가 2004년까지 균형예산에 도달하겠다고 공언했기 때문에 경제재정각료이사회는 2002년 2월 이를 근거로 유럽집행위원회의 권고를 받아들이지 않기로 결정했다. 그러나, 계속된 경기침체로 인해 포르투갈 정부의 약속은 이루어지지 못했고, 2001년 GDP 대비 재정적자가 4.3%에 달하게 되어 유럽통화연합 출범 이후 최초로 SGP 기준을 명백하게 위반하게 되었다. 2002년 10월 유럽집행위원회는 포르투갈의 경제 상황을 검토한 후 과도적자 절차를 개시할 것을 권고했고, 이번에는 경제재정각료이사회가 2002년 11월에 이를 받아들여 권고안을 발했다. 포르투갈 정부는 정권이 바뀐 후에 재정정책을 상당히 변경하여 예산을 경제재정각료이사회의 요구 사항과 일치시켰으나, 포르투갈 정부의 GDP 대비 재정적자는 2004년에는 3.4%로 기준치를 다시 초과했고, 2005년에는 6.1%로 유로지역 최고 수준을 기록했다. 그럼에도 불구하고, 포르투갈에 대한 제재 조치는 이루어지지 않았다.

---

7) 2002년에는 0.8%, 2003년에는 -0.8%의 실질 GDP성장률을 기록했다.

3) 독일 사례

독일은 유럽통화연합의 창설과 함께 그리스, 이탈리아 등의 남부 유럽 국가들에 의한 방만한 재정을 걱정하던 건전재정의 모범생이었다. 그러나, 독일 통일 이후의 재정 부담과 계속되는 경기 침체로 인해 2001년에 재정적자가 GDP 대비 2.8%에 도달했다. GDP 대비 재정적자 3%라는 기준치에는 미달했지만, '2000년 가을 안정 프로그램'에서 제시된 한도를 상회했고 재정정책이 그대로 지속될 경우 기준치를 넘을 것이 확실시되었기 때문에 유럽집행위원회는 경제재정각료이사회에 조기 경고를 내릴 것을 권고했다.

이에 대해 독일 정부는 2004년부터는 기준치를 넘지 않을 것이고 균형에 가깝게 유지할 것이라는 약속을 했고, 이를 받아들인 경제재정각료이사회는 유럽집행위원회의 투표도 하지 않은 채 권고안을 무시했다. 그러나, 2000년 5월 2003년 세수 예측 직후 독일 정부는 2003년에는 3% 재정적자 한도를 넘을 것이고, 2008년이 되어야 재정균형을 달성할 것이라고 발표했다. 2002년 11월에 유럽집행위원회는 60억 유로의 추가적인 재정 삭감을 요구했으나, 독일 정부는 이를 즉각 거부했다. 독일의 GDP 대비 재정적자는 2003년에는 4.0%, 2004년에는 3.8%, 2005년에는 3.3%로 계속해서 SGP의 한도를 상회했음에도 불구하고, 독일에 대한 제재 조치는 이루어지지 않았다.

4) 프랑스 사례

프랑스는 1990년대 중반에 계속 3% 이상의 GDP 대비 재정적자를 보였으나 유럽통화연합 창설에 대비하여 1998년부터 2001년까지는 기준치 이내로 유지했으며, 특히 1999년부터는 1%대를 유지하고 있었다. 그러나, 2000년에는 4%에 가까웠던 경제성장률이 2001년에는 절반인 2%로, 2002년에는 1/4인 1%로 하락함에 따라 예산적자가 2002년에는 GDP 대비 2.7%로 높아질 것으로 예상되었고,[8] 2003년도에 기준치를 넘을 것으로 예상되었다.

프랑스 정부는 아예 중기적 재정균형의 목표와 같은 규칙 자체의 정당성에 의문을 제기하고, 2002년 봄에 일방적으로 자국은 2004년까지 균형을 성취하기 위한 정책을

---

8) 실제로는 3.2%에 달하게 되어 이미 2002년에 기준치를 초과한 것으로 나중에 밝혀졌다.

사용하지 않을 것이며, 대신 시기가 무르익으면 할 것이고, 그때는 2006년 이후가 될 것이라고 노골적으로 발표했고, 같은 해 6월에는 경제재정각료이사회가 비현실적인 고도 성장 예측에 입각한 유사 균형을 달성하겠다는 프랑스의 결정을 받아들여 별다른 조치 없이 넘어갔다. 9월에는 유럽집행위원회가 2006년까지 균형예산을 달성하도록 기간을 주는 내용의 균형 달성을 위한 새로운 전략을 발표했다. 10월 8일에는 예산균형을 달성하지 못하고 있는 유로 지역 국가의 재무장관들은 2003년부터 경기조정 적자(cyclically adjusted deficit)를 적어도 GDP의 0.5%씩 감소시킬 것을 다짐했으나, 프랑스는 여기에 참여하지 않았다.

이에 따라 유럽집행위원회는 2002년 11월에 조기 경고를 발하고, 경제재정각료이사회는 집행위원회의 제안에 따라 적자가 기준치를 넘지 않도록 하기 위해 모든 필요한 조치를 취하도록 프랑스 정부에 권고했다. 2003년 7월에 프랑스는 2004년에도 재정적자 한도를 지킬 수 없다고 발표했고, 그 직후에 프랑스의 자크 시라크(Jacques R. Chirac) 대통령은 안정과 경제 성장에 적절한 타협과 개별 국가들의 사정을 고려할 수 있는 해결책을 주문하면서 SGP의 완화를 요구했다. 2003년 11월에, 프랑스의 재정적자가 GDP의 4.1%d 도달하고 2004년에도 이와 유사할 것으로 기대되자 유럽집행위원회는 경제재정각료이사회에 독일과 함께 프랑스에 대해 제재 절차에 들어갈 것을 제안했다. 그러나, 이 제안은 경제재정각료이사회에서 투표로 부결되었다. 프랑스는 2005년에 GDP 대비 재정적자 3%를 달성하고 2005년부터는 재정한도 내를 유지했다.

제 5 절 '안정과 성장 협약'의 한계와 개선 노력

재정벌에 의한 제재라는 효과적인 최종 조정 수단이 있음에도 불구하고 '안정과 성장 협약(SGP)'의 역사는 이 협약이 정한 규칙에 대한 반복적인 위반으로 점철되어 왔다. 이는 SGP가 그 기능을 적절하게 수행하고 있지 못하다는 것을 의미한다. 이러한 점들이 좀 더 명백해진 2002년 이후에 SGP가 기능을 하지 못한 이유와 그 대책에 관련한 다양한 논의가 이루어졌다.

1 한계

1) 주요국들의 위반

SGP 기준에 대한 위반이 용인되어 온 첫 번째 이유는 유로 지역의 핵심 경제인 독일, 프랑스, 이탈리아 등 스스로가 3% 한도 아래로 유지할 수 없었기 때문이다(Oxford Analytica, 2008). 이들 국가는 유럽통화연합 구성에 핵심적 역할을 담당했고, 2001년 기준의 경상 GDP 합계가 5조 3,880억 달러로 당시 유럽통화연합의 전체 경제의 약 67.3%를 차지하고 있고, 이들 국가의 경제가 다른 유럽 국가들의 경제에 상당한 영향을 발휘할 수 있는 위치에 있으며, 대부분의 유럽 국가들이 이들 3개국과 다양한 관계를 형성하고 있다. 특히, 유럽연합 혹은 유럽통화연합과 같이 국가 간 물적 및 인적 자본이 활발한 지역에서는 한 국가의 지출 증가로 인한 경제적 효과가 당해 국가 내에 머무는 정도가 상대적으로 낮기 때문에 재정지출의 증가 혹은 높은 재정적자를 유지한다는 것은 당해 국가뿐만 아니라 주변 국들에게까지 긍정적인 경제적 효과를 미칠 수 있다. 또한, 동시에 다양한 국제 관계에서 다양한 힘을 발휘할 수 있는 대규모 경제들은 공식 및 비공식 제재에 대해 정치적으로 덜 취약하기 때문에 작은 회원국들에 비해 큰 국가들은 경제재정각료이사회에서 투표에서 지거나 고립될 위험이 비교적 낮다고 생각하고 있다(Meyer & Umbach, 2007).

2) 유로화의 하락과 인플레 압력의 예측 오류

일부 회원국의 재정적자 심화로 인해 유로화의 가치가 하락할 것이라는 전제 하에 SGP가 마련된 것이기는 하지만, 2001년 이후의 경제위기 하에서 나타난 현상은 그렇지 않았다. 독일과 프랑스의 재정적자의 3% 규칙 위반에도 불구하고 경제재정각료이사회가 제재하지 않기로 결정함으로써 사실상 SGP의 사망선고(Talani, 2008)를 받은 후에도 유럽통화연합에 대한 신뢰는 무너지지 않았고 환율도 커다란 변화를 보이지 않았다. 독일과 프랑스가 사회개혁을 추진하고자 하고 있는 시점에서 SGP의 규칙을 준수하기 위해 재정긴축에 들어가면, 오히려 더 중요한 개혁이 타격을 입을 수 있고 이는 독일과 프랑스의 경제는 물론 유럽 전체에 악영향을 미칠 것이기 때문이었다. 시장은 단순히 SGP의 규정을 준수하는가 여부보다는 궁극적으로 유럽 경제의 안정과 성장에 더 많은 관심을 가지고 있었던 것이다. 여기에 유럽중앙은행과 유럽집행위원회가 독일과 프랑스에 대한 제재 조치를 계속 주장했고, 미국의 재정적자 심화는 달러 대비 유로화의 가치를 상승시킴으로써 유로화의 신뢰성 유지에 기여했다. 결국 SGP의 3%의 규칙을 지켜야 하는가 하는 의문이 제기되었고, 이는 경기침체기에 규칙의 문자적인 적용을 반대하는 주장의 근거가 되었다.

3) 의사결정 구조상의 한계

트러벡과 트러벡(Trubek & Trubek, 2005: 361)이 주장한 바와 같이, 경성법적 조정 수단을 명시한 법이 통과되는 것과 그것이 실제로 효과적으로 집행되는 것은 전혀 별개이다. 유럽연합의 재정정책 조정기구인 경제재정각료이사회는 유럽연합 회원국의 경제 및 재정각료들로 구성된다. 본래 유럽연합 전체에 해당되는 사안은 모든 회원국이 참여하지만, 유로화나 유럽통화연합에 관련된 사안에 대해서는 유로화를 사용하지 않는 회원국들은 경제재정각료이사회 투표에 참여하지 않는다.[9] 따라서, 마스트리히트조약에 규정된 과도적자 절차에 관련된 결정에는 모든 회원국이 참여하나, SGP에만 규정된 제재 관련 결정에는 유로화 사용 국가들만 결정에 참여하게 된다. 2001년과 같이 여러 회원국이 기준을 위반하고 많은 회원국이 기준을 위반할 가능성이 있는 경우에는 제재를 위한 표결에서 2/3의 찬성을 얻기는 매우 어렵다. 베그, 호드슨과 마허(Begg, Hodson, & Maher, 2003)가 주장한 것처럼 "나중에 독일이나 프랑스가 재판장석에 앉을지도 모르기 때문에 유럽연합 회원국들이 독일이나 프랑스가 3% 기준을 위반했을 때 찬성하기 어렵다"는 점이 작용했을 수도 있다. 실제로 유럽집행위원회와 유럽중앙은행이 독일과 프랑스에 대한 엄격한 SGP 적용을 주장했을 때, 경제재정각료이사회의 유로 지역 재무장관들은 이를 거부했다.

4) SGP의 논리에 대한 합의 결여

우선 지속 가능한 재정을 유지하기 위해 재정적자가 GDP 대비 3% 미만이 되어야

9) 유로 지역 회원국들의 경제 및 재무장관들은 Eurogroup으로 불리는 별도의 비공식적 회의체가 있으며, 이는 경제재정각료이사회 회의 전날 열린다.

하는지와 국가채무가 GDP 대비 60% 이하가 되어야 하는가에 관해 경제학적 설득력에 의문이 많이 제기되었다(Buiter et al., 1993). 또한, 적자를 즉시 해소해야 하는지에 대해서도 논란이 있었다. 경기 침체로 인해 재정적자가 발생했는데, 재정적자 해소를 위해 재정지출을 축소하면 총수요 감소로 인해 경기 침체가 심화될 것이며, 이는 다시 재정적자를 야기시켜서 경제 상황을 더욱 악화시킨다는 것이다. 결국 3% 규칙을 위반하게 된 회원국들은 지출 축소 혹은 증세 등을 통해 과도적자 절차의 개시와 제재 조치를 회피함으로써 재정적자-지출 축소/증세-경기 침체의 악순환을 받아들이든지 혹은 적자재정/감세를 통해 과도적자 절차의 개시 및 제재 조치의 위협에 처하든지의 두 가지 선택 가운데 하나를 택할 수밖에 없다. 대부분 회원국의 국내 정치에서 유럽연합의 목소리는 그다지 크게 들리지 않는 상황에서[10] 3% 규칙 위반에 직면한 일부 회원국이 정권 연장을 위해서는 노조 및 이익단체들의 지지를 획득해야 한다는 점을 고려하면 후자를 선택하는 것은 불가피하다.

5) 자료의 부정확성 및 보고서의 지각 제출

적자재정이 예측할 때에는 해당 회원국들은 적자의 규모를 줄이는 방식으로 자료를 제공한다. 과도적자 절차나 SGP가 가동될 때 해당 회원국이 받을 수 있는 불이익을 회피하기 위해 안정보고서가 예측하는 차년도 재정적자 수준을 과소 평가하는 방식을 사용할 뿐만 아니라 심한 경우에는 최종적인 재정적자도 실제보다 낮추어서 보고하는 경우도 있다. 2001년 포르투갈의 과도적자의 존재는 상당히 수정된 통계의 발표에 뒤이어 2002년 11월에야 비로소 규명되었다. 포르투갈 정부는 2002년 7월에 포르투갈 중앙은행이 4.1%로 공식 수치를 발표하자 3% 포인트 이상 2001년 수치를 수정해야 했으며, 독일과 프랑스도 반복적으로 과도하게 낙관적인 재정적자 수치를 제출했다(Govecor, 2004). 그리스의 2004년과 2005년 재정적자 자료는 정권 교체 후에야 비로소 2003년과 2004년 각각 5% 포인트 및 6% 포인트 이상으로 매우 대규모

10) 메이어와 움바흐(Meyer & Umbach, 2007)에 따르면, 유럽통화연합에 이르게 한 과거의 수렴 절차와 비교할 때 SGP는 안정문화의 틀을 유지하고 국가 적응을 위한 정치적 비용을 유럽연합 기관들에 외부화시키는 데 덜 성공적이었다. 또한, 재정정책 조정으로부터 나오는 사회화 과정은 주요 정치인들의 기존 정책의 변경을 유도하거나 특정 조치들에 대해 대중을 설득하는 데 그다지 활용되거나 도움이 되지 못했다.

적으로 수정되었다(Woods, 2008). 자료의 부정확성과 함께 자료의 늑장 제출도 문제가 되었다(Govecor, 2004). 2001년에 오스트리아는 3개월 늦추었고, 선거를 앞두고 있었던 독일도 마찬가지였다. 독일의 재무성은 2002년 9월 1일에 제출했어야 하는 경제 예측의 발간을 2002년 9월 22일에 있었던 총선 이후로 연기함으로써 선거에 부정적인 영향을 주는 것을 피하고자 했다. 이때 공표된 수치는 이전에 독일이 3% 기준치 내에 있을 것이라고 했던 종래의 독일 정부의 발표를 뒤집는 것이었다(Govecor, 2004).

2 '안정과 성장 협약' 운영에 대한 개선 노력

1) 과정

SGP의 비효과적인 운영에 대한 비판이 다양하게 터져 나왔는데, 2002년 당시 유럽집행위원회 위원장이었던 프로디(Romano Prodi)의 비판에 이어 2002년 유럽이사회는 경제재정각료이사회와 유럽의회(European Parliament)에 유럽연합 내의 예산정책 조정을 강화할 것을 요구하는 성명을 발표했다. 유럽이사회의 성명에 따라 유럽집행위원회는 2002년 11월에 건전 재정과 SGP에 대한 좀 더 유연한 해석을 조화시키기 위한 방안을 발표했다(European Commission, 2002). 중기적 균형 규칙은 경제주기에 따라 해석되어야 하고, 규칙 위반국들에 대해 매년 GDP의 0.5%씩 공공재정의 감축 의무를 부과하며, 경기 상승기에는 재정 감축을 시행해야 하며, 재정이 건전한 회원국들이 의도적이고 일시적인 적자를 시현하는 것을 허용하는 내용이었다.

그러나, 권고안이 경제재정각료이사회에 의해 부결되고 프랑스와 독일에 대해 과도적자 절차를 계속하지 않는 것으로 결정되자, 집행위원회는 2004년 1월 27일에 유럽사법재판소(European Court of Justice)에 이 결정을 취소해 달라는 내용의 소송을 제기했다. 이에 대해 유럽사법재판소는 집행위원회는 매 절차에서 자율적인 권한을 가지고 있지만, 회원국들이 재정규율을 준수하게 만드는 책임은 경제재정각료이사회에 있고, 권고안에 포함되는 수단이나 일정도 경제재정각료이사회의 재량에 포함된다고 판시함으로써 경제재정각료이사회의 손을 들어주었다.[11]

2004년 6월에 유럽이사회는 '안정과 성장 협약에 관한 선언'을 채택하고, 건전재정의 확보를 강조하면서 회원국들이 SGP의 집행을 강화하고 명확히 하는 것과 관련된 집행위원회의 제안서 제출을 요구했다. 이에 따라 집행위원회는 2004년 6월 유럽연합의 경제 상황을 설명하고 예측하는 정기간행물인 *European Economy*에서 '안정과 성장 협약'의 강화를 위한 다양한 개선안을 제시했고,[12] 곧 이어 2004년 9월에는 이를 더욱 구체화하는 내용의 '경제 거버넌스의 강화와 SGP 집행의 명확화'라는 제목의 커뮤니케이션을 발표했다. 여기에서는 이미 발표된 네 가지 사항의 구체화 외에도 1) SGP의 안정/수렴 프로그램의 제출 및 검토에 관련된 시기와 국가 예산 과정의 연계를 통해 경제정책 조정의 효과성을 개선하고, 2) 유럽사법재판소의 판결을 통해 도입된 집행위원회의 조기 경고와 2004년 6월 경제재정각료이사회의 결론에 따른 통계기구 설립을 위한 기준 수립을 통해 SGP의 신뢰성을 강화하는 내용들이 포함되었다. 그러나, 여전히 과도적자 절차 하에서의 강제는 충분한 동료 압력을 행사하고자 하는 회원국들의 정치적 헌신(commitment)에 달려 있다는 한계를 인식하고 있었다. 유로 지역 재무장관들은 경기 침체를 겪는 위반국들에 대해서는 유예 기간을 연장해 주는 내용을 포함하고 있다는 점에서 이 개혁안을 지지했다(Chacheux & Touya, 2007).

이 개선안의 내용은 회원국들과의 긴밀한 협의를 통해 다듬어져서 2005년 3월 경제재정각료이사회 및 유럽이사회에서 승인되고, 이 내용에 따라 나중에 Regulations 1466/97과 1467/97이 각각 Regulations 1055/2005와 1056/2005로 개정된다.

2) 내용

개정된 SGP의 내용은 연성 조정 방식에 해당하는 예방적 수단(preventive arm)과 경성 조정 방식에 해당하는 교정적 수단(corrective arm)으로 구분하여 설명할 수 있다.

---

11) 더츨러와 하블(Dutzler & Hable, 2005)은 이러한 점들을 지적하면서, 유럽사법재판소의 개입에도 불구하고 SGP의 가장 취약한 부분인 정치적 영향의 포화 속에 있어서의 취약성은 여전히 남아 있기 때문에 앞으로도 이전처럼 SGP는 논란에서 벗어나지 못할 것으로 예측했다.

12) '유럽통화연합에서의 공공재정-2004'라는 Communication의 형태로 발표되었으며, 주로 회원국의 경제 사정에 따라 SGP 절차를 탄력적으로 운용하는 데 초점이 맞추어져 있다.

(1) 예방적 수단

우선 기존의 SGP가 중기예산 목표를 '균형에 가깝거나 흑자'로 잡은 것과는 달리, 새로운 SGP는 회원국들이 자신의 안정/수렴 프로그램에서 스스로 중기목표를 수립하고 이를 경제재정각료이사회가 평가하는 것으로 변경되었다. 이때, 일시적인 수입/지출들은 제외하며 GDP 대비 균형 대신 1%의 적자를 용인하는 것으로 수정되었다. 둘째, 중기목표를 달성하지 못한 회원국들은 경기주기 내에서 이를 달성해야 한다. 그 노력의 일환으로 매년 GDP의 0.5%씩 조정해 나가야 하며, 이 노력은 실질생산이 잠재생산을 초과할 때에는 더 강화되어야 한다. 중기목표를 달성하기 조정 경로를 따르지 않는 회원국들은 그 이유를 제시해야 하며, 집행위원회는 조정 경로를 따르도록 촉구하기 위해 '정책권고(policy advice)'를 제시할 권한을 부여받았다. 셋째, 회원국들은 구조적인 개혁을 추진할 때 중기목표나 이를 달성하기 위한 조정 경로에서 벗어나는 것이 허용되었다.

(2) 교정적 수단

첫째, 예외를 허용하는 심각한 경제 침체의 정의를 종래의 '마이너스 2% 성장'에서 '마이너스 성장' 혹은 '잠재 성장에 비해 매우 낮은 실질성장률이 오랫동안 지속되어 생산의 누적 손실'이 있을 때로 완화했다. 둘째, 그동안 집행위원회가 과도적자 절차를 개시할 때 고려하도록 되어 있는 회원국들의 중기경제 및 예산 상태를 포함한 '기타 적절한 요소들'을 구체화했다.[13] 셋째, 기존의 많은 절차적 기한, 예컨대 권고(recommendation), 통지(notice), 과도적자 해소를 위한 기한들이 연장되었다. 넷째, 권고나 통지 이후에 예상치 못한 불리한 경제적 사건이 발생했다면, 경제재정각료이사회는 수정된 권고 혹은 통지를 발할 수 있고, 이때 과도적자 교정을 위한 기한의 1년 연장을 허용했다. 다섯째, "충분히 감소하고 만족할 만한" 속도로 개선되는 부채비율의 개념을 적용하여 부채 감시를 강화하고, 장기적으로 부채 수준을 개선할 수

---

13) 개정 SGP는 '기타 적절한 요소들'을 구체화했는데, 중기경제 상태에 관련해서는 '특히 잠재 성장, 지배적인 경기주기적 상태, 리스본 의제 맥락에서의 정책집행 그리고 연구개발 및 혁신을 육성하는 정책'으로, 중기예산 상태에 관련해서는 호경기 때의 재정 감축 노력, 부채의 지속가능성, 공공투자 및 전반적인 공공재정의 질 등을 나열했다. 또한, 해당 회원국의 의견이나 국제적 연대 육성 노력, 유럽의 정책목표를 달성하기 위한 재무적 기여 등과 같은 요소들도 과도적자의 결정에 대한 평가에서 고려되도록 했다. 그러나, 이러한 고려는 기준치인 3% 근처에서만 허용되었다.

있는 연금 개혁을 고려할 수 있도록 허용했다. 이러한 SGP 개혁의 주요 내용을 정리하면 <표 4-3>과 같다.

표 4-3 SGP의 주요 개정 내용

	항목	최초 협약	개정 협약
예방적 연성 수단	중기목표	모든 회원국은 중기적으로 균형에 가깝거나 흑자를 시현해야 함.	개별 회원국의 부채 수준과 잠재성장률을 감안하여 개별 회원국 특수 상황에 따라 부채 수준이 낮으면 1% 적자를 허용함.
	중기목표 위반	조정절차나 조치가 규정되어 있지 않음.	집행위원회에 조기 정책권고 권한을 부여하고, 최저 GDP의 0.5%의 재정지출을 이용한 반경기적인 노력의 절차를 규정하고, 구조적 개혁을 고려하여 중기적 목표의 일탈을 허용함.
교정적 경성 수단	적자 3% 감시	집행위원회의 보고서 준비의 무 미규정 및 특정된 다른 요소들의 완화 없음.	집행위원회는 적자가 투자지출을 넘는지 감시하고 기타 주요 요소들이 일시적 초과를 정당화할 수 있도록 허용함.
	부채 상태 고려	특별한 규정 없음.	부채의 감소 경향과 개혁이 장기적 부채 수준을 개선할 수 있는 체계적인 연금 개혁을 5년 간 고려하는 것을 허용함.
	과도적자 절차	과도적자의 교정 시한과 불순응시 벌금으로 전환되는 무이자 예치금에 대한 규정은 있으나, 최저 재정 노력의 정의나 반복적 조치의 예상은 하지 못함.	기타 주요 요소들을 고려하여 교정 조치를 1년 연기할 수 있고, 재정적자를 완화하기 위해 GDP의 0.5%를 최소재정 노력으로 규정했으며, 필요한 재정 노력이 이루어지거나 예상치 못한 어려운 상황이 발생해도 적자교정 시한 연장을 허용함.

출처: Directorate General for Economic and Financial Affairs, Public Finances in EMU: Evolving Budgetary Sruveillance(Part II), Table II.1 (2006) 수정 및 보완.

제 6 절 '안정과 성장 협약'의 향후 전망

개정된 안정과 성장 협약(SGP)은 SGP의 다양한 한계 가운데 'SGP 논리에 대한 합의 결여' 문제만을 개정했으며, 그것도 엄격하게 적용하자는 유럽집행위원회의 논리보다는 규칙 위반 국가인 프랑스 등의 SGP에 유연성을 부여하자는 논리가 채택되었기 때문에 많은 우려와 비판에 직면하게 되었다.[14] 유럽중앙은행은 SGP의 교정적 수단의 변경이 유로 지역 국가들의 공공재정 지속가능성을 해치지 않을까 우려한다는 성명을 발표했다. 독일 중앙은행은 SGP의 새로운 규칙들이 다양한 예외 조항들을 두는 등 협약을 심각하게 약화시켜 회원국들이 건전한 재정을 유지할 유인이 적어졌고 국가마다 서로 다른 기준을 허용함으로써 더욱 복잡해지고 집행에 어려움을 더하게 되었다고 우려했다. 유사한 반응이 고용자연합(UNICE), 무역조합연맹(ETUC) 및 유럽상공회의소연합(Eurochambres)이 나타났다.

이러한 비판은 2002년 경제불황기에 SGP가 제대로 작동되지 못한 것에 대해서 SGP의 규제가 불합리하다는 독일과 프랑스 등 주요 국가들의 주장과 SGP의 실효성 확보가 어렵다는 유럽집행위원회의 상반되는 진단 가운데 후자에 초점을 맞춘 것이다. 그 결과, 회원국의 재정적 주권을 인정해야 한다는 정치적 논리가 유럽연합(혹은 유럽통화연합) 차원의 재정건전성을 확보해야 한다는 경제적 논리를 이기게 되어, 개혁으로 인해 오히려 SGP 요건의 완화와 예외적 조항의 추가라는 결과로 나타난 것이다. 결국, 개혁으로 인하여 과도적자 절차와 같은 회원국들에 대한 제재가 잘 이루어지지 않아도 SGP 규정에 따르지 않는다는 비판으로부터는 벗어나게 되었지만, 기존의 3% 및 60% 규칙의 적용이 제대로 되지 않게 됨으로써 SGP의 효과성 및 신뢰성에 대한 문제는 여전히 내재하고 있다.

이러한 문제점들이 실제로 나타날 것인지 여부는 경제위기가 다시 와서 GNP 대비 재정적자나 부채가 심각하게 악화되어야 판가름이 날 것이다. 아직 개혁이 이루어진지 얼마 되지 않은 이 시점에서는 가설적으로 새로운 규칙을 적용했을 때, 회원국들, 경제재정각료이사회 및 유럽집행위원회들이 어떻게 반응할 것인지를 엄격한 시나리오와 느슨한 시나리오를 소개한 모리스 등(Morris et al., 2006)을 통해 추정해 볼 수 있다. 전자는 모든 회원국이 무임승차의 유혹에서 벗어나 유럽연합 회원국으로서의 의무를 다하려는 자세로 재정을 운영하고, 경제재정각료이사회는 유럽집행위원회와의 협조를 통해 SGP의 규정 및 정신에 따라 엄격하게 집행하는 경우이고, 후자는 일부 회원국이 자국의 경제 불황을 타개하기 위해 재정적자 및 부채의 증가에 눈을 감고, 이에 대해 경제재정각료이사회를 구성하는 다수의 국가가 가급적 탄력적으로 규

14) 이하의 내용은 http://www.euractiv.com/en/euro/stability-growth-pact/article-133199를 참조함.

정을 해석해서 제재에 미온적인 경우가 된다. 비관적인 시나리오에 따르면, 재정적자 기준을 위반한 것이 확인된 후 2년 후면 재정적자가 해소되고 3년 후면 중기목표 도달을 위해 조정 경로를 밟아 가게 되지만, 낙관적인 시나리오에 따르면, 회원국의 불순응과 경제재정각료이사회의 느슨한 SGP 적용 등으로 인해 적자가 무한정 연기된다.

표 4-4 개정 SGP의 집행 시나리오

연도	엄격한 시나리오
T	재정적자 3% 기준을 위반
T+1	경제재정각료이사회가 과도적자로 결정하고 그 다음해에 교정을 위한 권고를 발함.
T+2	회원국이 권고에 순응하고 과도적자가 해소됨.
T+3...	회원국이 중기목표에 도달할 때까지 GDP의 0.5%씩 조정 경로를 밟아 감.
연도	**느슨한 시나리오**
T	재정적자 3% 기준을 위반
T+1	경제재정각료이사회가 적자 규모가 작고, 일시적이므로 기타 요소로 정당화시키나 계속 악화됨.
T+2	경제재정각료이사회가 과도적자로 결정하고, 0.5%씩 조정해서는 T3까지 중기목표 달성이 어려우므로, 특별한 상황을 적용하여 T+4까지 과도적자 해소를 권고함.
T+3, T+4	과도적자 절차가 일시적으로 중단됨.
T+5	T4에 3%를 약간 초과하자 경제재정각료이사회가 유효 조치가 취해졌으나 예기치 못한 사건 발생으로 인한 것으로 인정하여 T+5까지 과도적자 해소를 다시 권고함.
T+6	경제재정각료이사회는 T+5에도 과도적자가 해소되지 않은 것을 확인하고 T+6까지 해소하도록 통지(notice)하나, 여전히 과도적자 상태임.
T+7	T+6의 예기치 못한 불리한 경제적 사건이 있었음을 지적하면서 경제재정각료이사회는 T+7로 기한을 연장하는 통지(notice)를 발함.
T+8	(경기 호전으로 인해) T+7에 적자가 3%를 밑돌게 되자 경제재정각료이사회는 과도적자 절차의 종료를 선언함.
T+9...	(경기 악화로 인해) 다시 3% 기준을 위반하고, T+1부터 T+7까지를 반복하여, 장기적으로 GDP 대비 3% 이상의 적자를 시현함.

출처: Morrs, R., H. Ongena, & L. Schuknecht(2006). The Reform and implementation of the Stability and Growth Pact. Occasional Paper Series No. 47. European Central Bank.

2000년대 초의 경험에 비추어볼 때, SGP의 운영은 낙관적 시나리오보다는 비관적 시나리오로 갈 가능성이 높을 것으로 보인다. 여전히 규칙을 위반한 회원국들이 유럽연합 차원의 재정 안정 규칙보다는 자국의 경제위기 극복을 더 중요시하고, 경제재정각료이사회를 구성하고 있는 회원국들은 자국이 후에 피고석에 앉게 될지도 모른다는 생각으로 가급적 위반한 회원국에 대한 엄격한 제재 절차의 적용을 피하려고 할 것이기 때문이다. SGP의 실무자로서 경제 논리를 중요시하는 유럽집행위원회에 자율적인 조기경고 권한을 부여하기는 했지만, 여전히 과도적자 절차의 결정 및 집행에 최종적인 권한은 회원국들의 모임인 경제재정각료이사회에게 있는 현실에서는 역부족일 수밖에 없다.

리먼 브라더스의 파산으로부터 시작된 글로벌 금융위기로 인해 2009년 초 유럽집행위원회는 유로화 사용 국가들의 GDP가 전년보다 1.9% 포인트 낮아지고, 실업률은 크게 높아져서 9.3%에 달할 것으로 예측했다. 이로 인해 재정적자는 2008년에는 1.7%, 2009년에는 4% 및 2010년에는 4.4%로 확대될 것으로 예측되었다. 「유럽통화연합의 공공재정에 관한 연차보고서」에 따르면, 2009년 6월 현재 프랑스, 그리스, 아일랜드, 스페인 등 유럽통화연합 4개국을 포함한 유럽연합 12개국이 과도적자 절차의 적용을 받고 있으며, 2010년부터 2013년까지 조정 기한을 부여받고 있다. 그럼에도 2008년 12월 27개국 유럽연합 정상들이 금융위기에 대응하기 위해 역내 GDP의 1.5% 수준인 2,000억 유로, 360조 58,00억 원) 규모의 경기부양책에 합의함으로써 재정적자는 더욱 심화될 것으로 예상된다. 이 금융위기는 개정된 SGP에 새롭게 규정된 '예기치 못한 불리한 경제적 사건'에 해당하기 때문에 기한을 1년 연장할 수는 있겠지만, 경제위기가 쉽게 극복되지 않을 경우에는 모리스 등(Morris et al., 2006)의 비관적 시나리오의 경로를 따라 SGP가 유명무실하게 되든지 혹은 2009년 1월 미국경제학회에서의 펠드슈타인(Martin Feldstein)의 예측처럼 추가적인 SGP의 완화[15]가 이루어지든지 두 가지 가운데 하나가 될 가능성이 높다.

---

15) 실제로 2008년 10월 4일 프랑스, 영국, 이탈리아, 독일의 정상들은 프랑스 엘리제궁에서 긴급회담을 통해 공동으로 대처하기로 합의하고 이와 함께 회원국들이 금융위기에 효과적으로 대처할 수 있도록 SGP를 완화할 것을 제안하기도 했다. 그러나, 어느 정도 완화할 것인가에 대해서는 합의를 이루지 못했다(서울경제, 2008년 10월 5일자).

제 7 절 요약 및 결론

유럽 국가들이 유럽통화연합을 창설하려는 움직임이 있을 때, 미국의 많은 경제학자들은 "그런 일은 일어나지 않을 것"이라고 주장했고, 실제로 유럽통화연합이 출범하게 되자, "그것은 작동되지 않을 것"이라고 주장했다(Lahart, 2009). 그것은 다양한 정치경제적 상황에 처해 있는 국가들을 하나의 틀로 묶는 것이 불가능할 것이고, 그러한 노력은 불가피하게 국가 간의 갈등을 일으킬 것이기 때문이다. 특히, SGP는 회원국들에게 경제불황기에 국내 정치적으로 수용되기 어려운 재정 감축을 요구하고 있기 때문에, 유럽통화연합보다는 자국에 더 충성심을 보일 회원국들은 SGP 위반으로 인한 희생이 크지 않을 경우에는 당연히 규칙 위반을 통한 국내 경제 활성화를 추구할 것이다. 이러한 문제점을 최소화시키기 위해 SGP에는 연성 조정 방식인 OMC뿐만 아니라 벌금 부과를 포함한 경성 조정 방식도 함께 도입됨으로써 그 강제성을 최소화하면서도 필요 시에는 효과적인 조정을 가능하게 하는 혼합 방식을 채택했다.

그러나, 유럽연합의 조정 기제 가운데 법적 근거를 갖는 가장 강력한 경성 조정 방식을 포함하는 SGP는 규칙을 위반한 회원국에게 강제적으로 실질적인 비용을 지불하게 하는 바로 그 성격 때문에 오히려 작동하지 못하는 모순을 드러냈고, 2005년에는 SGP의 개정을 통해 그 작동의 요건을 강화함으로써 더욱 SGP의 엄격한 집행을 요원하게 만들었다. 이는 무엇보다도 유로화의 안정을 위한 재정정책 조정이 실제 정책결정 및 집행권을 가지고 있는 개별 회원국의 주권과 충돌의 수밖에 없는 유럽연합의 내재적 한계 때문이다. 경제재정각료이사회의 소극적 조정 의지정책 과도 적자 절차의 회피를 위한 해당 회원국의 회계 조작, 극단적으로는 유럽통화연합으로부터의 탈퇴 협박 등으로 인해 SGP의 제재는 공개적인 권고를 통한 지목과 비난(naming and shaming)에 한정되어 온 것이다. 이는 경성 조정 수단을 포함하는 SGP도 실제로는 위반 국가에 대해 OMC가 지향하는 연성 조정 수단으로서의 성격을 갖는다고 볼 수 있다.

그러면, 과연 실제로 경성 조정 수단이 활용되지 않았다는 점이 반드시 SGP에서 경성 조정 수단의 존재가 별 의미가 없음을 의미하는 것일까? 연성의 예방적 수단도 여전히 정치적 비용을 지불하게 하고 있기 때문에 그 자체로도 대부분의 회원국들에게는 어느 정도의 금지 효과가 있다고 볼 수 있다. 즉, 합리적인 회원국은 규칙 위반의 편익과 규칙 준수의 비용을 비교 형량하여 재정정책을 결정할 것이라고 본다면, 큰 비용을 치르지 않아도 규칙을 준수할 수 있는 시기에는 규칙 준수의 노력을 기울일 것이고, 규칙을 준수하기 위해서는 국민 경제상 큰 비용을 치러야 하는 경우에는 규칙을 기꺼이 위반하게 될 것이며, 그 중간 정도의 비용을 지불하게 되는 경우에는 경성 조정 방식의 잠재적 위협이 효과를 볼 수 있다. 특히, 경제 규모가 작아서 파산이나 탈퇴가 유럽 전체에 큰 영향을 미치지 않을 것으로 판단되는 국가들에 대해서는 효과적일 것이다. 유럽집행위원회의 권한을 강화하여 회원국들의 반대를 무릅쓰고 제재를 실현하도록 하는 것이 불가능한 현실에서는 이러한 하이브리드(hybrid) 접근이 불가피하면서도 그나마 가장 나은 대안이 될 수밖에 없을 것 같다.

그러나, 이 역시 제재에 대한 최종 결정권이 여전히 경제재정각료이사회에게 있고, 근본적으로 제재의 집행을 강화하고자 하는 어떠한 제안도 경제재정각료이사회의 정책결정자들이 반가워하지 않을 가능성이 높으며, SGP는 회원국들의 재정적자의 확대가 불가피한 상황에서 필요하다는 점 등을 고려하면, 수정된 SGP가 회원국들의 재정적자 확대에 효과적인 제어 수단으로서 기능하기는 어려울 것으로 보인다. 근본적으로 SGP의 효과성이 높아지기 위해서는 각 회원국의 국민들이 유럽연합에 대해 갖는 충성도가 높아져야 한다. 이는 하나의 통합된 유럽에 대한 비전과 가치를 유럽인들이 공유해야 한다는 것을 의미한다. 마스트리히트조약과 솅겐조약으로 대부분의 유럽 내의 인적 물적 자원의 자유로운 이동이 가능하게 되었고, 유럽통화연합 내에서는 동일한 화폐를 사용하게까지 되었다. 그러나, 경제적 측면에서 유리하다는 생각으로는 부족하다. 이는 언제든지 유럽 전체 수준에서 바람직한 정책이 효용보다 더 큰 비용을 가져온다고 생각하면, 미련 없이 자국의 이익을 추구할 것이기 때문이다. 이러한 의식 및 가치의 변화는 유럽을 구성하는 국가들의 다양한 특성들이 좀 더 비슷해지고 더 많은 인적 및 물적 자원의 이동으로 유럽화가 진행될수록 그 가능성은 높아질 것으로 보인다.

참고 문헌

Begg, I., D. Hodson, & I. Maher(2003). Economic Policy Coordination in the European Union. *National Institute Economic Review,* Vol. 183, No. 1.

Buiter, W. H., G. Corsetti, & N. Roubini(1993). Roubini 'Excessive Deficits': Sense and Nonsense in the Treaty of Maastricht. C.E.P.R. Discussion Papers in its series CEPR Discussion Papers with number 750.

Citi, M. & M. Rhodes, New Modes of Governance in the EU: Common Objectives versus National Preferences. European Governance Papers(EUROGOV) No.N-07-01, http://www.connex-network.org/eurogov/pdf/egp-newgov-N-07-01.pdf(2007). (검색일: 2009년 9월 20일)

Dutzler, B. & A. Hable(2005). The European Court of Justice and the Stability and Growth Pact-Just the Beginning?. *European Integration online Papers (EIoP),* Vol. 9. No. 5.

European Commission. Communication to the European Parliament and Council(2002), Strengthening the coordination of budgetary policy. Brussels, 27.11.2002, COM (2002) 668 final.

———(2004). Strengthening economic governance and clarifying the implementation of the Stability and Growth Pact. Brussels, 3.9.2004 COM(2004) 581 final.

European Commission. Public Finances in EMU(2004). Directorate-general for economic and financial affairs.

European Council(2000) Presidency Conclusions. Lisbon European Council. 23 and 24.

Fatas, A., J. von Hagen, A. H., Hallet, R. R. Strauch, & A. Siebert(2003). Stability and Growth in Europe: Towards a Better Pact. Monitoring Eupean Integration 13. Center for Economic Policy Research.

Hodson, D. & I. Maher(2004). Soft Law and Sanctions: Economic Policy Co-ordination and Reform of the Stability and Growth Pact. *Journal of European Public Policy,* 11(5): 798-813.

Kilpatrick, C.(2003). Hard and soft law in EU employment regulation. Paper presented at the 8th Biennial International Conference of the EU Studies Association. Nashville.

Meyer, C. O. & G. Umbach(2007) Europeanization of National Economic Goverance Through Policy Co-ordination? Gains and Pains of a New Policy Instrument in C.O. Meyer, I. Linsenmann, & W.T. Wessels (eds.). *Economic Government of the*

EU: A Balance Sheet of New Modes of Policy Coordination. Palgrave: Macmillan.

Morrs, R., H. Ongena & L. Schuknecht(2006). The Reform and implementation of the Stability and Growth Pact. Occasional Paper Series No. 47. European Central Bank.

Nedergaard, P. (2006). Which Countries Learn from Which?: A Comparative Analysis of the Direction of Mutual Learning Processes within the Open Method of Coordination Committees of the European Union and among the Nordic Countries. Journal of the Nordic *International Studies Association*, Vol. 41. No. 4.

Oxford Analytica(2008). EURO-AREA: Crisis Response Challenges SGP rationale. Oxford Analytica Global Strategic Analysis.

Talani, L. S. & G. Fazio(2008) Interests or expectation? A political economy model of the credibility of exchange rate agreements, in L.S. Talani & B. Casey (eds.). *Between Growth and Stability: The Deminse and Reform of the European Union's Stability and Growth Pact.* New York: Edward Elgar Publishing Limited.

Talani, L. S.(2008). A Dead Stability and Growth Pact and a Strong Euro: There Must Be a Mistake, in L. S. Talani & B. Casey (eds.). *Between Growth and Stability: The Deminse and Reform of the European Union's Stability and Growth Pact.* New York: Edward Elgar Publishing Limited.

Trubek, D. M. & L. G. Trubek(2005). Hard and Soft Law in the Construction of Social Europe: the Role of the Open Method of Co-ordination. *European Law Journal,* Vol. 11, No. 3.

Warin, T. (2007). Stability and Growth Pact II? Let's move on to SGP III: "a la carte", Middlebury College Working Paper Series, 07-02.

———(2009). The Euro at 10: Successes and Challenges. Burgundy Report 2009RB-05. Cirano Knowledge into action..

Woods, R. (2008). Notes on the Reformed SGP: Creating and Implementing Effective Macroeconomic Frameworks, in L.S. Talani & B. Casey (eds.). *Between Growth and Stability: The Deminse and Reform of the European Union's Stability and Growth Pact.* New York: Edward Elgar Publishing Limited.

제 5 장 일본: 지방자치단체 재정건전화법

권오성

제 1 절 서론

IMF에 따르면, G20 선진국 평균 재정적자 규모는 2007년 GDP 대비 1.9%에서 2009년 9.7%로 8%p가 악화되었고, 5년 후인 2014년에도 재정적자 규모가 5.3%에 달할 것으로 전망된다. 이는 제2차 세계대전 이후 가장 심각한 재정적자 규모 수준이다(박형수 · 이응경, 2010). 이러한 결과는 2008년 글로벌 금융위기로 경기 부양 조치와 금융기관 지원 등에 나서면서 재정지출을 늘리는 확대정책을 폈는데, 경기 둔화로 세수는 감소하면서 재정이 급속하게 악화됐기 때문이다.

유럽연합의 경우 재정지표 추이를 살펴보면 일본이나 미국에 비해 재정 상황이 상대적으로 좋은 편이지만, 27개 국가 간 재정 여건은 유럽연합에 가입한 국가별로 매우 큰 차이를 보이고 있다. 2010년 2월, 27개 유럽연합 국가 중 18개국이 EU 재정적자 및 국가채무 상한을 준수하지 못해 시정 조치를 받았다. 특히 PIIGS 국가의 재정부실은 국가채무 불이행으로 연계되면서 국제 금융시장에 큰 파급 효과를 미치고 있다. 이들 국가 중에서 그리스는 유로화 가입 당시부터 재정 분야의 기준을 충족시키지 못해 2001년에서야 유럽연합에 가입했다. 이후 방만한 재정 운영으로 인해 재정이 급격히 나빠지고, 2차례에 걸친 유럽연합의 재정적자에 대한 시정 조치에 대한 불성실한 대응, 재정건전화 계획 차질에 따른 재정총량 목표의 변경, 국제 통계에 대한 신뢰성 상실 등의 이유로 국제시장에서 신뢰를 잃고 있다. 또한 포르투갈, 이탈리아, 아일랜드, 그리스, 스페인의 재정수지도 악화되고 있다. 2010년 초, 유럽연합이 포괄적인 금융 지원 패키지를 발표했으나, 여전히 그리스, 포르투갈, 스페인 등 이른바 남유럽 국가의 재정위기가 확산되고 채무 불이행 가능성이 높아, 남유럽의 재정위기가 동유럽으로 이어질 것이라는 우려가 나타나고 있는 실정이다.

미국의 경우, 1990년대 말 아시아의 외환위기로 인한 경기 후퇴와 2000년 들어 발생한 IT 버블이 붕괴되고, 2001년 9·11테러가 발생하자 미국의 경제는 침체기에 들어섰다. 이에 미국 정부는 국민들의 소비심리를 자극하기 위해 자금 유동성 증가 정책을 시행했다. 연방준비은행(Federal Reserve Bank)이 2003년 기준 금리를 1%까지 인하해 주택을 구입할 수 있는 비용을 낮추었기 때문에 부동산 붐이 일어났고, 서브프라임 모기지 비중이 증가했다.[1] 그러나 이후 기준 금리가 상승하고, 주택 경기가 악화되면서 2007년 7월 미국의 서브프라임 모기지의 연체율이 급등하게 되자, 서브프라임 모기지를 기초로 한 유동화증권에 투자한 거대 투자은행의 부실화를 초래하게 되고, 2008년 9월 세계 4위권의 투자은행인 리먼 브라더스가 파산했다. 이와 같은 미국의 서브프라임 모기지의 부실화는 1980년대 있었던 저축대부조합(Savings and Loan Associations)의 파산 사태 이래로 미국에 가장 심각한 금융위기를 일으킨 사건으로 평가되고 있다(최승재, 2008). 이는 세계 국내 총생산(GDP)의 4분의 1을 차지하고 있고, 글로벌 기축통화를 가진 이러한 미국의 금융위기는 글로벌 경제위기를 촉발시키는 계기가 되었다.

일본의 상황도 예외는 아니다. 20년째 장기 불황을 겪고 있는 일본의 경우, 글로벌 금융위기에 대지진까지 겹치면서 2011년, 국가채무 비율이 212%까지 올라갔다. 재정건전성이 위협받는 상황에서 세계 각국은 지출을 줄이고 세수를 확보해 재정적자를 낮추려는 노력을 기울이고 있다. 이 글에서는 특히 일본의 재정건전성과 재정개혁에 주목하여, 먼저 일본 중앙정부와 지방자치단체의 재정 상황과 재정 개선 노력을 살펴보고, 지방자치단체의 재정 개혁을 위해 공표된 재정건전화법의 도입 배경과 특징을

1) 주택담보대출 대비 서브프라임 모기지의 비중이 2001년에는 약 3%대에 머물렀으나 2002년에는 7%, 2007년 6월에는 무려 21%까지 상승했다(김용덕, 2009).

통해, 일본 지방자치단체의 재정건전화 과정을 논의할 것이다. 결론에서는 재정건전화법의 한계점을 간략하게 살펴보고, 앞으로의 개선 방향을 제시할 것이다.

제 2 절 일본의 재정건전성과 재정개혁

1 일본의 재정건전성

1) 중앙정부

일본의 재정위기의 원인은 1990년대 경제위기를 극복하기 위해 추진한 공공사업 중심의 경제 대책이 생산적이지 못했고, 기득권 중심의 정책이었기 때문이다. 2009년도 예산 규모가 확대된 것은 불가피하다 할지라도, 경제위기의 정점이 지난 2010년에도 경제위기 시의 예산 규모를 상회한 것은, 재정건전화 관점에서 경제 대책을 위한 예산의 총액이 너무 비대해 오히려 경제 대책이 실시되면 중장기 재정목표를 달성할 수 없어 예산 규모를 그 전 수준으로 되돌릴 수 없는 문제로 나타났다. 또한 현재의 재정 운영이 유지되어 재정건전화의 달성이 연기되는 경우에는 일본의 재정에 대한 신뢰가 부족해 재정위기를 야기할 수도 있다.

일본의 경제 상황은 2007년 10월을 정점으로 경기 후퇴 국면에서 해외 수요의 대폭적인 감소에 따라 기업 부문의 실적이 급속하게 악화되었다(손영화, 2010). 이에 일본 정부는 '안심 실현을 위한 긴급종합대책',[2) '생활대책',[3) '생활방위를 위한 긴급

---

2) 2008년 8월 29일 후쿠다 야스오 내각하에서 「안심 실현을 위한 긴급종합대책」이 결정되었다. 원유·식료가격 등의 상승에 수반하는 국민생활의 불안을 해소하고, 자원·식량 문제나 지구온난화에 대응하여 '지속 가능 사회'에의 변혁을 가속하는 등의 목적으로 책정된 것으로, ① 생활·고용 지원 대책, ② 의료·연금·개호 강화 대책, ③ 육아·교육 지원 대책, ④ 저탄소 사회 실현 대책, ⑤ 거주지·방재 쇄신 대책, ⑥ 강한 농림 수산업 창출 대책, ⑦ 중소기업 등 활력 향상 대책, ⑧ 지방공공단체(지방자치단체)에 대한 배려라고 하는 여덟 가지의 정책 방안이 성립되어 있었다. 사업비 합계 11.5조 엔으로 그 중 국비는 1.8조 엔의 규모였다(河内祐典, "『安心實現のための緊急總合對策』について," 『ファイナンス』 第44巻 第8号, 2008. 11, 14-17面).

3) 세계 경제의 급속한 악화에 대응할 수 있도록 보정예산의 성립 직후인 2008년 10월 30일 「생활대책」

경제위기 대책'[4]이라는 네 번에 걸친 경제 대책을 실시하여 2008년에 두 번에 걸친 보정예산이 편성되었고, 2009년에는 과거 최대 규모의 보정예산(제1호)이 편성되는 등 국비로 약 26.2조 엔(사업 규모에서는 약 132.2조 엔)의 재정지출을 했다. 이 중에서 공공사업과 관계된 비용에는 2008년도 보정예산에서 1조 엔이 증가되었으며, 2009년 당초예산에서는 전년 대비 4% 증가한 약 7.7조 엔, 보정예산에서는 약 5.2조 엔으로 편성되었다. 2009년도 당초 예산은 과거 최고 수준의 조기 집행을 목표로 했는데, 당초예산의 상반기 조기집행률은 특별한 사정을 제외하고 실질적으로 과거 최고 수준의 조기 집행 8할을 목표로 했다.

이러한 일본 정부의 재정을 통한 경기부양책으로 일시적인 위기를 극복하고자 했기 때문에, 2009년 이후 경기 회복의 움직임이 나타나고 있다. 하지만 재정지출을 통한 경제 대책의 효과를 지속하기 위해서는 한계가 있기 때문에, 해외 수요에 의지하는 일본 경제는 수출의 개선이 아니고서는 일본의 재정건전성에 대해 긍정적인 평가를 내리기 어렵다.

2) 지방자치단체

일본의 자치단체는 전후 세 차례의 재정위기를 경험했다. 1차 재정위기는 한국전쟁의 특수가 끝난 직후 시정촌의 합병, 긴축재정에 의한 국고보조금 감축 등의 요인으로 발생했다. 특히, 부실 자치단체의 재정건전화를 위해 시정촌을 합병한 것이 재

이 결정되었다. 이 대책은 생활자의 생활의 안심, 금융·경제의 안정 강화, 지방의 저력의 발휘라고 하는 3개의 중점 분야를 내걸고, ① 가계 긴급 지원 대책, ② 고용 세이프티 넷(safety net) 강화 대책, ③ 생활 안심 확보 대책, ④ 금융자본시장 안정 대책, ⑤ 중소·소규모 기업 등 지원 대책, ⑥ 성장력 강화 대책, ⑦ 지역활성화 대책, ⑧ 주택 투자·방재 강화 대책, ⑨ 지방공공단체 지원책이라고 하는 아홉 가지의 정책 방안이 완성되어 있었다. 사업비는 합계 26.9조 엔, 그 중 국비는 4.8조 엔의 규모였다(河内祐典, "『生活對策』の考え方と具体的施策," 『ファイナンス』 第44巻 第9号, 2008. 12, 2-6面).

4) 경기 상황의 심각화에 수반하는 고용문제와 기업의 자금융통 문제에 대처하기 위해 2008년 12월 19일 경기대책의 제3단 '생활방위를 위한 긴급대책'이 결정되었다. 재정상의 대응(10조 엔 정도)과 금융면의 대응(33조 엔 정도)으로 대별되어 ① 고용 대책, ② 고용 창출 등을 위한 지방교부세 증액, ③ 경제긴급 대응 예비비의 신설, ④ 세제 개정(정책 감세), ⑤ '생활대책'의 실현, ⑥ 금융 기능 강화법에 근거한 정부의 자본 참가 범위 확대, ⑦ 은행 등 보유 주식 취득 기구의 활용·강화, ⑧ 정책금융의 '위기대응 업무' 발동·확충, ⑨ 주택·부동산 시장 대책으로 이루어져 있다. 이 중 ⑤의 생활대책 실현용의 6조 엔을 제외하면 사업비는 합계 37조 엔, 국비는 5.4조 엔의 규모이다(河内祐典, 『生活防衛のための緊急對策』及び一連の經濟對策, 『ファイナンス』 第44巻 第11号, 2009. 2, 2-6面).

정의 부실화를 확대해 재정위기의 요인으로 작용했다는 평가를 받는다.

2차 재정위기는 고도 성장이 끝나고 저성장 경제로 전환하면서 1972년 오일쇼크에 의해 촉발되었다. 1960년대 일본의 지방재정은 공공 투자를 통한 성장 위주 개발 방식을 취했는데, 이 과정에서 지방채무가 급증하게 되었다. 2차 재정위기는 오일쇼크의 외부적이고 거시적인 충격이 작용함과 동시에 중앙정부의 구조화된 재정적자 때문에 재정 지원의 한계가 나타났다는 점에서 1차 재정위기와는 다른 양상으로 나타났다.

한편 1970년대의 두 번의 오일쇼크로 인한 경기 불황을 타개하기 위해 전후 억제되었던 국공채 발행이 급증하게 되었다. 당시 중앙정부는 불황 대책으로 재정팽창정책을 중심으로 대규모 공공사업을 추진했다. 즉, 보조금 증대와 재정투융자 확대에 의한 지방채 발행 급증을 통해 지방자치단체가 공공사업을 담당하게 되었다.

3차 재정위기는 1990년대 버블 붕괴에 의한 장기 불황으로 나타났는데, 자치단체는 중앙정부의 정책 요구에 부응함과 동시에 지역경제 활성화를 위한 수단으로 지방채 발행 및 공사·공단 등의 외곽기관에 설치하는 방식을 취했으나 유사·중복 투자·과다 경쟁·부적절한 사업 선정 등의 이유로 부실 경영이 야기되었다(조기현, 2010).

재정위기의 극복을 위해 일본의 자치단체는 스스로 재정위기를 극복하는 자주재건 방식[5]을 중심으로 지방재정재건촉진특례조치법에 근거해 중앙정부가 재정금융 지원을 하는 준용재건 방식[6]을 병행하고 있다.

일본의 지방채의 자금별 추이는 <표 5-1>과 같다. 1990년대까지 정부자금이 중심이었으나 점점 감소했고, 2000년대에 들어오면서 민간자금 중심으로 변화되었으며, 2010년 지방채계획상 지방채 발행 총액 대비 민간자금 비중은 59.1%를 차지하고 있다. 특히 민간자금 중 증권 발행을 통한 시장공모자금은 1993년 총액 대비 8.5%였으나 2010년 27%의 비중으로 3배 이상 급증했다. 반면 정부자금과 공영기업금융공

5) 자주재건 방식에는 자치단체가 재정건전화 계획을 수립하여, 중앙정부의 승인을 얻은 후 주민에게 공개하도록 하며, 예산의 편성보다 예산의 집행, 조직 및 운영 방식의 합리화에 중점을 두는 재정위기관리 방식이다. 전년도 결산 기준 적자 비율이 5% 이상, 경상수지 비율이 85% 이상인 지방자치단체, 또는 당해 연도 결산 결과 긴급하게 재정건전화계획이 요구되는 자치단체는 재정건전화계획을 작성하여 총무성대신이 승인한 후 해당 주민에 공개한다.

6) 준용재건 방식은 재정재건채의 발행과 이에 대한 이자 지급, 특정 공공사업에 대한 국고보조율 인상이 법적으로 규정되어 있고, 중앙정부는 자금운용부자금, 임시특별교부금, 지방채 발행을 통해 재정금융 지원을 실시한다.

표 5-1 일본 지방채 계획의 자금별 추이

(단위: 억 엔, %)

구분	총액	정부자금	공영기업 금융공고자금	시장공모자금	은행 등 인수자금
1993	103,585(100)	57,107(55.1)	14,550(14.0)	8,800(8.5)	23,128(22.3)
1998	160,940(100)	76,000(47.2)	19,300(12.0)	13,900(8.6)	51,740(32.1)
2003	184,845(100)	76,900(41.6)	17,800(9.6)	24,000(13.0)	66,145(35.8)
2004	174,833(100)	56,000(32)	16,140(9.2)	31,600(18.1)	71,103(40.7)
2005	155,366(100)	47,200(30.4)	15,330(9.9)	33,000(21.2)	59,836(38.5)
2006	139,466(100)	38,500(27.6)	14,060(10.1)	35,000(25.1)	51,905(37.2)
2007	125,108(100)	32,800(26.2)	13,500(10.8)	34,000(27.2)	44,808(35.8)
2008	124,776(100)	32,400(26.0)	13,330(10.7)	34,000(27.2)	45,046(36.1)
2009	141,844(100)	39,340(27.7)	18,330(12.9)	36,700(25.9)	47,474(33.5)
2010	158,976(100)	43,390(27.3)	21,590(13.6)	43,000(27.0)	50,996(32.1)

자료: 滿田譽(2009), 地方債制度の現狀について, 總務省, 17쪽; 이현우(2010) 재인용

고자금은 1993년 양자의 총액 대비 비중이 69%에서 2010년 39.9%로 약 2배 가까이 감소했다(이현우, 2010).

2 일본의 재정개혁

1) 예산편성의 개혁

일본은 지난 2009년 예산편성의 방식을 개혁해, 납세자인 국민의 입장을 고려하여 예산편성을 실행하며, 예산의 효율성을 높이는 것을 강조했다. 이는 재정의 기초적 수지를 흑자화하는 것을 목표로, 세출 삭감을 위해서는 예산편성의 규칙을 제정하여 국가와 지방이 함께 관리하고자 했다. 구체적인 내용은 다음과 같다.

첫째, 단년도 예산편성의 문제점을 바로잡기 위해 복수 연도 예산편성으로 전환했다. 하지만 복수 연도 예산을 실시하더라도 하향식(top-down) 방식을 채택하고 있으며, 예산의 큰 범위를 유지하면서 단기적인 경기 변동에 대응하는 재정규율을 유지했다.

둘째, 예산편성 및 집행 과정의 투명화・가시화를 위해 홈페이지에 소관 계산의 요약 및 정책평가조서의 공개, 행정쇄신에서의 '사업 구분' 공개, 예산편성에 관한 각료 위원회의 결정 사항의 공개, 홈페이지 등에서 재무성 등이 결정한 예산의 개요를 공개하고자 했다. 이 밖에도 연도 말 불필요한 예산 사용의 금지, 개별 세출에 대한 목표 설정(pay as you go: PAYGO)[7]의 원칙을 운용하고 있다.

셋째, 각의에서는 연도말 불필요한 예산 사용을 방지하고자 2010년부터 각 부성에서 예산집행감시팀을 운영하고 있으며, 2010년 개시까지 국가전략실에서 지침을 마련하고, 중요한 조달, 공공사업에 대해 보조금 교부를 결정하는 경우에는 적시에 정보를 개시하도록 하고 있다. 연도 말에 과도한 예산집행에는 청문 절차를 거치도록 하고 있으며, 예산집행 효율화를 정하고, 그 상황을 확인해 개선책을 발표하도록 하고 있다(閣議決定, 前揭資料, 2面; 손영화, 2010).

넷째, 누진세나 사회보장제도 등의 경우에는 자동적으로 세출이 증가하고 감세가 되는 빌트 인 스태빌라이저(built in stabilizer)[8]가 제도화된다. 유럽과 미국에서 그 효과가 다르게 나타났다는 점에서 일본에서도 재량적 재정지출에 의존하지 말고 이 제도의 정착과 효과를 높이는 노력이 필요하다.

2) 사회보장제도의 개혁

사회보장은 일본의 일반 세출의 대부분을 차지하고 있고, 저출산・고령화 현상이 심화됨에 따라 고령인구에 대한 지출은 지속적으로 증가될 것으로 보여진다. 노동인구가 감소하고, 향후 지금의 경제성장률을 유지할 수 있다는 보장이 없기 때문에 세대 간 부담을 고려하는 것이 필요하다(金融調査硏究會, 前揭資料, 13面; 손영희, 2010). 또한 중장기의 재정목표를 설정할 때 사회보장 비용이 문제가 되는데, 이는

7) 목표설정(pay as you go) 원칙이라는 것은 의무적인 경비의 지출을 수반하는 법안이나 수정안을 제안하는 경우에는 의원은 그 재원을 다른 세출 삭감이든가 증세로 찾아내지 않으면 안 된다고 하는 원칙으로, 재정규율이 높아진다고 평가되고 있다. 이러한 세출입을 일체화하는 생각을 일본에 도입할 수 있으면, 세출의 재편성이나 증세가 없는 채로 새로운 세출만이 실행된다고 하는 위험한 사태는 회피될 수 있다(中島厚志, "財政再建はもう先延ばしできない求められる國民の覺", 2009. 6. 18 <http://wedge.ismedia.jp/articles/print/410>).

8) 원래 이 제도는 주로 미국에서 재정안정화 방안으로 경제 변동을 완화하기 위한 안정장치로 이용되었으나, 일정 범위에서 효과가 있었던 유럽과 달리 효과를 기대할 수 없는 미국에서 대규모 재정지출이 필요했다는 지적이 있다.

단순히 세출의 관계에서 파악할 문제가 아니라 세금 및 사회보험료를 고려하여 검토가 이루어져야 한다.

3) 지방재정 개혁

일본에서는 국가와 지방재정이 밀접한 관계를 맺고 있기 때문에[9] 지방분권 개혁과 같은 절차에 따라 국가와 지방의 관계가 변화되었다고 해도 재정건전화를 향상시키기 위해서는 둘을 하나로 보는 관점이 필요하다.

현재의 예산집행은 지방공공단체가 실시하는 사업이라도 국가의 책임 및 관여 정도가 크기 때문에, 지역에 한정된 지방공공사업에 대해서는 수익자 부담 원칙을 적용시켜, 사용자가 사용료 또는 수수료를 부담할 필요가 있어 수익과 부담의 적정화가 필요하다.

제 3 절 일본 자치단체의 재정건전화법 도입과 특징[10]

1 재정건전화법의 도입 배경 및 방향

1) 도입 배경

일본 정부는 (총무성) 지방재정 파탄이 확산되는 것을 방지하고자 「지방공공단체의 재정건전화에 관한 법률」(2007년 6월 22일)을 공표했다.

재정건전화법은 새로운 재정지표의 필요성 및 재정 관련 정보가 객관성과 정확성을 바탕으로 게시되어야 하기 때문에 도입되었다. 기존 지표는 보통회계의 재정 상황

9) 지방재정법 제9조에 의해 원칙은 고유 업무뿐만 아니라 국가 위임 업무에도 지자체가 부담함을 기본 원칙으로 하고 있으며, 자주재원으로 충당 후 부족분은 지방재정조정제도로 보전한다. 하지만 지방재정법 제10조에 의해 의무교육비, 사회보장관계비 사업, 도로·하천사업·재해구조사업비 등은 국고지출금 대상사업으로 한다.

10) 일본 지방재정건전화법을 정리한 「地方財政健全化法で財政破綻は阻止できるか―夕張・篠山市の財政運營責任を追求する」(2008)을 참고했다.

을 표시하는 실질수지(적자) 비율만을 재정재건의 기준으로 사용하고 있어(재건단체가 아닌 경우는 기채 제한을 받는 기준), 지방공공단체의 행정활동의 주요 부분이 명시되지만 1955년 재건법 재정 하에서 공영기업 등의 재정 상황을 반영한 보통회계의 영향 부분이 나타나고 있지 않다는 문제점이 있었다.

따라서 새로운 지방재정재생제도는 해당 단체 전체의 재정 운영상 문제를 파악하여 그 책임을 명확히 하고, 지방공사나 제3섹터의 상황과 잠재적인 리스크도 포함했다. 중장기적인 재정 운영의 건전화를 도모하기 위해 플로-스톡(flow-stock)[11]에서 필요한 지표를 활용하여 항상 투명하고 명확한 규칙에 따라 계산하고, 그 산정 근거도 공개해 객관성과 정확성이 확보될 수 있도록 했다. 또한 각 재정지표의 조기 시정 단계, 재생 단계에 관련된 수준의 설정 시, 지방공공단체의 기능이나 재정 규모 등을 포함한 설정 방식에 대해서도 검토했다.

또한 특별회계의 경우 제도상의 문제로 인해 적자가 발생할 가능성이 있는 등 일부 지방공영기업에서 사업 성질상 사업 개시 후 일정 기간 부득이하게 적자가 발생하는 등 지표의 운용에서 유의할 필요가 있다. 그러므로 지방채의 허가단체에의 이행 준비, 기채 제한의 기준으로서 지방재정법에 정해진 실질 공채비 비율에 대해서도 재정 운영에 관한 실질적인 공채비의 중요성 등에 비추어 활용이 이루어져야 한다. 이 경우 지방채의 허가나 기채 제한과의 적합성을 염두에 둔 운용이 요구된다.

이에 2005년 6월부터 연결대차대조표 작성[12] 및 2007년 공표된 재정건전화법을

---

11) 지표는 플로 지표와 스톡지표가 있는데, 플로 지표는 현행의 재건제도에서 사용되는 보통회계를 중심으로 실질수지(적자) 비율을 이용해 지방자치단체의 재정의 주요 지표로 활용되고 있다. 하지만 해당 지방공공단체의 특별회계 중 실질수지로 나타나지 않는 회계도 있어 지방자치단체의 적자를 파악하여 주민들에게 게시하는 것이 지방자치단체의 재정 운영상의 문제점을 파악하기 위해 중요하다. 플로 지표는 수지나 공채비 부담에 대해 현재는 건전하나, 실질적으로는 책무가 확대되기 때문에 장래의 수지나 공채비 부담이 확대될 수 있는 요인은 명시되지 않는다. 따라서 지방공공단체의 실질적인 부채와 해당 단체의 재정 규모 등의 상환 능력을 비교하는 스톡지표를 신설해야 한다. 이 경우 해당 단체의 보통회계에 직접 부담분이 추가되어 현재의 지방공공단체의 행정활동의 다양화에 대응하고 공영기업, 일부사무조합, 지방독립 행정법인, 지방공사. 제3섹터 등을 포함하여 객관적인 보통회계가 부담하는 개연성 높은 실질적 부담을 나타낼 수 있다.

12) 2006년 5월 '신지방공회계제도연구회' 보고서 및 2007년 10월 '신지방공회계제도실무연구회' 보고서에 의한 재무서류 작성 요령의 '기준 모델'과 '총무성 방식 개정 모델'에 따라 연결 대상은 보통회계, 공영기업회계 등의 지방단체 내의 회계, 일부업무조합, 광역연합, 지방3공사, 지방독립행정법인 등 제3섹터 등이 되고, 지방공공단체의 지배력이 미치는 연결회계와 연결 경영이 요구되고 있다.

통해 지방공공단체와 해당 단체 전체의 현 재정 상황을 일정한 지표에 기초해 명확히 하여, 재정 상황이 악화되는 정도에 대해 조기 건전화 단계와 재생 단계의 2단계로 분류하여 대응하며, 지자체는 자주적이고 적극적인 활동을 수행할 의무를 부담하게 되었다. <표 5-2>에는 재정건전화법의 스케줄을 나타내고 있다.

2) 기본 방향

종전의 지방재정재건추진특별조치법이 재정 파탄 단체의 재정재건을 주목적으로 했다면, 건전화법은 지방공공단체 전체를 대상으로 재정 운영 건전화에 대한 지도를 중심으로 하고 있기 때문에, 지자체 재정지도의 기준에 관한 재정진단지표를 설정하고 있다. 이러한 재정건전화법의 기본 방향은 다음과 같이 요약할 수 있다.

① 시민・납세자에게 재정건전화를 위한 적극적인 활동을 실시한다.

② 재정의 건전성 또는 건전화를 향한 자세를 완전히 공표한다.

③ 전국 통일적인 재정지표(비율)를 산출하여 비교가능성을 목표한다.

④ 일반회계, 특별회계, 공영기업, 공사, 제3섹터의 재무 내용을 연결과 연결 경영의 자세를 추구한다.

표 5-2 재정건전화법의 실행 스케줄

<table>
<tr><td rowspan="2">2007년</td><td>6/22~</td><td>「지방공공단체 재정건전화에 관한 법률」 공포
(지방공공단체와의 의견 교환)</td><td></td></tr>
<tr><td>12월~</td><td>지표의 구체화와 관련 기준, 조기 건전화 기준 · 재정재생 기준 등을
내용으로 하는 부령 준비(2008년도 예산편성)</td><td rowspan="3">조기 재무서류의
준비</td></tr>
<tr><td rowspan="2">2008년</td><td>4월~</td><td>지표의 공표에 관한 규정의 실행(공포 후 1년 이내)</td></tr>
<tr><td>가을~</td><td>2007년도 결산에 근거한 지표 공표</td></tr>
<tr><td rowspan="2">2009년</td><td>4월~</td><td>계획책정 의무 등에 관한 규정 실행</td><td></td></tr>
<tr><td>가을~</td><td>재무서류 4표의 준비
2008년도 결산에 근거한 지표 공표
⬇
계획책정 의무에 해당하는 단체는 재정건전화계획 · 재정재생계획
책정(2009년도 이내)</td><td></td></tr>
</table>

출처: 총무성(2010).

⑤ 행・재정활동의 정밀한 사전계획의 책정과 실시가 필요하다.
⑥ 판단 비율이 기준 비율을 초과하게 되면 건전화계획(옐로 카드인 경우) 또는 재생계획(레드 카드인 경우)를 신속히 책정하는 노력이 필요하다.
⑦ 재정의 건전화 활동에 대해 의회, 감사인 등의 강력한 감시가 요구된다.
⑧ 지방공공단체의 관리자인 지자체장, 의회, 감사인, 국가 등 각 주체의 독립적인 활동이 수행되어야 한다.

2 재정건전화법의 구성 요소

총무성 자료에 명시된 재정건전화법의 구성 요소를 요약하면 다음과 같다. 지방공공단체(도도부현, 시읍면 및 특별구)는 매년도 이하의 재정건전화 판단 비율을 감사위원의 심사에 교부한 다음, 의회에 보고하고 공표해야 한다.

1) 판단지표

(1) 실질적자 비율

실질적자 비율은 실질적자액을 표준재정 규모로 나누어 얻은 값으로 정의된다. 조기건전화 기준에 대해서는 현행의 지방채 협의・허가제도 [그림 5-1]에 의해 허가제 이행 기준(시정촌 2.5%~10%, 도도부현 2.5%)과 재정재생 기준의 중간값을 취해, 시정촌은 재정 규모에 따라 11.25~15%, 도도부현은 3.75%이다(시정촌에는 특별구 포함. 이하 동일).

이때에 재정재생 기준에서는 재정법률을 확보하기 위해 사실상의 규범으로 정착된 현행재건법의 기채 제한의 기준으로 시정촌은 20%, 도도부현은 5%이다.

(2) 연결실질 적자 비율

연결실질 적자는 공영사업회계도 포함하는 수지이다. 보통회계와 기업회계는 일반회계부터 기업회계에 출자금(出資金)・조출금(繰出金)・대부금 등에 재정 지원에서 일체성이 더 커지고 있다. 그러므로 공영기업회계의 적자・채무를 포함하는 운영 결산의 필요성이 증가하고 있다. 조기건전화 기준은 실질적자 비율의 조기건전화에, 공영기업회계 등에서 경영건전화 등을 포함하여 5% 가산하여 시정촌은 재정 규모에 따라 16.25%~20%, 도도부현은 8.75%이다.

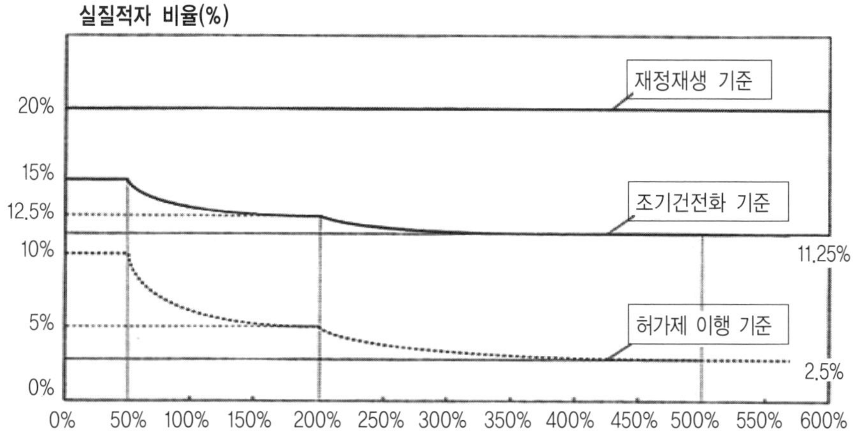

그림 5-1 실질적자 비율에 관한 시정촌의 조기건전화 기준과 재정재생 기준

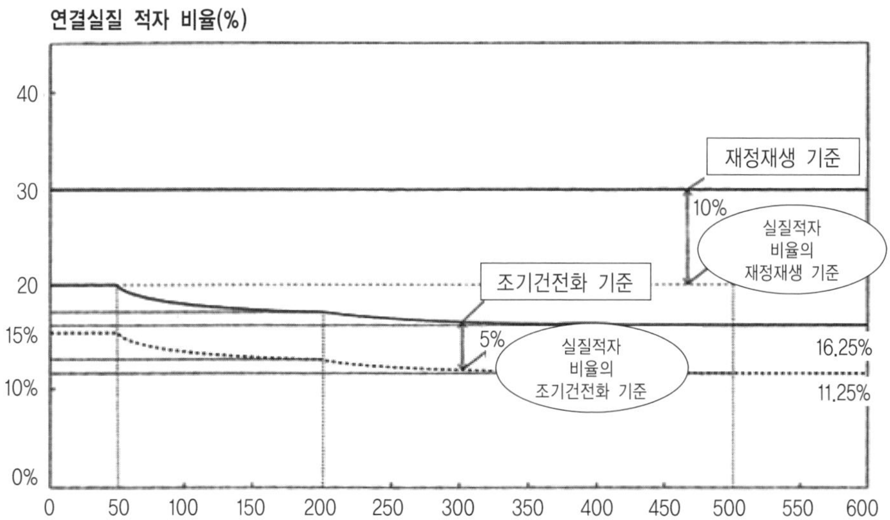

그림 5-2 연결실질 적자 비율과 시정촌의 조기건전화 기준과 재정재생 기준

재정재생 기준은 실질적자 비율의 재정재생 기준에 10% 가산하여 시정촌은 30%, 도도부현은 15%가 된다. 또한 재정건전화 계획의 내용은 지방공공단체에게 전적으로 위임하는 것을 포함하여 지방채 동의 기준에 따라 실질적자 비율과 연결실질 적자 비율 사이의 기채 제한의 사무 구별이 철폐되는 방향으로 검토한다.

(3) 실질공채비 비율

기존에도 사용하고 있었던 지표이다. 원리 상환에 대해, 일반재원 부담에 특정재원・교부세 산입재원을 공제하여 산출한다. 원리 상환의 범위는 일부사무조합을 포함하고 있지만, 외곽단체는 포함되지 않는다.

(4) 장래 부담 비율

장래부담률은 앞서 살펴본 3개의 적자지표와는 다른 스톡(stock) 장기 지표이며, 외곽단체를 포함하는 연결 결산 방식의 채권・채무지표이다. 결국 지방채무 잔고・퇴직금・채무부담행위의 총액으로부터 기금 등의 자산을 공제한 금액과 표준재정 규모 간의 비율이다. 실질공채비 비율이 조기건전화 기준에 상당하는 장래 부담액의 수준과 평균적인 지방채의 상환 연수를 감안하여 시정촌은 350%, 도도부현 및 정령시는 400%로 한다.

그림 5-3 건전화 판단 비율 등의 대상

(5) 공영기업 자금 부족 비율

경영건전화 기준(조기건전화 기준에 상당하는 기준)은 현행 지방채 협의·허가제도에 의한 허가제 이행 기준의 2배인 20%가 된다(영업수익/연 5% 정도의 합리화 노력×4년). 확정된 재정건전화 판단 비율(지표)로서 요구되는 내용은 앞의 [그림 5-3]과 같다.

(6) 재정건전화 판단 비율과 상호 관계

건전화 판단 기준으로 확정된 건전화 비율의 상호 관계는 [그림 5-4]와 같다.

실질적자 비율	건전화	재생
시정촌	11.25~15%	20%
도도부현	3.75%	5%

→

연결실질 적자 비율	건전화	재생
시정촌	16.25~20%	30%
도도부현	8.75%	15%

(3년간 경과 조치)

실질공채비 비율	건전화	재생
시정촌	25%	35%
도도부현	25%	35%

→

공영기업자금 부족 비율
건전화 비율
20%

장래 부담 비율	
시정촌	350%
도도부현	400%

(→는 악화 요인의 영향을 표시)

그림 5-4 건전화 판단 비율의 상호 관계

2) 판단 비율과 재정건전화 조치

(1) 조기 건전화 판단 비율과 조기 재정건전화 조치

건전화 판단 비율 중 하나라도 일정한 수치(기준 비율)를 초과하게 되면 재정건전화 계획을 세워야 한다. 재정건전화 계획은 의회의 의결을 거쳐 확정되면 신속히 공표함과 동시에 총무대신·도도부현지사에게 보고, 전국적인 상황의 공표 등의 규정을 마련한다. 또한 매년도 그 실행 상황을 의회에 보고하고 공표한다. 재정건전화 계획의 실시 상황을 근거로 재정의 조기건전화가 현저하고 곤란하다고 인정될 때는, 총무 대신 또는 도도부현지사는 필요한 권고를 할 수 있다. 조기건전화의 프로세스는 [그림 5-5]와 같다.

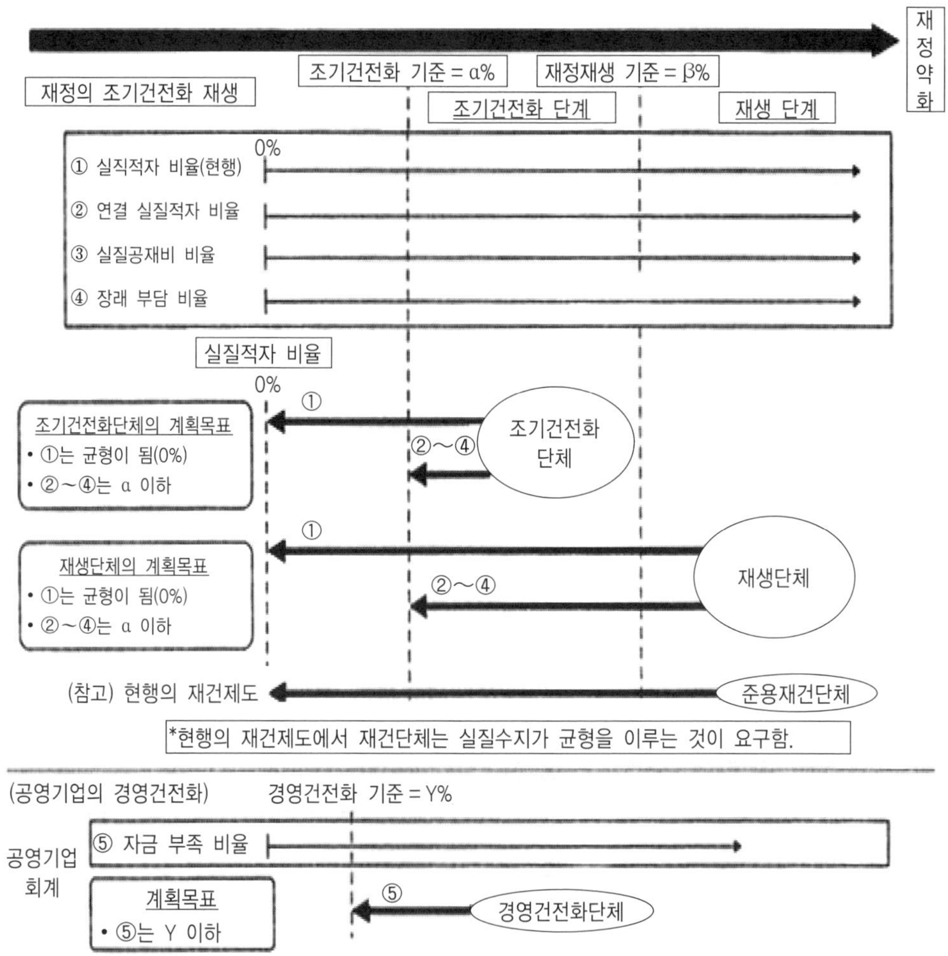

그림 5-5 재정의 조기건전화 · 공영기업의 경영건전화의 과정

자료: 총무성.

(2) 재정 재생 판단 비율과 재정의 재생 조치

재생 판단 비율(실질적자 비율, 연결 실질적자 비율, 실질공채비 비율) 중 하나라도 일정한 수치(기준 비율)를 초과하게 되면 재정건전화 계획을 세워야 한다. 재정재생계획은 의회의 의결을 거쳐 신속하게 공표하며, 총무대신에 협의하여 그 동의를 구할 수 있다. 또한 지방공공단체(재정재생단체)는 매년도 그 실시 상황을 의회에 보고하고 공표한다.

재생 판단 비율 중 하나라도 재정재생 기준 이상인 지방공공단체는 재정재생계획에 총무대신의 동의를 얻지 않고는 재해복구사업 등을 제외한 지방채를 기채할 수 없으며, 재정재생계획에 동의를 얻은 재정재생단체는 수지부족액을 충당하기 위해 지방재정법 5조의 규정에 관계 없이 총무대신의 허가를 얻어 상환 연한이 재정재생계획의 계획 기간 내인 지방채(재생대체특례채)를 발행할 수 있다. 재생 대체 특례채는 자금에 대한 배려 등 재정재생계획의 원만한 실시에 대해 국가 등 기타 지방공공단체의 적절한 배려를 한다.

재정재생단체의 재정의 운영이 그 재정재생계획에 적합하지 않는다고 인정되는 경우, 총무대신은 예산의 변경, 재정재생계획의 변경 등 필요한 조치를 권고할 수 있다.

3) 공기업 경영건전화

공영기업을 경영하는 지방공공단체는 매년도 공영기업의 자금 부족 비율을 감사위원에게 교부하여 심사한 후, 의회에 보고하고 공표한다. 비율이 경영건전화 기준 이상인 경우 경영건전화 계획을 수립해야 하며, 경영건전화 계획은 의회의 의결을 거쳐 신속하게 공표하며, 총무대신에 협의하여 그 동의를 구할 수 있다. 또한 지방공공단체는 매년도 그 실시 상황을 의회에 보고하고 공표한다.

4) 기타

지방공공단체의 장은 건전화 판단 비율 중 하나라도 일정한 수치(기준 비율)를 초과하게 되면 개별 외부감사계약에 근거한 감사를 요구해야 한다. 건전화 판단 비율의 공표는 공포 후 1년 이내부터, 기타 의무 규정에 대해서는 지방공공단체의 예산편성 기회의 부여 등의 관점에서 2008년도 결산에 근거하는 조치부터 적용한다. 국가 등에 대한 기부금을 일정 기간 원칙적으로 금지하도록 한 현행 재건법의 규정을 계속하여 적용한다.

5) 건전화 판단 비율의 산정 양식과 체크리스트

보고해야 하는 건전화 판단 비율의 총괄표의 총무성 양식은 다음과 같다(이하 동일).

표 5-3 총괄표-건전화 판단 비율의 상황(2007년도)

(단위 : %)

지방공공 단체 코드	도도부현명	시정촌명	실질적자 비율	연결실질적자 비율	실질공채 비율	장래부담률

(단위 : %)

표준재정 규모		조기건전화 기준				
(천 엔)	내부임시재정대책채발행가능액					
		재정재생 기준				

[산정상의 유의점]

- 해당 단체의 '건전화 판단 비율' (실질적자 비율, 연결 실질적자 비율, 실질 공채비 비율 및 장래 부담 비율의 네 가지 지표)가, 각 산정 양식에 기입된 수치에 근거하여 산정된다.
- 건전화법에 의해 지방공공단체의 장은 2007년도 결산에 근거하여 건전화 판단 비율과 그 산정의 기초가 되는 사항을 기재한 서류를 감사위원의 심사를 거쳐 그 의견을 첨부하여 해당 건전화 판단 비율을 의회에 보고 및 주민에 공표하지 않으면 안 된다.
- 또한 2008년 이후의 결산에 근거한 건전화 판단 비율은 '조기건전화 기준'이나 '재정재생 기준' 이상이 된 경우, 각각 '재정건전화 계획'이나 '재정재생계획'을 책정할 의무가 있다.
- 재정지표 산정의 객관성 및 정확성은 이 제도에서 매우 중요한 의의를 가지고 있는 것이고, 감사위원의 심사를 통해 담보된 것이기 때문에 건전화법에서 감사위원의 역할은 상당히 중요하다.

[체크 포인트]

<table>
<tr><th>내용</th></tr>
<tr><td>○ '지방공공단체 코드' (6자리), '도도부현명', '시정촌명'이 정확히 기재되어 있나.</td></tr>
<tr><td>○ '표준재정 규모(천 엔)'과 '내부임시재정대책채발행가능액'이 정확히 기재되어 있나.
결산 총계에서 '표준재정 규모'와 '임시재정대책채발행가능액'이 정합적인가.
– 표준재정 규모: 결산 총액 도도부현 01표01행04열
시구정촌 00표01행08열
– 임시재정대책채발행가능액: 결산 총액 도도부현 01표01행05열
시구정촌 00표01행09열
* 결산 총계에는 '표준재정 규모'와 '임시재정대책채발행가능액'은 별도로 기재하나, 건전화법에서는 '표준재정 규모'에 임시재정대책발행가능액을 포함해야 한다.</td></tr>
<tr><td>○ 건전화 판단 비율의 산정 결과가 조기건전화 기준 또는 재정재생 기준에 근소하게 미달된 경우는 특히 신중히 체크해야 한다</td></tr>
<tr><td>○ 또한 '표준재정 규모(천 엔)'과 '내부임시재정대책채발행가능액'에서 총무성 또는 도도부현이 시구정촌 담당과가 제공한 결산 총계 계수자료가 있는 경우 그 계수 자료에 기재된 금액과 일치하는가.</td></tr>
<tr><td>○ '실질적자 비율'은 '연결실질적자 비율의 상황'의 '소계'를 '표준재정 규모'로 나눈 비율로써 정확히 계산되어 있는가.
(일반회계 등의 실질수지가 흑자인 경우 총괄표에는 '–'를 표시한다.)</td></tr>
<tr><td>○ '실질공채 비율'이 '실질공채비 비율 상황'의 '실질공채비 비율(3개월 평균)'을 정확히 옮겨 적었는가
* 2008년도의 '실질공채비 비율(단년도)'는 없음!</td></tr>
<tr><td>○ '장래 부담 비율'이 '장래 부담 비율의 상황'의 '장래 부담 비율(%)'과 일치하는가</td></tr>
<tr><td>○ 해당 단체가 도부현인 경우, 조기건전화 기준과 재정재생 기준이 이하와 같이 표시되었나.
<table><tr><th></th><th>실질적자 비율</th><th>연결 실질적자 비율</th><th>실질 공채비 비율</th><th>장래 부담 비율</th></tr><tr><td>조기건전화 기준</td><td>3.75</td><td>8.75</td><td>25.0</td><td>400.0</td></tr><tr><td>재정재생 기준</td><td>5.00</td><td>25.00*</td><td>35.0</td><td></td></tr></table>
* 연결 실질적자 비율에 관련된 재정재생 기준에 대해서는 경과적인 기준이며 2012년 이후에는 '15.00'임.</td></tr>
<tr><td>○ 해당 단체가 시구정촌인 경우, 조기건전화 비율과 재정재생 기준이 이하와 같이 표시되었나.
<table><tr><th></th><th>실질적자 비율</th><th>연결 실질적자 비율</th><th>실질 공채비 비율</th><th>장래 부담 비율</th></tr><tr><td>조기건전화 기준</td><td>*1</td><td>*2</td><td>25.0</td><td>350.0 *3</td></tr><tr><td>재정재생 기준</td><td>20.00</td><td>40.00 *4</td><td>35.0</td><td></td></tr></table>
* 3 해당 단체가 정령지정도시인 경우는 '400.0'임.
* 4 연결 실질적자 비율에 관련된 재정재생 기준에서 경과적인 기준이며 2012년 이후에는 '30.00'임.</td></tr>
<tr><td>* 1 실질적자 비율의 조기건전화 비율은 해당 단체의 표준재정 규모의 이하의 구분에 따라 정확히 표시한다 (표준재정 규모를 A라고 한다.)
500억 엔 이상: 11.25%
200억 엔 이상 500억 엔 미만: {(A+1,000억 엔) / (120xA)x100+20} / 2
50억 엔 이상 200억 엔 미만: {(A+100억 엔) / (30xA)x100+20} / 2
50억 엔 미만: 15.0%</td></tr>
<tr><td>* 2 연결 실질적자 비율의 조기건전화 비율은 실질적자 비율의 조기건전화 기준(상기 *1)에 5% 가산한 수치가 됨.</td></tr>
</table>

3 재정건전화법의 문제점

1) 회계지표와 재정건전성의 관계

총무성은 2008년도 결산부터 각 지방단체에 새로운 양식의 재무서류 작성을 요구하고 있다. 재무서류에는 대차대조표, 행정비용계산서, 자금수지계산서, 순자산변동계산서 등이 포함된다.

(1) 신 재무서류 작성 방법

총무성은 지방재무회계를 종전의 관청회계 방식의 현금주의·단식부기에서 기업회계 방식의 발생주의·복식부기로 궤도 수정을 하고자 했다. 그러나 다음과 같은 문제점을 노출하고 있다.

첫째, 현재 기업에서 사용하고 있는 회계 방식을 지방재무로 직접적으로 도입하는 것은 공회계가 가지는 독자성을 해칠 수 있기 때문에, 대차대조표에서도 자본금을 고려해야 하는데, 이를 반영하지 못했다.

둘째, 지자체가 발행하는 재무제표인 대차대조표·연결결산표·자금수지표·행정비용계산표는 지자체 회계 내에서의 회계 선행형 변화이기 때문에 시민의 동의를 얻지 못했으며, 공회계는 대차대조표로 정확한 밸런스 시트의 역할은 불가능하다고 볼 수 있다. 다만 전년도 대비 채권·채무가 얼마나 변화했는가를 알 수 있을 뿐이다.

셋째, 행정비용결산서(<표 5-4>)는 지자체가 작성하고 있지만, 전 회계의 행정비용결산서를 작성하더라도, 유효한 재정판단지표로써 활용할 수 없기 때문에 방식의 변화가 필요하다.

행정 서비스의 비용 산출이 필요하다면, 행정 서비스의 비용 산출 외에 공공투자·건설사업의 비용 산출이 필요하다. 즉, 개별 행정 서비스 비용의 분석, 공공투자의 비용효과 분석 등 실제 사무사업의 선택지로서 실효성 있는 효과를 나타내는 재무지표가 필요하다고 할 것이다. 또한 지방공무원백서를 각 지자체에 작성하게 하는 것이 훨씬 실용성이 높다고 할 수 있다.

표 5-4 니시노미야 행정비용 결산서

구분	금액	구분	금액
행정비용 A	1,216억 7,502만 엔	보통건설사업비 (지단체등보조금 등)	9억 9,095억 엔
인적비용	353억 6,964만 엔	기타 비용	64억 3,173억 엔
인건비 퇴직급여 준비금 입금	317억 5,889만 엔 36억 1,075만 엔	화재복구사업비 공채비(이자) 불납결손액	1억 2,243억 엔 59억 1,647억 엔 3억 9,283억 엔
물적 비용	335억 6,869만 엔	수입 B	1,279억 2,524억 엔
물건비 유지보수비 감가상각비	180억 3,542만 엔 25억 8,015만 엔 129억 5,310만 엔	사용료 · 수수료 등 국현지출금 일반재원	104억 3,289만 엔 196억 1,500만 엔 978억 7,735만 엔
이전지출비용	463억 498만 엔	순자산국현지출금상각액C	37억 6,977만 엔
부조금 보조금 등 조출금	234억 6,935만 엔 54억 8,489만 엔 163억 5,979만 엔	차감일반재원등증감액 B+C−A	100억 1,999만 엔

자료: 니시노미야시 행정뉴스(2007).

(2) 진단지표평가

첫째, 경상수지 비율의 문제는 지출·수입의 내용과 스톡의 증감을 묻지 않는 것에 있다. 연결결산 방식이 아니기 때문에, 실제의 재정 상태를 반영하는 지표가 아니다.

둘째, 공채 비율이지만, 교부세특례채의 경우에는 보충재원이 되며, 일반 지방채와는 구분되어 계수 처리가 이루어지고 있다. 문제는 자산 등의 상환 능력(返濟)과의 관계가 필요하지만, 자세한 조사가 이루어지지 않고 있다.

상환특정 재원의 경우에는 개발용지가 있어도 매각 가능한지, 토지의 잠재 손실을 가지고 있는 것은 아닌지를 모든 지표에 공통으로 표시되어야 하고, 제2차 조정으로 실질적 반제 능력을 적정하게 나타낼 수 있는 지표를 고안해야 한다.

셋째, 민간위탁을 하는 경우에는 인건비 비율이 낮아지기 때문에, 인건비 지표는 양호한 것처럼 보이지만, 실제 물건비로 전환되어 있다거나, 단위당 서비스 비용에 대한 조사를 통해 보완할 필요가 있다. 하지만 인건비 비율이 높은 경우에는 서비스가 충실한 것보다 민간위탁이 진행되지 않는다든지 직원 정원관리가 잘 이루어지지 않는 것으로 보일 수 있다.

또한 직원 수를 유사단체와 비교하여 급여 수준의 라스파이레스(Laspeyres) 지표와 비교하여 추적조사를 실시해야 한다.[13]

넷째, 지방채 잔고에서, 재정진단지표를 작성할 때 세입은 공채수입, 세출은 공채비를 단년도로 할 수 없기 때문에 공채 잔고가 문제가 된다. 몇% 정도가 위험지표가 되는 것이 문제가 되는데, 실질적자는 재정 규모의 2.5~10%를 위험지표로 보고 있으며, 향후 재정건전화 계획의 자주적인 책정이 요구된다. 이러한 재정진단지표 수치의 결정은 해당 지방자치체의 특수성이 있기 때문에 반드시 보완 지표로 보정해야 한다.

다섯째, 적립금 기금에서, 재정조정기금이 대표적이지만, 기금에 대한 인식은 전체적으로 낮다고 볼 수 있다. 이를 위해 지방채의 발행에서 적극적 재정을 개발하는 동시에 감채기금·재정조정기금을 쌓아 재정 기반을 강화하는 운영 전략을 채용해야 한다. 그 전략은 보조율 인상, 기채충당률 인상, 보통재산 매각, 개발부담금 수입 등 모든 수입 증가 요소에 관한 재정조정기금을 쌓아 일반재원과 비슷한 금액을 적립하는 데 있다. 하지만 주목해야 할 점은 '숨겨진 기금' 에 있는 생활환경계 등의 외곽단체기금은 역분식 결산[14]으로 흑자를 숨겨 이 같은 방법이 '행정의 지혜'로 간주되기도 한다. 지자체장·직원·시민도 역시 잉여재원을 상물건설[15]·급여재원에 전용하려고 하므로, 외곽단체의 기금은 가장 안전한 재원 유보의 장소에 있게 된다. 하지만 재원 운영에서 기금의 중요성은 재원안정기에 재정지출을 억제하고, 재정침체기에 재정 부족을 보충하는 효과에 있다. 즉, 기금은 재정 억제 기능과 재정 보충 기능의 두 가지 기능을 수행하며, 자동안정화 장치(built-in stabilizer)의 기능을 갖는다.

여섯째, 공영기업조출금(繰出金)은 재정 악화지표가 만성화하거나 자치체가 이런 지표 악화를 분식(紛飾)하는 경향이 있다. 따라서 공영기업에 대해 조출금 억제, 공

13) 지자체 인건비는 高寄昇三,『자치체 인건비의 해부』(公人の友社, 2003).
14) 이익을 과소 표시한 결산
15) 공공사업으로 건설된 청사·학교·회관 등의 속칭.

사반환금이 연기된다.

또한 공영기업 적자에 관해 구조적 적자와 경영적 적자를 구분하여 진단할 필요가 있다. 공영기업 적자의 경영적 요인은 기능 노무직 급여 수준에 지자체는 일반직도 공영기업의 기능 노무직도 급여 수준을 같게 처리하고 있지만, 오히려 민간 임금에 연동하는 방법으로도 할 수 있다. 기능 노무직 급여 수준은 민간과 비교하여 3~5% 높은 수준의 급여이며, 이러한 차이는 이익이 되는 염가적 서비스, 공급량의 증가를 가로막는다.

일곱째, 외곽단체의 출자금・대부금은 외곽단체의 설립 당시에는 금액상으로도 작고, 사업수지의 경우에도 낙관적인 예측이 지배적이어서, 위험한 재정 조치임을 간과하기 쉽다. 하지만 실제 외곽단체의 경영 파산이 재정위기의 최대 요인으로 작용할 수 있기 때문에 건설시설형과 서비스형이 구분하여 산정할 필요가 있다.

여덟째, 일시차입금의 경우, 차입금은 유바리시(夕張市)의 재정 조작사건에서도 드러났듯이, 재정진단에서 항상 신경써야 할 중요할 항목이다.

재정 파탄을 예견하는 것은 재정진단지표에서도 충분히 가능하지만, 이러한 지표가 좀 더 설득력을 갖기 위해서는 더 정확성을 가져야 하며, 이를 위해 기업회계제표를 작성하는 것이 바람직하다. 다만 지방재무에 기업회계를 적용하는 것도 차용물의 회계에서 공회계는 독자적인 고유의 이론을 가지고 있기 때문에, 독자적인 회계 방식을 공회계화하기 위해 적합한 내용으로 수정할 필요가 있다.

2) 재정정보의 공개

재정건전화법에서는 중앙통제는 정비되어야 하지만, 지자체의 재정 운영에서 시민의 통제를 통한 방식보다 기본적인 통제 방식을 이용하는 것이 불가결하다.

현재의 지방재무회계를 보면, 이미 있는 개별 지표마저 충분하게 활용되고 있지 않다. 대차대조표, 스톡회계, 행정비용 결산서 등이 작성되지만, 지자체에 따라서는 재정개혁을 위한 노력을 하지 않는다.

지자체가 재정진단을 받아 어떠한 조치를 실행할 것을 요구받는다고 해도, 어떻게 운영하는가에 따라 지방단체를 재정건전화의 실효성이 나타날 수도 있고, 없을 수도 있다. 재정진단이 중요시되지 않는 이유는 다음과 같다.

첫째, 정치적 요소이다. 지자체장에게 재정 악화를 표면화하는 것은 정치적으로 큰 타격이 되기 때문에, 적극적으로 발표하는 것을 회피한다. 경우에 따라서는 재정 악화의 사실을 은폐하여 의도적인 분식결산의 방법을 선택한다. 이러한 방법은 정권이 교체되거나, 우연히 재정정보가 공개되었을 때 드러난다.

둘째, 지방재무제도의 결함으로 재정진단지표는 상황에 따라 실효적 기능을 실행할 수 없다. 인건비 비율, 공채비 비율이 위험 수치에 이른다 할지라도, 의회・시민에게 설명 책임이 없다. 재정운영조례를 제정할 때 재무제표・재정지표와의 관련성을 가져야 한다.

예를 들어 대도시는 일제히 실질 공채 비율이 20%를 넘는데, 지자체는 이러한 높은 비율에 대해 설명해야 할 의무가 있다. 공영교통사업, 해면매립사업에서도 시민·의회는 막연한 불안을 갖고 있지만 해당 지자체는 이에 대한 공식적인 설명을 하지 않는다.

또한 외곽단체특별위원회 등이 설치되어도 행정 당국의 설명만으로는 위원회 스스로 외곽단체의 경영 상태를 조사・심사하는 것은 드물다. 특별히 분담을 결정하면, 경영진단이 없어도 의회의 독립성을 가져올 수 있다. 따라서 위원회 스스로 면밀한 재정진단에서부터 특정 지표에 대해 행정 당국에게 적극적인 설명을 요구해야 한다.

셋째, 재정지표의 분석・사업경영의 실태에서도 공개의 의무 또는 필요성이 없다. 지방자치단체는 대차대조표를 작성하고, 이 자료는 해당 단체의 재정 운영에 활용되지만, 진정으로 협력하는 것이라고 볼 수 없다. 또한 재정진단지표를 의회・시민・매스컴 등에 의해 알기 쉽게 알려주도록 해야 되는데, 노력하는 자세가 부족하다.

재정지표가 유효하게 활용되기 위해서는 재정지표의 정확성・적정성뿐만 아니라 이러한 실제적인 행・재정개혁의 지침이 되어 개혁의 견인력이 되려면 재정지표의 분석・해석에 의거한 설명이 필요하다. 현시점에서 지자체에 요구되는 것은 회계 시스템의 기업화보다도 재정진단지표의 공개・분석・설명에 있다.

결론적으로 재정 파산 예방의 첫째 과제는 지자체가 지방재무 상태를 가능한 최대로 공개하는 것이 있으며, 그 다음에는 외부감사 등의 전문 진단을 실시하거나 최종적으로는 시민그룹에 의한 진단, 감시를 받는 것이다. 현재 시민그룹에 의한 재정진단의 경우에는 제도적으로나 재원적으로도 이루어지고 있지 않다.

제 4 절 결론

1 요약

세계는 글로벌 금융위기로 경기 부양 조치와 금융기관 지원 등에 나서면서 재정지출을 늘리는 확대정책을 추진하면서 재정건전성의 위기에 직면하게 됐다.

유럽은 경기 침체 규모에 비해 방만한 재정 운영으로 인한 재정이 급격하게 악화되었으며, 그리스를 중심으로 확산된 재정위기가 유럽경제권의 유로 가치 하락 및 구매력 저하에 영향을 미치면서 남유럽 국가의 재정위기로 확산되는 현실이다.

미국 또한 기준 금리가 상승하고, 주택 경기가 악화되면서 2007년 7월 미국의 서브프라임 모기지의 연체율이 급등하게 되자, 서브프라임 모기지를 기초로 한 유동화증권에 투자한 거대 투자은행의 부실화를 초래하게 되고,세계 4위권의 투자은행인 리먼 브라더스가 파산했다.

이러한 세계적 재정 건전성의 위기 상황에서 일본은 예산편성, 사회보장제도, 지방재정 개혁을 통해 재정위기를 극복하기 노력해 오고 있다. 특히 지방재정 건전화를 위해 재정적자를 해소하는 것과 재정분권의 실현이라는 목표를 가지고, 지자체의 재정책임성 강화에 초점을 맞추어 국고보조금 및 지방교부세 등 중앙정부 이전재원의 대폭적인 감축을 시행했으며, 지방재정 시스템에 대한 개혁과 함께 지방행정 개혁을 통한 지자체 세출의 감축을 추진해 오고 있다. 또한 1995년 '지방분권추진위원회'를 설치하고 1999년 '지방분권일괄법' 제정 등을 통해 중앙-지방 간, 지방 상호간 기능 재설정 및 권한 이양을 추진하고, 이후 지방의 기능 이양이 선행된 이후 재원 이양이 이루어졌다.

특히 2007년 제정된 일본의 재정건전화법을 통해 지자체의 재전건선성의 진전이 이루어지고 있다. 재정건전화법은 실질적자와 채무 부담 능력을 토대로 건전화 판단 지표를 명시하고 건전화 판단 비율을 정해놓고 있다. 건전화 판단 지표 중 하나라도 판단 비율을 초과하면 조기건전화 계획과 재정재생 계획 수립을 의무화하여, 지방자치단체의 재정 회복을 도모하고 있다.

2 한계점 및 향후 개선 방향

하지만 재정건전화법의 긍정적인 효과에도 불구하고, 다음과 같은 한계점을 가지고 있다.

첫째, 지방자치법 제243조 3항의 의무로서 예산·결산·지방채 등의 재정 상태를 공개하지만, 재정백서에서는 이러한 재정 상태에 대한 설명과 분석이 없다. 부현이나 대도시에는 '지방의 개요'가 있어, 수십 장의 예산·결산에 대한 설명을 하고 있으나, 그 내용은 재정수치표에 대한 설명에 그치고 있으며, 회계감사법인에 분석을 의뢰하여 부현 등은 수백 장의 재정백서의 작성, 공표의 의무를 이행하고 있다.

지자체의 이러한 재정백서 작성 방식은 시민그룹 등이 독자적인 재정진단을 행하게 되는 원인이 된다. 결국 지자체의 재정 정보공개의 태만이 시민통제를 가져오게 되는 원인이 되는 것이다. 따라서 재정 상태를 외부에 공개하여 재정 파탄을 조기에 예측하여 방지하는 것이 필요하다. 이런 점에서 지방자치법 제243조 3항 개정 시 구체적인 재정 상태 공개를 의무로 하는 것이 필요하다.

둘째, 지자체의 재정진단지표에 대해 응답 책임을 의무로 해야 한다. 예를 들면 경상지수 비율 100%이라는 높은 비율임에도 불구하고 해당 지방단체가 행·재정개혁을 실시하지 않은 채 수년간 지속된 경우도 있다. 이는 정부·부현이 시정촌의 재정운영의 태만에 대해 권고나 지도를 하지 않아 발생한다. 개별 보조금·지방채의 인증에 대해 세부적인 것까지 간섭하지만, 중요한 재정지도에 관해서는 지방자치에 개입을 해서는 안 된다는 논리로 재정지도에는 나서지 않고 있다. 이 점에서 재정건전화법이 조기 시정 대응책으로 활용될 수 있지만, 정부 간 관계의 조치라는 한계가 있다. 따라서 지자체의 경우에는 예산·결산에 대한 공청회를 개최하여 시민에 설명 책임을 져야 한다.

셋째, 정보공개의 질·수준의 문제가 있다. 재정정보에 대한 정부의 공유는 이루어지고 있지만, 재정 당국의 '결산서·예산서·재정의 개요·주요 사업 개요' 등의 공개된 내용만으로는 충분하지 않다. 또한 각 시의 경우 '행정비용계산서', '밸런스 시트' 등의 총괄표는 홍보지에 공개되지만, 그에 대한 설명은 몇 가지에만 국한된다. 또한 인터넷에 색인뿐만 아니라 자세한 데이터가 공개되어 있지만, 회계 처리 데이터로만 제한되어 있다.

넷째, 재정정보를 공유하는 대상이 시민임을 고려할 필요가 있다. 따라서 지자체 홍보지에 주요한 내용을 공개하는 것보다 시민들이 이해할 수 있도록 해당 정보에 관한 해설 자료를 작성해야 하는 것이 더 중요하다. 예를 들어, 인건비와 관련 있는 정보는 홍보지에 있으나, 평균 급여 수준을 직원 평균 연령으로 표시하고 있어 이러한 자료에 대해 일반적인 시민은 잘하고 있는지 아닌지에 대한 판단을 할 수 없다. 이런 경우에는 국가공무원·민간기업·유사단체 등의 비교에 근거하여 인건비백서를 작성해야 시민들이 재정정보에 대해 쉽게 이해할 수 있다.

다섯째, 재정정보의 작성 주체에 대한 세부적 논의가 필요하다. 물론 기초 데이터는 행정 당국이 제공하고, 정보에 관한 평가·해설은 시민 옴부즈만, 감사법인, 내부감사위원 등이 고려하여 할 수 있지만, 이러한 비용을 누가 부담할 것인가의 문제가 남아 있다. 구체적으로 사무사업의 위탁을 경쟁 입찰을 통해 결정하는 외부감사 방법과 회계사무소에 직접 위탁하여 작성하게 하는 제도적 방법이 있다.

여섯째, 재정정보의 활용에서 문제가 나타날 수 있다. 예산·결산서·감사보고서 등의 회계와 관련된 보고서를 이해하기에는 쉽지 않다. 따라서 반드시 법률·조례로써 신뢰할 수 있는 기관, 예를 들면 연구소·회계사무소 등에 해설서를 첨부하는 것을 의무로 해야 한다.

일곱째, 재무정보의 적용 방식에 문제가 있을 수 있다. 지자체의 행·재정개혁은 감량경영(재원주의=급여일률 방식)부터 시책경영(선택주의=민간위탁·임시직원), 그리고 더 나아가 정책경영(구조개혁=급여제도개혁)으로 변화, 발전되고 있다. 따라서 지방재무 방식은 개혁의 기초 데이터가 되고, 정책 선택·시책 선별의 기준이 되는 양식으로 설정되어야 한다. 하지만 현재의 공회계 시스템은 회계를 위한 공회계이기 때문에, 시민의 통제를 위해 어떤 방식의 회계가 적합한지에 대한 발상의 전환과 구체적 논의가 필요하다.

마지막으로 지방 재정건전성을 위한 지자체의 확고한 자세와 의지가 필요하다.

재정지표분석·지방재정진단이 이행되는데도 지자체 경영 시스템이 확립되지 않아서 재정 파탄을 면할 수 없는 것이 입증되고 있다. 분식재무 처리가 이루어지면,

지방재정파탄 위기 신호를 지방재무의 개별 지표에서 사전에 발견할 수 없고, 이는 재정 파탄으로 이어질 수밖에 없다. 따라서 재정위기를 사전에 발견하여 방지하려면, 공회계의 정비를 기술적인 과제로 보지 말고, 지방재정의 운영에 포함하여 무엇을 위해 공회계를 정비하는지, 무엇을 목적으로 하는지를 명확히 하는 지자체의 확고한 자세와 노력이 필요하다.

참고 문헌

권재열(2010). 금융위기에 따른 재정적자의 축소를 위한 미국의 최신 입법 동향: 재정건전성 회복 차원의 2010년 법제정비 추진 노력을 중심으로, 중앙법학회, 「중앙법학」 제12집 제2호.

김용덕(2009). 글로벌 금융위기에 대응한 국제금융의 규제 및 감독 개선 방안에 관한 연구, 고려대학교 대학원 법학박사 학위논문

김진수(2005). EU 확대와 유로화의 국제적 위상, 「산경연구」, 영남대학교 산경연구소.

대외경제정책연구원(2010a). 그리스 구제금융 승인과 남유럽 재정위기 전망, 「KIEP 지역경제 포커스」, 제4권 제20호.

———(2010b). 일본의 재정경제 계획에 대한 평가와 시사점, 「지역경제포커스」, 제4권 제33호.

박형수 · 이은경(2010). 일부 유럽국가의 재정위기와 시사점, 「조세재정브리프」, 한국조세연구원.

서정섭(2001). 미국 지방재정위기의 발생과 관리제도에 대한 고찰, 「한국지방재정논집」, 제6권 제1호, 한국지방재정학회.

손영화(2010). 금융위기에 있어서 재정건전성 대책 방안: 미국 금융위기 이후의 일본에서의 논의와 실태를 중심으로, 「한양법학」, 제21권 제2호, 한양법학회.

유원근 · 성낙선(2011). EMU의 확대와 유로화의 발전 전망, 「동향과 전망」 2011년 봄호(통권 81호), 한국사회과학연구소.

조기현(2010). 지방재정건전화를 위한 지방채무 관리제도의 발전 방향, 한국지방재정공제회.

조양현(2010). 유럽 재정위기에 따른 남유럽과 동유럽의 국가위험 분석, 「EU연구」, 제27호.

최동순(2009). 미 재정 건전성에 대한 불안 커지고 있다, 「LG Business Insight」 1067호, LG 경제연구원.

최승재(2008). 구조화 금융과 서브프라임 금융위기의 전개에 대한 연구: 약탈적 대출행위론에 대한 검토를 포함하여, 「상장협연구」 제58호, 한국상장회사협의회.

Rosanne Altshuler & Katherine Lim, & Roberton Williams (2010). *Desperately Seeking Revenue*, Tax Policy Center.

高寄昇三(2008). 地方財政健全化法で財政破綻は阻止できるか-夕張・篠山市の財政運営責任を追求する, 公人の友社.
河内祐典(2009). “『生活防衛のための緊急對策』及び一連の經濟對策”, 『ファイナンス』 第44巻 第11号, 2-6面.
河内祐典(2008a). “『生活對策』の考え方と具体的施策”, 『ファイナンス』 第44巻 第9号, 2-6面.
―――(2008b). “『安心實現のための緊急總合對策』について”, 『ファイナンス』 第44巻 第8号, 14-17面.

제 3 편 우리나라의 재정정책과 재정규율

제 6 장 예산사업과 기금사업의 연계 방안

박정수

제 1 절 의의

우리나라의 중앙정부 재정은 예산 단일의 원칙(unity principle)과는 달리 1개의 일반회계, 5개의 기업특별회계, 13개의 기타 특별회계 및 65개 기금으로 이루어져 있다.[1] 따라서 모든 회계와 기금의 수입이나 지출을 단순 합산할 경우 회계 간 전출입 금액 등을 중복 계상하여 실제의 재정수입 또는 지출 전체보다 커지는 문제가 발생한다. 따라서 총수입과 총지출이라는 개념을 사용하고 있는 바 총수입은 중앙재정의 실제 수입 규모를 파악하기 위해 회계·기금 간 내부거래 등을 제외하고 산출하는 것으로 사실상 IMF가 국제적 비교를 위한 공통 기준으로 제시하는 통합재정 작성 방식과 거의 같은 개념이다. 여러 기업들로 구성된 그룹(기업집단)이 그룹 전체의 재무 규모를 파악하기 위해 기업간 내부거래를 제외한 연결재무제표를 만드는 것으로

1) 예산관리에는 여러 가지 원칙이 있지만 그 중 하나가 모든 정부지출은 하나의 주머니에서 계리되어야 한다는 것이다. 자원배분에 대한 의사결정이 효율적으로 이루어지기 위해서는 정부지출이 여러 개의 회계로 분리되어서는 비용-편익(효과)을 일관되게 비교하기 어렵기 때문이다. 물론 고전적인 의미에서 예산단일 회계원칙이 지켜져야 하지만 현대 행정에서는 선택적인 자본지출 등의 집중적인 효과분석을 위해 탄력적인 운용이 불가피하다는 점에 대해서는 학자들의 의견이 모아진다.

이해하면 된다.

2011년 현재 기금 수는 총 65개로 사업성 기금 43개, 사회보험성 기금 6개, 계정성 기금 5개, 그리고 금융성 기금 11개로 구성되어 있다.[2] 실제로 여기에서 논의하는 예산과 기금사업의 연계 방안 모색에 대한 내용은 모두 사업성 기금에 국한되는 이야기이다. 부처별 기금 운용의 정도를 살펴보면 금융위원회 소관이 9개로 가장 많고, 농림수산식품부 소관 기금이 8개, 문화체육관광부 소관 기금이 6개 등의 순서로 나타나지만 금융위원회 소관 9개의 기금은 모두 계정성이거나 금융성이라는 점에서 이 글의 논의 대상이 아니다.

기금수입은 크게 사회보장기여금, 융자 원금 회수, 부담금・재산수입 등 기타 수입으로 구분할 수 있다. 2011년의 경우 국민연금 및 사학연금의 연금기여금과 고용, 산재보험 보험료로 구성되는 사회보장기여금이 전체 102.3조 원의 36.8%에 달하는 37.6조 원 수준으로 전망된다. 중소기업 등에 융자한 자금을 만기 회수하는 융자 원금 회수는 21.9조 원으로 21.4%, 그리고 재산수입 등 기타 수입은 자산 운용 규모 증가 등으로 인해 2010년보다 4.1% 증가한 42.8조 원(41.8%)에 이를 전망이다. 기금 유형별로는 사업성 기금은 국민주택기금 융자 원금 회수 등으로 29.1조 원, 사회보험성 기금은 국민연금기금 수입 증가 등으로 65.6조 원, 계정성 기금은 공공자금관리기금 융자 원금 회수 등으로 7.6조 원에 이를 전망이다.[3]

여기서 주의해야 할 점이 있다. 국회에서 심의하고 확정된 총 65개 기금운용계획상의 기금수입(기금 운용 규모)은 369.3조 원이나 통합재정의 관점에서 볼 때 102.3조 원으로 줄어든다. 왜 그럴까. 그 이유는 다음과 같다. 첫째, 기금운용 계획상의 수입에는 정부 내부 간 거래, 민간차입금, 이미 기금으로 전입되어 여유자금으로 운용되던 것을 회수하는 여유자금 회수 등 실질적인 의미에서의 수입으로 보기 어려운 항목들이 있어 이를 제외해야 한다. 둘째, 금융성 기금 및 외평기금은 순수 재정활동이라기

2) 2011년 현재 계정성 기금에는 공공자금관리기금, 공적자금상환기금, 복권기금, 양곡증권정리기금, 외국환평형기금 등 5개가 운용되고 있다. 금융성 기금에는 구조조정정리기금, 기술신용보증기금, 농림수산업자신용보증기금, 농어가목돈마련저축장려기금, 무역보험기금, 부실채권정리기금, 산업기반신용보증기금, 신용보증기금, 예금보험기금채권상환기금, 주택금융신용보증기금, 국가장학기금 등 11개가 운용된다.

3) 사회보험성 기금에는 국민연금기금, 사립학교교직원연금기금, 고용보험기금, 산업재해보상보험및예방기금, 공무원연금기금, 군인연금기금 등 6개가 해당된다.

표 6-1 2011년도 기금수입 전망 (단위: 조 원)

구분	통합재정 관점		총운용 규모 관점	
내역	사회보장기여금 융자 원금 회수 이자수입 등 기타	37.6 21.9 42.8	자체수입 정부 내부 수입 차입금 여유자금 회수	117.3 61.6 102.0 88.5
합계	102.3		369.3	

자료: 기획재정부, 나라살림, 2011; 국회예산정책처, 2011년도 대한민국재정, 2011.

보다는 금융활동으로 분류하는 것이 합리적이므로 통합재정 관점에서의 총수입에서는 제외한다. 따라서 예산과 기금을 합한 정부 전체 총수입을 산정할 때에는 위와 같은 항목들을 제외하고, 53개 기금의 자체수입만을 총수입으로 보는 것이 타당하다.

정부지출은 예산 또는 기금을 통해 이루어진다. 앞에서 논의한 바와 같이 지출에서도 이를 통합재정의 관점에서 계리하는 경우하고 기금 운용 규모의 관점에서 계리하는 경우는 큰 차이가 나게 된다. 2011년도 기금 지출 규모는 92.7조 원으로 이 중 기금사업비는 사회보장 지출 25.1조 원을 포함해 75.1조 원이고, 이 중 국민연금 등 사회보험성 기금은 37.6조 원 수준이다. 한편 기금운영비는 1.4조 원, 차입금 이자 상환은 16.3조 원으로 전년 대비 각각 4.0%, 9.8% 증가한 수준이다.

정부의 재정 규모는 포괄 범위 및 회계 기준에 따라 IMF 기준의 통합재정 규모, 총지출 규모, 일반정부 재정 규모 등으로 정의될 수 있다. 먼저 통합재정 규모는 예산과 기금 등 정부 부문 지출 규모에서 채무 상환 등을 차감한 순수한 재정활동의 규

표 6-2 2011년도 기금지출 전망 (단위: 조 원)

구분	통합재정 관점		총운용 규모 관점	
내역	사업성 기금 사회보장성 기금 계정성 기금	34.9 37.9 2.3	사업비 기금운영비 정부 내부 지출 등 여유자금 운용	85.7 2.4 152.1 129.2
합계	92.7		369.3	

자료: 기획재정부, 나라살림, 2011; 국회예산정책처, 2011년도 대한민국재정, 2011.

모를 말한다. 다시 말해 경상지출에 자본지출을 더하고 융자지출에서 융자수입을 뺀 순융자 규모를 더하면 통합재정 규모가 산출된다.

한편 총지출 규모는 국민의 입장에서 느끼는 정부지출 규모를 뜻하며, 2005년부터 재정운용계획 수립 시 우리 정부의 재정규모 통계로 사용하고 있다. 총지출의 개념은 국제적으로 재정 규모를 분석하기 위한 보조지표로 활용되고 있는 개념으로 국민의 입장에서 재정을 이해하기 쉽다는 점에서 장점이 있다. 즉, 정부지출을 통해 국민이 영향을 받는 부분을 여과 없이 전달할 수 있는 개념이다. 총지출 규모는 통합재정 규모가 순수한 재정활동 규모를 측정하기 위해 융자 거래와 기업특별회계를 순계 개념으로 파악하는 것과 달리 총계 개념으로 파악하므로 통합재정 규모보다 항상 규모가 크다.

일반정부(general government) 재정 규모는 중앙정부와 지방정부, 그리고 비영리 공공기관의 모든 재정활동을 포함하는 것으로 각국은 국민계정 작성 기준(System of National Accounts)에 따라 작성하고 있다. 현재 일반정부 재정 규모에는 공기업은 제외되고 있는 바 286개 공공기관 중 공기업을 어디까지 공기업으로 보느냐에 따라 일반정부의 재정 규모가 달라지게 되고 이는 곧 국가부채의 규모로 연결된다.[4] 정부는 지난 1월 재정통계개편공청회를 통해 지금까지 현금주의 기준이었던 재정통계 기준을 발생주의 기준으로 적용하고 정부의 포괄 범위에 기존에 배제되었던 민간관리기금 20개와 비영리 공공기관을 정부 포괄 범위에 추가했다. 다시 말해서, 기존 정부관리기금 40개만을 일반정부의 범주에 포함하던 것을 원가보상률 50% 기준을 적용하여 사학연금기금, 사학진흥기금, 국민체육진흥기금, 주택금융신용보증기금의 4개를 제외한 모든 기금을 정부의 범위에 포함시키기로 결정했다. 일단 아직 확정된 것은 아니지만 국제 표준의 적용에 따라 통계의 객관적 국제 비교 및 재정 상태에 대한 좀 더 정확한 파악이 가능하게 되었다는 점에서 향후 재정 운용의 실효성 및 건전성 제고에 기여할 수 있을 것으로 기대된다.

---

4) 주요 정부정책사업을 대행하고 있는 공기업의 일반정부 분류 여부와 정책사업으로 초래된 공기업부채의 정부부채 포함 여부에 대해서는 객관적인 기준이 없어 논란이 지속되고 있다. 실제 주택공사와 토지공사가 통합된 LH공사의 경우 선투자-후회수의 사업구조를 가진 보금자리주택사업, 신도시택지사업의 추진 및 국민임대주택사업 분야에서 주로 부채가 증가하고 있고 수자원공사의 경우도 4대강사업 및 경인아라뱃길 사업에 대한 대규모 투자 집행으로 부채가 급격하게 증가하고 있다.

제 2 절 현황

여기에서는 예산과 기금의 연계가 핵심이므로 논의를 43개 사업성 기금에 초점을 맞추도록 한다. 가장 사업비 규모가 큰 것은 단연 국민주택기금(15조 6천억 원)으로 전체 사업성 기금 규모 34조 8천억 원의 44.7%를 차지한다. 이 부분이 LH공사를 통해 보금자리주택사업, 임대주택 운영 등에 활용되고 있는 바 국민임대주택건설 후 임차 기간(30년) 동안 건설비 회수가 어려워 LH공사의 최근 부채 급증에 따라 경영정상화 논의가 활발하게 이루어지고 있다. 기금사업을 활발하게 활용하는 부처로는 농림수산식품부(7개), 문화관광체육부(6개)로 나타나고 있는 바 이들 부처 사업을 중심으로 예산사업과 기금사업의 연계 운영 현황과 효율적 운영 관점에서 평가를 시도해 보기로 하자.

표 6-3 2011년 기금별 지출계획 (단위: 억 원)

소관 부처	기금명	관리 운영 주체	규모
교육과학기술부	과학기술 진흥	교과부	995
	사학 진흥	사학진흥재단	2,789
	원자력 연구개발	교과부	1,748
국가보훈처	보훈기금	보훈처	1,260
	순국선열애국지사사업	보훈처	57
국방부	군인복지	국방부	4,637
법무부	범죄 피해자 보호	법무부	515
국토해양부	국민주택	국토해양부	155,736
기획재정부	대외경제 협력	기획재정부	6,179
고용노동부	근로자복지 진흥	근로자복지공단	747
	임금채권 보장	고용노동부	2,837
	장애인 고용 촉진 및 직업 재활	고용노동부	1,769
농림수산식품부	농산물 가격 안정	농림수산식품부	21,159
	농어업재해재보험		100
	농지관리		7,918

	수산 발전		5,569
	쌀소득보전 변동 직접 지불		7,993
	FTA 이행 지원		3,783
	축산 발전		5,442
문화체육관광부	관광 진흥 개발	문화체육관광부	5,419
	국민체육 진흥	국민체육진흥공단	6,846
	문화예술 진흥	한국문화예술위원회	1,005
	언론 진흥	한국언론진흥재단	263
	영화 발전	영화진흥위원회	853
	지역신문 발전	문화체육관광부	124
문화재청	문화재 보호	문화재청	929
방송통신위원회	방송통신 발전	방송통신위원회	4,429
보건복지부	국민건강 증진	보건복지부	17,959
	응급의료		1,709
여성가족부	여성 발전	여성가족부	1,299
	청소년육성		774
외교통상부	국제 교류	한국국제교류재단	571
중소기업청	중소기업 진흥 및 산업기반	중소기업진흥공단	33,423
지식경제부	방사성폐기물관리	지식경제부	1,590
	전력산업 기반		15,302
	정보통신 진흥		6,915
	특정 물질 사용 합리화	한국정밀화학공업진흥회	39
통일부	남북 협력	통일부	10,153
환경부	금강수계관리	금강수계위원회	898
	낙동강수계관리	낙동강수계위원회	1,935
	영산강 · 섬진강수계 관리	영산강 · 섬진강수계위원회	675
	한강수계관리	한강수계위원회	4,110
	석면피해구제	환경부	118
소계			348,571

자료: 국회예산정책처, 2011년도 대한민국재정, 2011.

2011년 예산 기준으로 예산에서 기금으로 출연된 규모는 6조 8,156억 원이며, 2010년 결산 기준으로는 9조 1,494억 원에 달해 기금재원의 상당 부분이 일반회계 예산에서 비롯됨을 알 수 있다. 특히 2010년 결산 기준으로 지원 금액이 1천억 원이 넘는 기금도 쌀 소득보전변동 직불기금(1조 384억 원), 중소기업 창업 및 진흥기금(2,683억 원), FTA 이행 지원기금(2,977억 원), 응급의료기금(1,847억 원), 문화재보호기금(1,154억 원), 대외경제협력기금(1,500억 원), 이상이 사업성 기금 지원이다. 이 밖에도 양곡증권정리기금(2,928억 원), 공공자금관리기금(7,171억 원), 공적자금상환기금(3조 8,467억 원), 군인연금기금(1조 566억 원) 등 보험성, 계정성 기금 전출이 이루어졌다.

제 3 절 평가

이 부분에서는 가장 사업성 기금 수가 많고 이해관계가 복잡한 문화체육관광 분야와 농림수산식품 분야를 사례로 분석하기로 하자.

1) 문화체육관광 분야

문화체육관광 분야의 사업 집행 방식은 대부분 민간단체 또는 지방자치단체에 사업비를 보조하는 형태를 취하고 있다. 이는 중앙정부가 직접 사업을 수행하는 방식보다 집행단체의 전문성 및 경험을 활용할 수 있는 장점이 있는 반면 사업의 방만한 운영이나 사업비의 부적절한 집행 등의 문제점이 발생할 수 있다. 신성장 동력으로서 문화콘텐츠산업 및 관광산업을 집중 육성하고 품격 있는 국가 상징 문화공간을 조성하며 문화 바우처, 찾아가는 문화 프로그램의 확대를 통해 저소득층, 소외지역도 포함하는 문화 향유 기반 확대, 생활체육 활성화와 함께 전문체육 경쟁력 강화 지원 등의 프로그램이 핵심이다. 체육 부문의 증가가 눈에 띄는데 이는 2011 대구세계육상선수권대회, 2013 충주세계조정선수권대회, 2014 인천아시아경기대회, 2015 광주하계유니버시아드대회 등 국제경기대회의 지원과 생활체육 시설 확충 및 프로그램 개발이 주를 이룬다.

표 6-4 문화체육관광 분야 재정 투자계획 (단위: 억 원, %)

구분	2010년	2011년	증감율(b/a)
합계	33,778	36,817	9.0
문화예술	15,240	16,811	10.3
관광	8,896	9,257	4.1
체육	7,303	8,403	15.1
문화 및 관광일반	2,338	2,346	0.3

주: 문화재 제외.
자료: 기획재정부, 나라살림, 2011.

그림 6-1 문화체육관광부 재정구조(2011년도 예산)

자료: 국회예산정책처, 2011.

2010년 말 기준으로 문화체육관광부 소속 민간법인은 총 1,627개로, 재단법인이 509개, 사단법인이 1,118개에 달한다. 2011년 문화관광부 소관 일반회계 세출예산 1조 2,491억 원 중 36%에 달하는 4,534억 원이 민간경상보조금이며, 이 중 대부분이 이들 민간법인에게 지원된다. 문화체육관광부 등 3개 부처의 민간단체보조사업에 대한 감사원 감사(2010.5)에 의하면 2006년부터 2008년까지 문화체육관광부 소관 단체 중 보조사업 선정 및 집행 관련 문제가 지적된 기관은 169개 단체, 금액 기준 527.8억 원으로 전체 단체 수의 94.4%, 금액 기준 99.1% 등 대부분을 차지하고 있는 것으로 드러났다. 민간단체에 대한 보조금 관리 체계의 정비가 시급함을 알 수 있다. 이들 단체 중 일부는 사업비뿐만 아니라 인건비와 운영비 등 경상경비까지 전액 국고 지원을 받고 있는 바 국가 부담과 예산편성 및 집행의 비효율을 초래할 우려가 지적된다.

또한 관광진흥개발기금 및 국민체육진흥기금의 경우, 카지노·경륜·경정·복권 등 사행성 산업 등에서 재원을 마련하고 있다. 구체적으로 2011년 기준으로 관광진흥개발기금은 카지노사업에서 2,066억 원, 국민체육진흥기금은 경륜경정사업에서 413억 원, 체육진흥투표권사업에서 4,369억 원, 복권사업에서 575억 원의 수입을 조성할 계획이다. 그러나 도박 중독 예방 및 치유를 위해 정부가 지원하는 예산의 규모는 고작 15억 원 수준에 그치고 있다. 따라서 수입 기여에 걸맞은 사행사업 중독에 대한 예방과 치유에 적정 수준의 재정지출이 이루어져야 할 것이다.

문화바우처사업의 경우도 수혜계층의 타당성에 문제가 제기된다. 2011년 바우처사업이 민간보조사업에서 지자체보조사업으로 변경되면서 기초자치단체의 사회복지통합관리망을 이용해 대상자를 선정하고 사업 집행을 진행하고 지자체의 분담제도를 활용하고 있다. 그러나 지자체의 부담 비율(30%)에 대해 기존의 복지 관련 사업의 지방 이양 등으로 인한 부담 급증 등을 이유로 사업의 효과성에 문제가 제기되고 있다. 지원액은 확대되고 있으나 수혜자의 양적 증가로만 효과가 나타나고 1인당 지원액은 오히려 감소하는 등 체감 사업 효과는 미미할 것으로 예상되기 때문이다. 바우처사업의 근본적인 문제이기도 하지만 저소득층 성인, 특히 생계 유지를 부담하고 있는 계층들의 경우 이들 서비스를 이용할 시간적 여유가 부족하므로 사업 혜택이 청소년 계층으로만 집중될 우려도 있다(국회예산정책처, 2011).

기금운용평가는 부처별로 매년 전체 재정사업의 1/3씩 실시하고 있는 재정사업자율평가 대상사업 중 기금으로 수행하는 사업을 대상으로 실시된다. 2010년도에는 29

표 6-5 관광진흥개발기금 운용 성과 평가

	2010예산(억 원)	사업 유형	점수	등급
1. 관광 행사 및 프로그램 지원	143	지자체보조	60	보통
2. 관광상품 육성 지원	92	민간/지자체보조	56	미흡
3. 해외 관광객 유치활동 지원	1,515	직접/민간/지자체보조	73.5	보통
4. 국제문화 협력을 통한 외래 관광객 유치	105	직접/민간보조	51	미흡
5. 공연예술 활용 외래 관광객 유치	104	민간보조	61	보통

자료: 기획재정부, 2010년도 기금운용평가보고서, 2010.

개 기금 93개 사업이 대상이며 사업비는 약 25조 원에 달한다. 2010년도 기금 운용평가가 이루어진 문화체육관광 분야 기금으로는 관광진흥개발기금과 국민체육진흥기금이 있다. <표 6-5>와 같이 관광진흥개발기금사업의 경우 관광상품육성지원사업과 국제문화 협력을 통한 외래 관광객 유치사업이 미흡 평가를 받았다. 사업 시행 주체가 지자체, 한국관광공사, (재)한국공예디자인문화진흥원 등으로 복잡하며 성과지표 목표치 설정 근거의 구체성과 합리성 미흡 등의 지적을 받았다. 반면 국민체육진흥기금사업은 대한장애인체육회 지원으로 사업의 만족도 및 우수 선수 발굴도 지표 모두 우수평가를 받았다.

2) 농림수산식품 분야

농림수산식품 분야의 재정은 일반회계, 5개의 특별회계 및 8개의 기금으로 운용한다. 재정구조가 회계와 회계, 회계 내 계정, 회계와 기금 사이의 전입과 전출을 통해 서로 복잡하게 얽혀 있는 구조로 되어 있어, 전체적인 재정 체계를 이해하기 어렵게 하고 지출의 투명성을 저해하는 요인으로 지적을 받고 있다(국회예산정책처, 2011). 농림수산식품 분야의 재정구조가 복잡해진 이유는 재원 마련 없이 재정사업을 실시하고 재정을 신축적으로 운영하기 위해 기금을 설치했기 때문이다. 부족한 재원을 외부에서 차입한 후 원리금을 상환하는 한편, 확보한 재원을 기금에 재배분하여 사업을 실시하는 구조를 취한다. 따라서 공공자금관리기금의 역할이 중요하며 이렇게 외부에서 조달된 재원은 농어촌특별세와 함께 일반회계와 농어촌구조개선특별회계의 자체 재정사업을 실시하거나, 개별 기금으로 배분되어 기금의 재정사업으로 수행된다.

그림 6-2 2011년도 농림수산식품 분야 재정 운용 체계(단위: 억 원)

자료: 국회예산정책처, 2011.

표 6-6 농림수산식품 분야 재정 투자계획 (단위: 억 원, %)

구분	2010년	2011년	증감률(b/a)
합계	172,571	176,354	2.2
농업 · 농촌	136,684	139,988	2.4
수산 · 어촌	14,045	13,052	-7.1
임업 · 산촌	16,354	16,953	3.7
식품업	5,488	6,361	15.9

자료: 기획재정부, 나라살림, 2011.

앞에서도 지적한 바와 같이 농림수산식품부는 전체 43개 사업성 기금 중 7개의 기금([그림 6-2]에서 계정성 기금인 양곡증권정리기금 제외)을 운용하여 단일 부처로서는 가장 많은 수의 기금을 운용하고 있다. 농림수산식품부가 일반회계, 특별회계와 별도로 여러 개의 기금을 설치하여 재정사업을 실시하는 이유는 신축성·탄력성을 들고 있는 바 대상 사업의 특수성을 감안할 때 어느 정도는 이해가 가는 부분이 있다.

전반적으로 농수산식품 분야 지출의 효율성과 효과성에 대해서는 비판이 이어지고 있다(안종범, 2010; 황성현, 2006). 지역구를 획정할 때 도시에 비해 농어촌이 상대적으로 지역구 수가 많은 정치적인 이유로 그리고 이해관계자인 농수산인이 사회적인 약자인 경우가 많다는 측면이 감안되어 재정 지원의 남용이 이루어지는 경우가 많기 때문이다.

정부는 농어업의 자생력을 약화시킬 우려가 있는 비료, 농산물 포장재 지원 등 투입재 보조는 점진적으로 축소하고 그간의 쌀 공급 과잉을 감안해 농업 생산 기반 조성은 기존 지구의 완공 위주로 지원을 한다고 한다. 하지만 아직도 설계 변경 등을 통해 사업을 확대하려는 현장을 쉽게 찾아볼 수 있다. 예를 들어 농업용 저수지 둑 높이기 사업은 농업용수가 부족하거나 노후화되고 홍수 피해가 우려되는 저수지를 대상으로 담수 능력을 제고하기 위한 사업이다. 2009년 마스터플랜 확정 당시 96개소 중 44개소가 변경 교체되었고 2010년 4월에 21개 지구, 2010년 10월에 3개 지구가 추가적으로 변경 교체되어 총 68개 지구가 변경되거나 교체되었다. 결국 4대강 유역 내 96개 저수지 중 29.2%인 28개소만이 당초 계획대로 추진되고 있다는 것이다. 이와같이 사업계획을 변경하여 규모를 키우거나 지구를 변경하는 것은 동사업 지구 선정의 타당성과 신뢰성에 의문을 갖게 한다.

표 6-7 수산발전기금 운용 성과평가

	2010예산 (억 원)	사업 유형	점수	등급
1. 유통 · 가공시설 지원	312	융자	53.0	미흡
2. 어업경영자금 지원	360	지자체 보조/융자	51.0	미흡
3. 수산물유통자금 지원	1,475	융자	61.0	보통
4. 수산물가격 안정	146	민간보조	68.5	보통
5. 수산물가격 안정(융자)	2,444	융자	66.0	보통

자료: 기획재정부, 기금운용평가보고서, 2010.

쌀소득보전직불사업도 과다 예산편성 문제로 비판을 받고 있다. 이 사업은 공급과잉 기조와 시장 개방폭 확대 전망 등으로 쌀값 하락이 우려되는 상황에서 농업인의 소득 안정을 도모하기 위한 사업이다. 쌀소득 보전 변동 직불금은 수확기 산지 쌀값의 추정 미흡으로 인해 불용이 연례적으로 발생했고 면적을 과다 계상하는 경우도 있었다.

수산발전기금의 경우 유통가공시설지원사업의 성과지표를 수산물가공품 생산량 비율로 선정한 부분과 사업효과성평가 등에서 미흡 평가를 받고 있으며, 어업경영자금지원사업 역시 성과목표치의 도전성 부분과 집행 성과 부분에서 미흡 평가를 받고 있다. 축산발전기금의 경우 역시 민간보조사업과 융자로 구성된 축산물유통구조개선사업의 성과지표 목표치의 도전성과 집행 성과 부진으로 미흡 평가를 받았다. 특히 민간, 지자체 보조와 융자사업으로 이루어진 축산물생산구조개선사업은 마필 육성, 쇠고기 생산성 향상사업으로 구성되는 데 성과지표의 목표치의 도전성, 집행율, 목표치 달성률, 사업 수행의 효과성 부분에서 매우 미흡 평가를 받았다. 수발기금과 축발기금의 경우 대부분의 사업이 지방자치단체, 농협, 축협, 수협 등 협동조합, 사단법인이나 재단법인 형태의 업자 모임을 대상으로 보조금을 지원하거나 융자 지원하는 예산사업과 차별화가 어려운 사업이 대부분이다.

농산물가격안정기금의 경우는 융자사업인 농산물유통개선사업이 매우 미흡 평가를 받았다. 친환경 농산물 소비지유통활성화사업의 경우 FTA 유보사업으로 전액 집행이 되지 못해 실적이 없었다. 농수산물유통공사와 농협중앙회가 주체가 되어 연이율 3~4%로 식품제조가공업체나 친환경농산물전문판매운영법인에게 융자금을 지원하는 농식품시설 현대화사업의 경우도 예산집행의 효율성, 성과목표의 달성, 사업 수행

표 6-8 축산발전기금 운용 성과평가

	2010예산 (억 원)	사업 유형	점수	등급
1. 축산물 위생 안전성(축발)	341	민간보조 / 지자체 보조	63.5	보통
2. 축산물 수급관리	1,153	민간보조 / 지자체 보조	73.5	보통
3. 친환경 축산 지원(축발)	1,245	민간보조 / 지자체 보조/ 융자	68.2	보통
4. 축산물 유통구조 개선	50	민간보조	50.0	미흡
5. 축산물 생산구조 개선(축발)	123	민간보조 / 지자체 보조/ 융자	49.8	매우 미흡
6. 축산물 유통구조 개선(융자)	1,958	융자	58.5	미흡
7. 종축시설 현대화	136	융자	63.0	보통

자료: 기획재정부, 기금운용평가보고서, 2010.

표 6-9 농산물가격 안정기금운용 성과평가

	2010예산 (억 원)	사업 유형	점수	등급
1. 농산물가격 안정 및 수급 조절	5,597	민간보조	64.5	보통
2. 산지 유통 활성화(융자)	5,718	융자	81.0	우수
3. 농산물 유통 개선	615	융자	40.0	매우 미흡
4. 민간가격 안정 지원(융자)	490	융자	62.5	보통

자료: 기획재정부, 기금운용평가보고서, 2010.

의 효과성 등에서 평가가 부진했다.

제 4 절 향후 개선 과제

재정지출은 예산으로 이루어지거나 기금을 통해 이루어진다고 했다. 정부가 2004년부터 통합재정의 차원에서 총지출을 기준으로 예산을 편성하기 시작하면서 예산과 기금 간의 경계가 다소 흐려진 것이 사실이다. 과거 따로따로 주머니를 차고 그 주머니 내에서 배분적 합리성과 기술적 효율성을 추구하다보니 현재와 같은 통합재정의 관점에서 총액 배분 자율편성(top-down budgeting)하는 프로그램 예산제도로 진화한 것으로 이해된다. 하지만 이렇게 예산과 기금의 연계가 원활하게 이루어지면서 문제는 기금이 기금으로서의 역할을 제대로 수행하지 못하는 경우에도 존치해야 하는 명분을 부여하게 되었다는 점이다. 과거와는 달리 기금과 예산의 형식적 절차, 즉 기금운용계획의 확정 및 기금 결산의 절차가 세입세출의 확정 및 세입세출의 결산과 동일한 절차로 국회의 의결을 거치게 됨에 따라 재정 수단으로서 둘의 본질적 차이가 줄어들었다.

기금은 국가가 특정한 목적을 위해 특정한 자금을 신축적으로 운용할 필요가 있을 때 법률로써 설치한다. 기금은 예산과 달리 조세수입이 아니라 출연금, 부담금 등을 재원으로 하며, 특정 목적 사업의 추진을 위해 수입과 지출의 연계가 강하게 나타난다. 국가재정법에서는 사업성 기금의 경우 20%의 범위 내에서 국회의 의결 없이 변경할 수 있도록 규정하고 있어 집행시에 예산에 비해 더 많은 자율과 탄력성이 부여되어 있는 것이다.

그러나 우리가 앞에서 심층적으로 살펴본 농림수산식품부와 문화체육관광부 기금사업 사례에서 볼 수 있듯이 이러한 수입과 지출의 연계나 출연금, 부담금을 재원으로 하지 않는 경우도 많아졌다. 2010년 결산 기준으로 일반회계 예산에서 9조 1,494억 원의 자금이 기금으로 전출되고 있다. 따라서 현실의 재정지출은 기금의 수입 기반이 안정적이지 못한 경우 일반회계가 기금의 부족한 재원을 지원해주고 있는 것이다. 회계는 단순할수록 투명해진다. 일반회계의 예산사업으로 추진되어야 할 사업들이 독립적인 기금의 사업으로 유지되고, 지속적으로 일반회계의 지원을 받는 구조는 투명성을 저해한다는 점에서 회계구조를 단순화할 필요가 있다.

아울러 기금사업의 많은 부분이 사업자들에게 융자 지원으로 이루어진다. 정책금융의 수요가 갈수록 줄어드는 금융환경의 변화와 건전성이 요구되는 재정 여건 속에서 우리나라 기금의 재정융자제도 전체 구도에 대한 원점에서의 재검토가 이루어져야 한다. 정책 방향은 재정 융자를 이차보전을 위한 재정보조로 전환하는 것이다. 정책적으로 필요한 부분에서 민간 금융시장의 자금을 이용하고 재정은 실세 금리와 재정 융자 시 대출금리 간의 이차보전을 담당하는 것이다(이기영, 2008). 재정융자를 2차 보전을 위한 재정보조로 전환하면 사업 수행 및 관리비용 측면에서 비용 절감 효과가 있다. 즉, 동일 사업 목적을 달성하면서 국민경제적 비용이 줄어들 수 있다는 것이다. 아울러 기금의 역할을 줄일 수 있어 재정 체계 단순화에도 도움이 될 것이다.

재정 체계의 복잡다기화는 곧 유사사업들의 중복 집행을 발견하기 어렵게 하고 국가적 우선순위에 따른 효율적 자원배분도 어렵게 한다. 이와같이 재정융자를 2차 보전으로 전환하게 되면 기금의 대규모 여유자금이 발생하게 되고 이를 효율적으로 관리할 수 있는 투자자금이 조성될 수 있다.

참고 문헌

국회예산정책처(2010). 「국가재정제도: 원리와 실제」.

———(2011). 「2011년도 대한민국 재정」.

기회재정부(2010). 「기금운용평가보고서」.

———(2011) 나라살림: 「예산개요」.

안종범(2010). 저출산・고령화시대의 재정정책과제, 국제무역경영연구원.

이기영(2008). 재정융자제도의 이차보전 방식으로의 전환 방안, 성명재・박형수 편, 「한국의 조세재정정책」, 한국조세연구원.

황성현(2006). 특별회계・기금제도 개혁의 평가와 향후 과제, 「재정논집」, Vol. 20, No.2.

제 7 장

재정사업의 수준평가

이원희

제 1 절 의의

2000년부터 성과주의예산을 도입하기 위해 노력하던 정부는 2004년에 '3+1'이라는 형식의 재정개혁을 실현하고, 이러한 재정사업 자율평가제도를 도입했다. 이는 정치적 과정에 의한 의사결정이 아니라, 계량화를 통해 예산 결정 과정의 합리성을 제고하려는 노력으로 접근했다.

그러나 계량화가 갖는 설득력에도 불구하고 이를 의사결정의 지표로 활용하는 과정에서 문제점이 제기되고 있다. 무엇보다 부처의 자율적 평가점수가 예산실에서 상위평가를 하면서 점수의 변화가 크게 발생한다는 불만이 제기되고 있다.

논리적으로 본다면 이는 다음과 같은 원인에 기인한다고 볼 수 있다.

첫째는 부처 평가가 관대화 경향에 빠져 있다고 볼 수 있다. 재정사업 자율평가를 통해 다음 연도 예산에 불이익을 당할 수 있기 때문에 스스로 관대화 경향이 발생할 수 있다.

둘째는 예산실에서 흠집 내기로 진행하고 있기 때문에 점수를 낮추는 경향이 발생한다고 할 수 있다.

정부 부처들이 재정사업 자율평가를 부풀린다는 지적이 나왔다. 13일 국회 예산결산특별위원회 소속 한나라당 김태원 의원이 기획재정부로부터 받은 자료에 따르면 2008년도 재정사업 자율평가에서 33개 부처의 자체평가 평균점수는 92.2점이었다. 하지만 기획재정부가 부처별 자체평가를 확인. 점검한 결과, 상위평가 평균점수는 65.9점에 그쳤다. 부처 자체평가 점수가 기획재정부 상위평가 점수보다 26.3점이나 높았다. 조달청과 금융위원회, 소방방재청, 여성부의 재정사업 자율평가는 100점이었지만 기획재정부 상위평가에서는 이들 모두 60점대로 조사됐다. 김태원 의원은 "동일한 대상을 같은 기준으로 평가를 했음에도 부처 자체평가와 기획재정부 평가가 크게 차이 나는 것은 부처들이 평가 결과를 부풀리거나 엉터리로 했다고밖에 볼 수 없다"고 말했다. 김 의원은 "현재와 같은 자체평가로는 평가의 실효성이 의문시되며 평가에 투입되는 비용과 시간이 낭비로 이어질 소지가 크다"고 지적했다(아시아경제. 2009. 12. 1).
(http://www.asiae.co.kr/news/view.htm?idxno=2009121310493055040)

하여간 이러한 과정에서 산출된 성과평가 지표는 예산 관련 의사결정에서 중요한 역할을 수행하고 있기 때문에 그 신뢰성을 평가해 볼 필요가 있다. 무엇보다 이중의 평가가 제도의 효율성을 담보하고 있는가도 평가해 볼 필요가 있다. 정보 비대칭의 상황에서 두 번에 걸친 평가에서 어떠한 쟁점이 제기되고 있는가를 분석할 필요성이 있기 때문이다. 동일한 국가사업에 대해 두 가지의 평가 의견이 있다는 것이 자칫 성과 관련 정보의 신뢰성을 저하시킬 우려도 있기 때문이다. 따라서 이를 어떻게 이해하고 정책적 관점에서 어떻게 활용할 것인가를 정립하는 것은 중요하다.

이를 통해 분석과 점검을 위한 평가와 성과평가를 구분하고, 이러한 과정에서 재정사업 자율평가의 의도한 목적을 재설정하는 계기를 마련할 수 있을 것이다. 이러한 문제를 해결하기 위해 재정사업 자율평가의 점수에서 부처의 점수와 기획재정부에 의한 최종 점수 간에 어떠한 차이를 보이고 있는가를 분석한다. 이러한 자체평가와 상위평가의 과정을 비교 분석하여 향후 평가의 신뢰성을 제고할 수 있는 방안을 마련한다.

이에 이 글에서는 다음과 같은 문제점을 천착하고자 한다.

첫째, 전반적으로 부처 점수와 예산실 평가점수의 편차는 어떻게 나타나고 있는가? 총점을 중심으로 평가하면서 다음과 문제점을 구체적으로 분석한다. 계획, 집행, 성과의 영역으로 나누어 차이가 크게 발생하는 영역은 무엇인가를 분석한다.

둘째, 학습 효과를 평가한다. 만약 재정사업 자율평가가 처음 도입되는 시기에 개별 사업 부처가 평가에 대한 이해도가 낮았기 때문에 점수가 낮았다면 시간이 지나면서 차이는 줄어야 한다. 그리고 장기적으로 재정사업 '자율평가'가 정착되려고 한다면 개별 부처에 평가를 위임할 수 있어야 한다. 학습 효과가 나타나는가를 평가하는 것은 그러한 측면에서 의미가 있다.

셋째 이러한 과정에서 평가의 과정에 대한 분석을 한다. 평가의 목적에 비추어 지표별 구성과 평가의 방식에 대한 분석과 대안이 모색될 것이다.

제 2 절 재정사업 자율평가의 의의와 위상

1 정부업무 평가와 재정사업 평가

2006년 정부업무평가기본법에 근거하여 국무총리실에서 정부업무 평가를 실시하게 되었다. 이는 주요 정책과제, 재정사업, 행정관리 역량(조직관리, 인사관리, 정보화관리)로 구성되어 있다.

이를 위해 각 부처에서는 자체평가위원회를 구성하여 운영한다. 처음 도입 시에는 국무총리실에서 상위 평가를 별도로 했으나, 이명박 정부에 들어서는 상위평가를 별도로 하지 않고, 점검만 하는 제도 개선을 하게 되었다. 이는 중요한 의미를 가지고 있었다.

첫째는 상위평가의 실효성 문제이다. 사업을 가장 잘 알고 있는 개별 부처에 평가의 의무를 강화하고, 국무총리실에서는 점검만 하는 것으로 전환한 것이다.

둘째는 상위평가가 오히려 부처의 도덕적 해이를 유발하거나, 부풀리기식 평가점수를 유발하는 요인이 될 수 있다는 점이 고려되었다.

그러나 이러한 평가 체계의 개편에도 불구하고, 재정사업의 경우에는 기획재정부가 별도로 관리하고 있다. 즉, 재정사업 자율평가는 국무총리실에서 하지 않고 기획재정부의 주관 하에 여전히 별도로 평가를 실시하고 있다. 그리고 이는 다음 회계연도 예산에 반영하기 때문에 부처로서는 매우 긴장된 과정이라고 할 수 있다.

2 재정사업 성과관리의 체계

2004년부터 재정사업 자율평가를 실시하고 있다. 평가 대상 사업은 매년 전체 재정사업의 1/3을 기획재정부와 협의하여 결정하고 있다. 재정사업 자율평가의 경우 모든 사업에 공통되는 지표로 구성되어 표준화된 의사결정을 지원하기 위한 제도적 장치이다. 이는 개별 사업의 특성을 반영한 다양한 과정과 결과를 분석하고 제도 개선을 위한 분석 모형이라기보다는 표준화된 지표를 설정하고 이를 기준으로 전 사업을 평가한다.

표준화된 평가 모형이 갖는 한계를 극복하기 위해 기획재정부는 부처별 주요 사업에 대해서는 재정사업 심층평가를 실시하도록 하고 있다.[1] 이는 체크리스트 방식을 지양하고 사업 성과, 제도 개선 사항 등을 종합적으로 평가하는 방식이다. 그리고 특정 평가 모형이나 지표가 있는 것이 아니라, 사업의 특성에 따라 다양한 측면에서 평가가 가능하도 되어 있고, 점수를 매기는 과정이 아니라 분석하는 과정을 중시하고 있다.[2]

국가재정법 시행령 제3조(재정사업의 성과평가)

기획재정부장관은 법 제8조 제6항에 따라 각 중앙관서의 장과 법 제8조 제1항에 따른 기금관리 주체(이하 "기금관리 주체"라 한다)에게 기획재정부장관이 정하는 바에 따라 주요 재정사업을 스스로 평가(이하 "재정사업 자율평가"라 한다)하도록 요구할 수 있으며, 다음 각 호의 어느 하나에 해당하는 사업에 대해서는 심층평가를 실시할 수 있다. 다만, 「과학기술기본법」 제9조 제2항 제5호에 따른 국가연구개발사업에 대한 평가는 「국가연구개발사업 등의 성과평가 및 성과관리에 관한 법률」에 따른 평가로 이를 대체할 수 있다.

1. 재정사업 자율평가 결과 추가적인 평가가 필요하다고 판단되는 사업
2. 부처 간 유사·중복 사업 또는 비효율적인 사업 추진으로 예산 낭비의 소지가 있는 사업
3. 향후 지속적 재정지출 급증이 예상되어 객관적 검증을 통해 지출효율화가 필요한 사업
4. 그 밖에 심층적인 분석·평가를 통해 사업 추진 성과를 점검할 필요가 있는 사업

---

1) 이를 위해 국가재정법 시행령 제3조에서는 재정 사업 심층평가의 필요성을 다시 구체적으로 제시하고 있다. 이에 의하면 ① 재정 사업 자율평가에 대한 보완, ② 유사 중복 사업에 대한 검토, ③ 사업의 효율적인 운용, ④ 향후 재정 지출 소요의 추계 및 합리적인 재원 마련, ⑤ 사업 추진의 성과관리 강화 등이 주요 목표로 제시되어 있다.

2) 이원희(2010). 환경부 재정사업 심층평가. 한국정책학회 용역보고서.

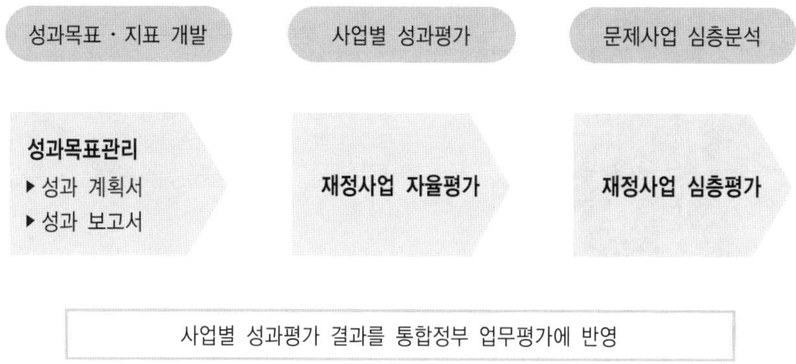

그림 7-1 재정사업 성과관리제도의 체계

이러한 방식을 통해 재정사업에 대해 첫째는 성과목표와 지표의 개발, 둘째는 재정 사업 자율평가에 의한 사업별 성과관리 체계, 셋째는 심층평가 체계를 갖추고 있다.

3 재정사업 자율평가의 체계

<표 7-1>에서 보는 바와 같이 우리나라 성과관리 체계는 우선 PART(Program Assessment Rating Tools)라고 하는 미국에서 개발된 성과관리 방식을 적용한다. 이는 기획재정부가 사업별 평가 항목과 평가지침을 사전에 제시하여 부처 소관별로 재정사업을 자율 평가하는 방식이다. 그리고 부처 소관별 자율평가를 기획재정부가 평가 결과를 점검한다.

평가지표는 크게 계획, 집행, 성과의 3개 부문으로 나뉜다. 평가 항목은 매년 변화를 했다. 다만 계획(20), 집행 또는 관리(30), 성과(50)의 비중은 일정하게 유지하고 있다. 이에 의하면 성과가 50점 비중으로 가장 높은 특징을 보이고 있다. 그러나 계획의 범주에 있는 성과 계획의 적정성(15)이 결국은 성과와 연관되어 있다고 보면 성과가 65%를 차지하도록 되어 있다고 할 수 있다.

표 7-1 재정사업 자율평가 평가 항목 및 평가지표(2011년도)

단계	평가항목	평가지표	부문·유형별 배점							
			정보화	일반재정						
				투자사업	시설·장비구매	직접수행	출연·출자	융자	민간보조	지자체보조
계획(20점)	사업계획(10)	1-1. 사업 목적이 명확하고 추진방식이 효율적인가?	3.33	3.33	3.33	5.0	3.33	3.33	3.33	3.33
		1-2. 다른 사업과 불필요하게 유사·중복되지 않는가?	3.33	3.33	3.33	5.0	3.33	3.33	3.33	3.33
		〈부문·유형별 특성 지표〉 1-정보화. 사업계획 수립 시 제반 여건을 검토했는가? 1-투자. 사업의 타당성을 객관적으로 검증하는 절차를 거쳤으며 타당성이 입증되었는가? 1-시설장비 구매. 구매 타당성을 객관적으로 검증하는 절차를 거쳤는가? 1-민간보조. 보조 지속 여부를 재검토하고, 수혜대상 선정 및 매칭 여건을 적절하게 고려했는가? 1-지자체 보조. 지자체 사업 여건을 검토·반영했는가? 1-융자. 지원 조건이 적절하게 설정되었는가? 1-출연출자. 대상기관의 경영 상황 점검 결과 적정 규모의 지원인가?	3.33	3.33	3.33	–	3.33	3.33	3.33	3.33
		소계	10.0	10.0	10.0	10.0	10.0	10.0	10.0	10.0
	성과계획의 적정성(10)	2-1. 성과지표가 사업 목적과 명확한 연계성을 가지고 있는가?	5.0	5.0	5.0	5.0	5.0	5.0	5.0	5.0
		2-2. 성과지표의 목표치가 구체적이고 합리적으로 설정되었는가?	5.0	5.0	5.0	5.0	5.0	5.0	5.0	5.0
		소계	10.0	10.0	10.0	10.0	10.0	10.0	10.0	10.0
관리(30)	사업관리의 적절성(30)	3-1. 예산이 계획대로 집행되도록 노력했는가?	15.0	12.0	15.0	15.0	15.0	12.0	12.0	15.0
		3-2. 모니터링 체계를 운영하여 문제점을 개선하고 있는가?	10.0	8.0	10.0	10.0	10.0	8.0	8.0	10.0
		3-3. 사업 목적을 달성하는 데 효율성을 제고했는가?	5.0	5.0	5.0	5.0	5.0	5.0	5.0	5.0
		〈부문· 유형별 특성 지표〉 3-투자사업. 총사업비 관리가 적정하게 이뤄지고 있는가? 3-융자. 자금 회수계획 대비 자금 회수율이 양호하고 신뢰할 수 있는 비용 및 위험 추정 방식을 활용하고 있는가? 3-민간보조. 민간사업자에 대한 관리·감독은 충실한가?	–	5.0	–	–	–	5.0	5.0	5.0
		소계	30.0	30.0	30.0	30.0	30.0	30.0	30.0	30.0

성과/환류 (50)	성과달성 및 사업평가결의 환류 (50)	4-1. 계획된 성과지표의 목표치를 달성했는가?	30.0	30.0	30.0	30.0	30.0	30.0	30.0	30.0
		4-2. 사업평가 결과, 사업이 효과적으로 수행되고 있는가?	10.0	10.0	10.0	10.0	10.0	10.0	10.0	10.0
		4-3. 평가 결과 및 외부 지적 사항을 사업구조 개선에 환류했는가?	10.0	10.0	10.0	10.0	10.0	10.0	10.0	10.0
		소계	50	50	50	50	50	50	50	50
계			100	100	100	100	100	100	100	100

4 자체평가와 상위평가의 신뢰성

1) 상위평가의 의의와 목적

상위평가란 평가계획이나 진행 중인 평가, 이미 완료된 평가를 다른 평가자로 하여금 평가하는 것을 의미하는 것으로 평가에 대한 평가라 할 수 있다.

상위평가에 대한 견해는 몇 가지 시각의 차이는 있으나 일반적으로는 세 가지로 나뉜다. 평가 자체에 대한 평가, 전체적인 평가 체계(평가 투입+평가 과정+평가 효과)에 대한 평가, 기존의 평가 결과로부터 얻은 결과를 재분석하는 평가 등이다. 이는 내부평가로 이루어질 수도 있고, 외부평가로 이루어질 수도 있다. 이는 평가자의 소속에 따른 분류로 볼 수 있다.

한편 평가를 평가자 소속에 따라 분류하는 것 외에 평가를 평가의 주체 또는 시점에 따라 유형화하기도 한다. 평가의 주체에 따른 유형화는 자체평가, 내부평가, 외부평가이고, 평가의 시점에 따른 유형화는 사전평가와 사후평가로 나뉜다.

상위평가를 평가자의 소속에 따라 그 주체가 내부일 수도 있고 외부일 수도 있음에 반해서, 자체평가는 정책/사업을 집행하고 있는 사람들 자신이 스스로 대상 정책/사업을 선정하여 평가하는 것을 의미하는 것이기 때문에 이는 평가의 주체가 어디에 있느냐에 관한 문제가 된다.

상위평가의 목적은 평가 자체의 실제를 이해하고 이를 향상시키기 위한 것이다. 좀 더 구체적으로 보면 상위평가는 아래와 같은 목적을 들 수 있다.

첫째, 평가에 포함된 정보의 질에 관해 의사결정자들에게 독립적인 판단 자료를 제공하는 것을 목적으로 한다. 이를 위해 상위평가에서는 다음과 같은 질문에 대한 답을 구한다. 평가 과정(사용된 척도, 표본추출 절차 등)은 적절했는가, 평가설계는 적절했는가, 적절한 자료 수집 및 분석 방법이 적용되었는가, 평가에서 어떤 편견은 개입되지 않았었는가 등이다.

둘째, 평가작업의 영향 또는 평가 결과의 활용도를 측정하기 위해 상위평가를 실시한다. 이를 위해 다음과 같은 질문에 대한 답을 구한다. 평가 결과의 이용자는 누구인가, 평가보고서는 늦지 않게 제출되었는가, 평가보고서는 연구 결과를 명백하게 제시하고 있는가, 평가보고서는 해당 평가 고객들에게 배포되었는가, 평가 결과에 따라 내려진 결정은 정당화될 수 있는가 등이다.

셋째, 상위평가는 장래에 적합한 평가자를 선정하기 위한 지침을 제공하기 위해서도 수행된다. 이러한 목적을 달성하기 위해 상위평가에서는 다음과 같은 문제를 제기하고 답을 구한다. 평가자는 평가를 수행할 만한 지식을 갖추고 있는가, 그의 교육적 배경은 어떠한가, 평가자는 평가 업무를 수행해 본 경험이 있는 사람인가, 평가자는 객관적으로 평가할 수 있는 인품의 소유자인가, 평가자는 잘 알려진 사람인가 등이다. 이렇게 볼 때, 상위평가는 평가의 실제를 향상시켜 줄 수 있는 하나의 통제장치 역할을 수행한다고 할 수 있다.

상위평가의 목적에 비추어 평가 현실에서 본래의 의도와 목적을 달성하기 위해 상위평가 기구로서 갖추어야 할 몇 가지 전제를 충족시켜야 한다.

첫째, 평가를 통해 만들어지는 많은 정보를 가장 먼저는 평가 대상 과제로 선정된 업무에 다음으로는 피평가기관의 성과관리 제고에 최종적으로는 국민에게 양질의 판단 자료를 제공할 수 있도록 상위평가를 위한 평가설계를 해야 한다.

둘째, 제대로 설계된 평가설계에 따라 평가를 수행하기 위해서는 적합한 평가조직 및 인력을 구비해야 한다. 질적으로 전문성이 부족한 경우에는 평가 업무 담당자에 대해 평가교육을 실시해야 하고, 평가설계 시에 평가 인력의 양적 · 질적 측면에 대한 고려가 있어야 한다.

셋째, 평가를 할 만한 정당한 권위를 부여받은 조직이 되도록 노력해야 한다. 이를 위해서는 평가를 업무 성과 개선 및 대국민 책무성 제고라는 평가 목적 이외의 다른 용도로는 평가 결과를 사용하지 않도록 해야 한다. 이는 평가 저항에 관한 문제로, 평가의 목적에 부합하지 않는 평가 결과의 왜곡된 활용은 피평가기관으로 하여금 평가 저항을 야기할 수 있다.

넷째, 지속적으로 평가문화 및 평가제도 개선에의 기여를 위한 노력을 해야 한다.

이상의 전제 조건이 충족된 상태에서 이루어지는 상위평가는 자체평가 내실화를 위한 필요충분 조건으로 작용하게 될 것이다.

2) 자체평가의 의의와 목적

자체평가는 상위평가가 이루어지기 이전에 해당 기관이 스스로 자신의 업무 성과 제고를 위해 평가하는 것을 말한다. 이를 위해서는 자체평가가 내실화하는 데 장애 요인에 대한 발굴 및 해결 노력을 지속적으로 기울여야 한다.

우선 자체평가 목적에 부합하는 평가 기준 및 지표를 피평가기관 스스로 발굴하여 적용해야 한다. 자칫 그릇된 상위평가의 방향으로 인해 나타날 수 있는 그릇된 자체평가 수행이 문제가 될 수 있다. 그 예로 상위평가의 기준 및 지표가 자체평가를 잘못 유도함으로써 해당 업무의 성과 제고에 역행하는 경우가 이에 해당된다.

다음으로는 자체평가의 수행이 상위평가를 염두에 두고 이루어져서는 안 된다. 물론 상위평가를 전적으로 배제한 상태에서 자체평가 수행을 의미하는 것은 아니다. 자체평가의 목적이 해당 업무의 성과 제고 및 기관의 성과관리에의 기여에 있기 때문에 상위평가를 받기 위해 자체평가가 이루어져서는 안 됨을 의미한다. 평가(상위평가)를 위한 평가(자체평가)가 되는 것은 오히려 평가가 해당 업무는 물로 기관 전체의 업무효율성 및 대국민 책무성 제고에 역행하기 때문이다.

또한 자체평가는 해당 업무 담당자를 비롯하여 조직 구성원 모두가 자신을 위해 자신의 조직을 위해 이루어지는 것임을 항상 상기해야 할 것이다. 평가를 귀찮은 일쯤으로 여기는 평가(상위평가)를 받기 위한 평가(자체평가)로 여겨서는 안 될 것이다.

자체평가의 내실화를 위해서는 먼저 상위평가가 바람직한 목적과 방향에서 수행될 것이 요구된다. 왜냐하면 바람직한 상위평가, 제대로 된 상위평가, 설득력 있는 상위평가의 수행은 평가 현실에서는 자체평가의 내실화에 직접적인 영향을 주고 있기 때문이다.

따라서 상위평가 및 자체평가의 연계 논리 및 방향은 평가 업무의 중복 문제, 해당 평가 대상 과제에 대한 성과 제고 및 평가 결과에 대한 적극적인 수용을 위해 논의되어야 한다.

상위평가는 평가 대상기관인 중앙행정기관이 자신의 업무 및 기관에 대해 스스로 평가하는 자체평가가 제대로 수행되고 있는지, 그렇지 않다면 그 이유가 어디에 있는지, 바람직한 평가 수행을 위해서는 어떠한 측면에서의 노력이 요구되는지에 관심과 초점을 두고 상위평가 기구인 국무조정실 평가를 수행해야 할 것이다.

5 재정사업 자율평가의 정치적 성격

미국의 경우 의회가 예산 심의권을 가지고 있고, 상대적으로 OMB의 권한은 강하지 않다. 1993년 정부성과관리법(GPRA) 이후에 성과관리 체계가 도입되면서 재정사업에 대한 성과평가 기능도 강화되고 있다. 이는 OMB가 예산사업에 대한 조정 권한이 아니라, 평가를 통해 개별 부처에 대한 권한을 확보하는 과정으로 이해할 수 있다.

한국의 경우 2004년 재정사업 자율평가제도가 시범적으로 도입되고 2006년 국가재정법의 제정으로 '3+1' 재정 개혁이 정착되었다. 이에 하향식(top down)의 예산 결정 방식이 도입되었고, 이러한 과정에서 중앙예산기구의 성격이 구체적인 사업 조정권을 축소하는 과정을 거치게 되었다.

과거에는 중앙예산기구가 사전적인 사업 심의권을 강조했으나, 이제는 각 부처가 한도액(ceiling)의 범위에서 자율적으로 사업을 선정하게 되기 때문에 중앙예산기구의 성격이 바뀌게 된 것이다. 한도액을 정하고 나면, 구체적인 사업 선정은 개별 부처가 하게 되고, 이에 따라 중앙예산기구는 부처가 자율적으로 선정한 사업에 대한 사후적인 성과평가 기능을 강화하게 되는 것이다. 과거처럼 중앙예산기구가 사전적으로 직접 사업을 조정하고 최종 선택을 한 경우에 비해 한도액을 정하고 이러한 한도액의 범위 내에서는 개별 부처가 사업을 결정하는 경우에 평가의 의미는 달라질 것이다.

이러한 하향식 방식이 예산결정 과정에서 재정사업 자율평가는 중앙예산기구가 개별 부처의 권한을 통제하는 방안이 될 수 있다. 재정사업 자율평가에 대해 자율이라는 용어를 활용하고 있으나, 결국 중앙예산기구가 메타평가(meta-evaluation)라는 이름으로 사후적인 통제를 하는 경우에 평가는 개별 부처의 자율성에 대한 책임을 묻는 과정이 되는 것이다.

제 3 절 평가점수의 상관관계 분석

1 분석의 방법

기관에서 부여한 자율평가 점수와 이를 기획재정부에서 다시 조정한 최종 점수 간의 차이를 분석하여 정보의 신뢰성에 관한 분석을 하고자 한다. 이에 관한 자료는 2005년부터 2009년까지 존재한다. 그런데 이러한 자료는 정리 방식은 우리의 관료제를 이해하는 하나의 관점이 되기도 한다.

첫째, 과정에 관한 자료가 체계적으로 구축되어 있지 못하다. 계획, 집행, 성과의 변수별로 부처에서 제시한 점수와 기획재정부에서 최종적으로 부여한 점수의 괴리를 분석하고자 할 때, 이에 관한 자료가 처음에 관리되지 못하고 있었다. 의사결정에 반영된 최종 점수는 관리되고 있지만, 부처의 점수가 체계적으로 관리되지 못하고 있었기 때문이다. 이와 관련한 자료를 2008년의 경우에 한해 분석할 수밖에 없었다.

둘째, 2007년에 대통령선거가 있었고, 이에 따른 정부조직 개편이 있었다. 이에 2008년에 실시된 2007년에 대한 재정사업 자율평가는 매우 부실하게 진행되어 자료자체의 체계적인 관리가 어렵게 되어 있다. 부처를 넘나드는 조직개편 과정에서 책임을 묻기가 어렵게 되었고, 이에 성과관리가 제대로 이루어지지 못했다.[3]

셋째, 그나마 계획, 집행, 성과별로 부처의 제안 점수와 기획재정부의 최종 점수가 체계적으로 관리되고 있는 것은 2008년도이다. 이에 연도별 시계열적인 일관성 있는 분석은 이루어지기 어렵고, 연구의 목적에 따라 필요한 시기를 선택하여 분석한다.

---

3) <표 7-3>에서 공란의 경우 병무청 2005, 2006, 2007년도에는 한 가지 사업만 집계되어 차이평균과 차이표준편차를 나타낼 수가 없었다. 이는 2006년도 기상청, 2005년도 법제처, 2005, 2006년도 홍보처, 2007년도 조달 청도 마찬가지이다. 기획예산처의 경우 2005년도에는 한 가지 사업이 있었다가 나머지 해당 연도에는 사업이 없으므로 표기가 안 되었다. 국조실-복권기금의 경우 2007년도에는 폐지되었으며, 2007년도부터는 청소년위가 신설되었다.

표 7-2 총괄 분석표

기관	2005년			2006년			2007년		
	차이 평균	차이 표준편차	사업 개수	차이 평균	차이 표준편차	사업 개수	차이 평균	차이 표준편차	사업 개수
재경부	16.4	6.79	4	21	17.67	4	24.4	4.00	9
교육부	27.9	8.44	8	32.7	8.66	15	32.5	8.72	15
과기부	27.6	7.26	3	39.8	13.22	3	41.7	7.43	4
통일부	29.8	12.37	5	32.1	3.97	4	28.5	4.26	13
외교부	30.4	22.31	9	38	9.37	17	25.3	6.89	3
법무부	22.1	9.97	10	21.8	12.24	10	6.1	8.14	6
국방부	30.9	10.75	31	31.7	9.90	27	30.1	12.04	9
행자부	34.9	8.54	17	37.4	7.02	20	20.6	8.14	16
문화부	26.6	8.34	59	25	11.63	56	23.2	11.01	58
농림부	26.6	10.82	50	19.9	12.24	44	15.1	10.14	29
산자부	26.8	10.90	29	30.5	11.40	24	30.6	11.37	36
정통부	22.6	11.75	32	24.6	8.78	32	13.1	7.90	36
복지부	28	12.27	25	33.4	10.20	32	33.9	7.08	51
환경부	26.7	5.91	27	32.7	8.47	32	28	8.71	46
노동부	25.9	8.67	32	25.8	7.02	40	29.8	8.32	66
여성부	28.7	7.92	7	16.7	5.05	6	30	4.53	6
건교부	33	9.10	48	25.1	13.13	47	31.9	12.87	29
해수부	25.2	8.36	38	23.9	11.82	42	22.4	10.06	30
국세청	36.3	11.58	4	26.5	13.52	3	17.1	10.40	2
관세청	38.3	3.34	2	18.9	6.32	3	20.9	0.85	2
조달청	11.1	8.16	6	15	5.00	2			1
통계청	44.9	5.15	2	18.1	13.49	5	18.5	10.82	5
병무청			1			1			1
경찰청	18.1	9.43	9	27.8	6.16	9	18.1	8.70	6
소방방재청	36.3	9.33	4	38.7	7.81	5	29.3	5.61	11
기상청	14.2	7.50	2			1	26.7	11.11	3
문화재청	26.1	8.52	6	23.1	7.82	10	27.5	12.72	12

농진청	26.1	9.50	7	32.8	8.99	4	13.7	8.44	3
산림청	25.8	13.28	13	22.3	9.38	10	17.7	13.41	17
중기청	24.2	8.75	21	31	7.92	14	32.1	7.35	14
특허청	14.9	11.69	10	15.9	6.88	7	17.1	7.93	4
식약청	32.8	7.04	3	36.6	12.58	4	29.7	6.49	6
해경청	7.2	6.70	10	13.4	9.51	7	12.8	8.02	9
국조실-복권기금	27.5	5.82	4	22.5	6.93	4			
기획처			1						
법제처			1	29.7	5.34	2	33.6	6.29	3
홍보처			1			1	34.8	8.25	5
보훈처	21.5	12.00	6	23.8	10.43	7	20.1	10.98	4
인사위	10	0.00	2	31.7	1.65	2	12.5	2.50	2
방송위	12.6	11.03	6	16.7	5.90	8	27.5	8.81	12
청소년위				33.8	8.78	13	34.4	5.86	15
평균	25.50			26.77			24.63		
표준편차	8.37			7.32			8.02		

2 기관평가와 최종 평가 간 점수 차이

기관에서 부여한 자율평가 점수와 이를 기획재정부에서 다시 조정한 최종 점수 간의 차이가 매우 크게 나타나고 있다. 2005년의 경우 전체 편차의 평균이 25.50에 달하고, 2006년의 경우는 26.77이고, 2007년의 경우 24.63에 달한다. 즉, 부처에서 준 점수와 최종 조정된 점수 간에 매우 큰 차이가 발생하고 있는 것이다. 계량적 분석을 하더라도 차이에 따른 유의 수준은 매우 높게 나타나고 있다.

심지어 개별 사업을 보면 부처에서 100점을 주었으나 기획재정부에서는 55점을 주는 경우도 발생한다. 부처 간 지식의 차이를 반영한다고 하기에는 편차가 너무 크다고 할 수 있다.

표 7-3 연도별 대응 표본의 점수 통계

〈2005년도〉

	평균	N	표준편차	평균의 표준오차
부처 총점	91.7961	585	8.87156	.36679
기재부 총점	66.0050	585	12.88870	.53288

〈2006년도〉

	평균	N	표준편차	평균의 표준오차
부처 총점	86.4692	577	10.98188	.45718
기재부 총점	59.8995	577	12.97796	.54028

〈2007년도〉

	평균	N	표준편차	평균의 표준오차
부처 총점	91.7961	585	8.87156	.36679
기재부 총점	66.0050	585	12.88870	.53288

〈2008년도〉

	평균	N	표준편차	평균의 표준오차
부처 총점	79.3977	384	22.01635	1.12352
기재부 총점	66.6021	384	10.97866	.56025

3 부처별 편차

이러한 편차는 부처 간에 크게 차이가 발생하고 있다. 2005년의 경우 가장 차이가 작은 부처는 7.2점이나 가장 차이가 크게 나타나는 기관은 38.3점에 달한다. 2006년의 경우 가장 차이가 작은 부처는 13.4이나 가장 차이가 크게 나타나는 기관은 39.8이다. 2007년의 경우 가장 차이가 작은 부처는 6.1이나 가장 차이가 크게 나타나는 기관은 41.7점이다. 부처 간에 평가하는 수준이 상이함을 보여 준다.

특히 30점 이상 차이가 발생한 부처를 보면 2005년에 7개에서 2006년에는 14개 기관으로 대폭 늘어났다. 그러다가 2007년에 11개, 2008년에는 10개로 감소되고 있다. 특히 과학기술부, 국방부, 행정자치부(현 행정안전부)가 매년 반복적으로 큰 차이를 보이는 부처로 확인되고 있다.

표 7-4 30점의 차이를 보이는 부처

	2005년	2006년	2007년	2008년
부처	외교부 국방부 행자부 국세청 관세청 통계청 소방방재청	교육부 과기부 통일부 외교부 국방부 행자부 산자부 복지부 환경부 소방방재청 농진청 식약청 인사위원회 청소년위원회	교육부 과기부 국방부 산자부 복지부 여성부 건교부 중기청 법제처 홍보처 청소년위원회	통일부 행자부 과기부 노동부 인사위원회 여성부 보훈처 문화재청 식약청 청소년위원회
	7개	14개	11개	10개

4 학습의 효과

차이의 편차 평균치를 보면, 2005년의 경우 전체 편차의 평균이 25.50에 달하고, 2006년의 경우는 26.77이고, 2007년의 경우 24.63에 달한다. 즉, 시간이 지남에 따라 편차가 줄지 않고 있으며, 이는 학습 효과가 발생하지 않는 것으로 판단된다. 아니면 의도적인 왜곡이 체계적으로 자리 잡고 있음을 보여준다고 평가할 수 있다.

개별 부처 단위로 분석하더라도 점수의 편차가 일관성 있게 하락하는 모습을 보여주고 있지 못하다. 심지어 시간이 지남에 따라 편차가 커지는 경우도 있다. 교육부의 경우 2005년 27.9점에서 2006년 32.7점, 2007년 32.5점, 그리고 2008년 27.9점으로 편차가 점차 커지고 있다. 과기부의 경우도 2005년부터 27.6점, 39.8점, 41.7점, 41.8점으로 편차가 확대되고 있다. 복지부도 2005년부터 28점, 33.4점, 33.9, 29.8점으로 편차가 확대되는 부처에 해당된다. 국방부의 경우는 2005년부터 30.9점, 31.7점, 30.1점으로 매년 30점 이상의 편차 차이가 일관성 있게 나타나는 문제점을 드러내는 경우도 있다. 다만 국방부의 경우 2008년에는 20.1점으로 대폭 감소하는 특징을 보이고 있다.

물론 농림부의 경우처럼 2005년부터 26.6점, 19.9점, 15.1점으로 편차가 감소하는 부처도 있다. 다만 2008년에는 21.1점으로 약간 커지고 있다. 국세청의 경우도 2005년부터 점차 36.3점, 26.5점, 17.1점으로 편차가 매우 드라마틱하게 감소하고 있다. 통계청의 경우도 2005년부터 44.9점, 18.1점, 18.5점으로 안정을 찾고 있는 모습을 보이기도 한다. 다만 드라마틱한 감소를 보이던 국세청과 통계청이 2008년에는 각각 22.5점, 23.2점으로 다른 연도에 비해 편차가 상대적으로 크게 나타나는 경향을 보이고 있다.

특허청의 경우는 2005년부터 14.9점, 15.9점, 17.1점, 18.9점을 보여 처음부터 비교적 신뢰성 있는 정보를 생산하고 있는 경우에 해당된다. 해양경찰청의 경우도 2005년부터 7.2점, 13.4점, 12.8점, 11.8점으로 비교적 신뢰성 있는 정보를 제공하고 있다.

이러한 모습은 평가가 학습의 과정으로 접근하는 것이 아니라, 예산 심의 자료로 활용되는 이유로 인해 부처의 관대화 경향이 강화되는 모습을 보이게 된다고 평가된다.

5 단계별 점수의 편차 분석

계획, 집행, 평가의 단계에 따라 점수의 차이가 발생하는 모습을 분석하는 것은 새로운 쟁점을 제기한다. 이 분석은 2008년의 경우에는 이렇게 구분해 정리된 자료가 있기 때문에 2008년도를 기준으로 분석한다.

<표 7-6>에 따르면 총점의 차이를 유발하는 요인을 계획, 집행, 성과로 나누어 보면 성과의 차이가 가장 중요한 요인이 되고 있음을 알 수 있다.

총점의 차이를 구성하는 비율에서 성과의 차이가 50% 이상을 설명하는 부처가 39개 부처 중에서 31개에 달하고 있어 비율로 보면 80%에 달한다.

특히 총점의 편차가 큰 부처일수록 성과 점수의 차이가 크게 나나나고 있는 바, 이는 기본적으로 점수의 배점에서 성과 항목이 50점으로 비중이 가장 높은 점에 기인하는 측면도 있다.

그 다음은 계획의 차이가 설명력을 가지고 상대적으로 집행의 차이 비중은 낮은 편이다.

표 7-5 편차가 30점 이상인 부처의 성과 차이 비중

2008년	성과 차이의 비중
통일부	62%
행자부	56%
과기부	58%
노동부	64%
인사위원회	67%
여성부	53%
보훈처	63%
문화재청	49%
식약청	65%
청소년위원회	67%
10개	

표 7-6 요인별 점수 차이

〈2008년도 분석〉

	계획		집행		결과		총점	
	부처	최종	부처	최종	부처	최종	부처	최종
재경부	30.0	22.5	19.2	12.4	46.0	34.4	95.2	69.3
통일부	30.0	21.5	19.2	13.2	48.0	24.7	97.2	59.4
외교부	29.3	22.5	17.0	14.0	47.0	27.3	93.3	63.8
국방부	29.3	26.1	19.6	12.3	43.3	33.7	92.2	72.1
법무부	28.9	22.5	15.7	11.7	46.9	31.5	91.6	65.7
행자부	29.4	20.0	19.3	13.3	47.2	28.1	95.9	61.4
교육부	28.6	21.1	19.5	15.1	44.8	28.8	92.9	65.0
문화부	29.8	21.3	17.4	12.6	45.9	30.6	93.1	64.5
과기부	28.1	15.0	20.0	15.5	46.7	22.5	94.8	53.0
농림부	28.8	22.1	16.5	13.5	41.9	30.4	87.1	66.0
정통부	30.0	26.0	20.0	14.6	47.1	29.8	97.1	70.4
산자부	30.0	22.6	20.0	17.9	46.6	27.5	96.6	68.0
복지부	27.9	20.6	18.6	14.8	45.0	26.3	91.6	61.8
환경부	29.0	23.9	16.8	11.5	46.9	30.7	92.7	66.1
노동부	29.9	20.6	19.7	16.9	44.7	23.4	94.2	60.9
건교부	30.0	24.4	19.3	12.0	47.5	33.0	96.8	69.4

해수부	29.6	24.6	18.0	15.1	42.6	28.6	90.2	68.3
인사위	30.0	22.5	20.0	15.0	50.0	25.0	100.0	62.5
여성부	30.0	18.3	19.4	14.4	47.5	27.6	96.9	59.4
기획처	30.0	22.5	20.0	10.0	46.7	36.7	96.7	69.2
홍보처	30.0	30.0	12.5	10.0	47.5	25.0	90.0	65.0
보훈처	30.0	22.5	20.0	16.0	49.1	29.8	99.1	68.2
국세청	30.0	22.5	20.0	15.0	46.7	36.7	96.7	74.2
관세청	30.0	22.5	20.0	20.0	50.0	40.0	100.0	82.5
조달청	30.0	22.5	20.0	17.5	50.0	40.0	100.0	80.0
통계청	30.0	23.2	20.0	15.7	49.5	37.4	99.5	76.3
병무청	30.0	30.0	20.0	15.0	43.8	25.0	93.8	70.0
경찰청	30.0	24.4	20.0	16.5	42.9	35.4	92.9	76.3
기상청	30.0	27.5	20.0	13.3	40.0	22.8	90.0	63.3
문화재청	30.0	22.5	18.7	10.9	45.4	30.6	94.0	64.0
농진청	27.5	22.5	17.8	15.2	43.3	34.2	88.7	71.8
산림청	30.0	25.0	20.0	16.9	47.5	30.6	97.5	72.5
중기청	30.0	21.7	19.7	16.3	46.1	30.4	95.8	68.4
특허청	30.0	24.0	20.0	15.8	48.0	39.3	98.0	79.1
식약청	30.0	22.5	18.3	15.0	48.9	28.3	97.2	65.8
소방재청	30.0	30.0	20.0	16.0	45.0	35.8	95.0	81.8
청소년위	30.0	22.8	19.4	14.5	47.1	22.8	96.4	60.0
해경청	30.0	30.0	20.0	15.0	43.9	37.1	93.9	82.1
방송위		20.6		17.3		24.7	86.1	62.7

표 7-7 요인별 점수 차이분석

	총점	계획		집행		성과	
	차이	차이	비율(%)	차이	비율(%)	차이	비율(%)
재경부	25.9	7.5	29	6.8	26	11.6	45
통일부	37.8	8.5	22	6.0	16	23.3	62
외교부	29.5	6.8	23	3.0	10	19.7	67
국방부	20.1	3.2	16	7.3	36	9.6	48
법무부	25.9	6.4	25	4.0	15	15.4	60
행자부	34.5	9.4	27	6.0	17	19.1	56

교육부	27.9	7.5	27	4.4	16	16.0	57
문화부	28.5	8.5	30	4.8	17	15.3	53
과기부	41.8	13.1	31	4.5	11	24.2	58
농림부	21.1	6.7	32	3.0	14	11.5	54
정통부	26.7	4.0	15	5.4	20	17.3	65
산자부	28.6	7.4	26	2.1	7	21.1	74
복지부	29.8	7.3	24	3.8	13	18.7	63
환경부	26.6	5.1	19	5.3	20	16.2	61
노동부	33.3	9.3	28	2.8	8	21.3	64
건교부	27.4	5.6	20	7.3	27	14.5	53
해수부	21.9	5.0	23	2.9	13	14.0	64
인사위	37.5	7.5	20	5.0	13	25.0	67
여성부	37.5	11.7	31	5.0	13	19.9	53
기획처	27.5	7.5	28	10.0	36	10.0	36
홍보처	25.0	0.0	0.0	2.5	10	22.5	90
보훈처	30.9	7.5	24	4.0	13	19.3	63
국세청	22.5	7.5	33	5.0	22	10.0	45
관세청	17.5	7.5	43	0.0	0.0	10.0	57
조달청	20.0	7.5	38	2.5	12	10.0	50
통계청	23.2	6.8	29	4.3	19	12.1	52
병무청	23.8	0.0	0.0	5.0	21	18.8	79
경찰청	16.6	5.6	34	3.5	21	7.5	45
기상청	26.7	2.5	10	6.7	26	17.2	64
문화재청	30.0	7.5	25	7.8	26	14.8	49
농진청	16.9	5.0	30	2.6	16	9.1	54
산림청	25.0	5.0	20	3.1	12	16.9	68
중기청	27.4	8.3	30	3.4	12	15.7	58
특허청	18.9	6.0	32	4.2	22	8.7	46
식약청	31.4	7.5	24	3.3	11	20.6	65
소방재청	13.2	0.0	0.0	4.0	30	9.2	70
청소년위	36.4	7.2	20	4.9	13	24.3	67
해경청	11.8	0.0	0.0	5.0	42	6.8	58
방송위	23.4						

6 성과지표 관련 소모전

자율평가와 최종 점수 간의 차이가 발생하는 주요인은 성과 관련 점수였다. 그런데 이 지표는 성과계획과 연계되어 있다. 성과 목표의 지표를 잘못 선정했거나 목표치가 적극적으로 설계되어 있지 못하다고 하면, 성과목표치를 달성하더라도 좋은 점수를 받지 못하기 때문이다. 사실 이런 논리적 연계는 적합하다. 잘못된 목표를 달성한다는 것이 의미가 없기 때문이다. 마치 탈선한 기차에 속도를 내라고 독촉하는 것과 같다.

무엇보다 성과목표치 설정에서 어느 정도의 주관성 개입은 불가피하나, 목표치 설정 근거는 충분히 제시되어야 한다. 과거의 추세 실적 및 유사사업의 목표치 등을 풍부하게 제시하여 목표치 설정 타당성을 독자들이 비교 판단할 수 있도록 해야 하며, 목표치가 외부 요인 및 과거에 추진했던 사업의 결과로 당해 연도에 자연스럽게 달성될 수 있는 목표치 설정은 지양해야 한다.

그러나 문제는 성과목표치의 설정과 관련하여 부처와 중앙예산기구 간에 소모전이 발생한다는 것이다. 예컨대 교육훈련을 실시한 사업의 경우 사업 부서는 교육 참가자를 중시하지만, 기획재정부에서는 교육에 따른 효과의 측정을 주장하고 있다. 이에 성과지표가 적절하지 못하다는 평가를 받게 되면 교육 참가자가 많고 실질적인 효과가 있었다고 하더라도 측정의 방식으로 인해 제대로 점수를 받지 못하는 문제가 발생한다. 이러한 문제는 경제 부처가 아닌 환경부나 복지 관련 부처에 경우 강력한 반발 요인이 되기도 한다. 거시적 관점의 인과 관계와 개별 사업에 따른 인과 관계의 연계성을 찾기가 어렵기 때문이다.

여기에서 가장 논란이 되는 항목이 2-1과 2-2인데 인식의 차이가 크게 나타날 수 지가 있는 영역이다. 더군다나 2-2는 4-1과 연계된다. 이에 2-2의 15점과 4-1의 30점이 결합되는 경우 45점의 점수가 차이가 발생할 여지도 있는 것이다.

2-1. 성과지표가 사업 목적과 명확한 연계성을 가지고 있는가?
2-2. 성과지표의 목표치가 의욕적인가?

이는 개별 부처와 기획재정부가 재정사업 자율평가를 바라보는 시각의 결정적인 차이를 유발하는 요인이 될 수 있다. 박민정(2008)의 설문조사에 따르면 "재정 성과 관리의 지표는 성과관리를 측정하기에 효과적인가"라는 항목에서 기획재정부는 70%가 '그렇다', 30%가 '보통이다'라고 나타났다. 반면 사업 부처는 '그렇지 않다' 25%, '보통이다' 44%, '그렇다' 31%로 나타나 인식의 극명한 차이를 보여주고 있다. 그리고 "각 사업은 객관적으로 평가되고 있는가"라는 항목에서 기획재정부는 100%가 '그렇다'라고 하고 있는 반면, 사업 부처에서는 36%가 '그렇지 않다', 37%가 '보통이다', 27%가 '그렇다'라는 반응이다.

사실 성과지표는 인과 관계의 추적이라는 과학이라는 측면 못지않게 기술적인 영역이고 철학적 영역이기도 하다. 이를 두고 점수 부여의 논쟁을 야기하는 것은 국가적인 소모라고 할 수 있다. 이는 협의와 상담의 과정이 되어야 하기 때문이다.

7 사업관리와 사업의 성과

현재는 사업 집행과 관련한 변수와 사업의 성과와 관련한 변수의 점수가 물리적으로 단순 합계되고 있다. 즉, 목적을 달리해야 할 변수를 합계하여 평가의 점수로 활용하고 있는 것이다. 예컨대 "모니터링을 했는지, 문제점을 해결하는 노력을 했는가?"와 같은 변수가 사업의 성과와 같은 수준에서 관리되고 있는 것이다. 그러나 사업이 잘못 선정되었거나, 사업의 성과가 부족한 것은 과정에서 집행 노력을 소홀히 한 것과는 구분되어야 한다.

특히 아주 중요한 사업이어서 대규모 투자가 이루어져야 함에도 불구하고 적은 예산이 투입되어 성과가 낮았는데, 성과가 낮다는 이유로 예산이 삭감되면 결과적으로 악순환을 경험하게 될 것이다. 이럴 경우 성과가 낮지만 예산을 증액시키는 의사결정을 지원하는 평가표 관리가 필요하다. 이를 위해서는 과정을 평가하는 항목과 결과를 평가하는 항목을 구분하여 관리하는 노력이 필요하다고 할 수 있다.

8 보고서 관리의 행정비용

현재 15개의 항목별로 답변서를 마련한다는 것은 쉽지 않은 노력이 요구되고 있다. 사업 부처에서 사업 수행의 논리를 점검하는 의미는 있으나, 항목에 대한 답변을 작성하는 시간이 많이 소요되고 있다. 특히 계획과 관련한 답변 근거를 사업이 다 끝나고 평가를 받는 시점에서 다시 보고서를 작성하도록 하는 것은 의미를 훼손하는 행정비용일 수 있다. 이는 계획 단계에서 마무리되어야 할 작업이다.

질문 항목별로 장황한 답변을 작성하도록 하는 것은 자칫 재정사업 자율평가가 예산 확보를 위한 문서행정의 왜곡된 모습으로 변형될 우려가 있다.

9 "예, 아니오"의 2분적 평가

"4-1. 계획된 성과지표의 목표치를 달성했는가?" 지표를 제외하고는 전부 "예" 또는 "아니오"로 평가를 한다. 이에 수준별 차이를 둘 수가 없다. 이는 미국의 PART를 그대로 원용하면서 발생한 문제이기도 하다.

물론 평가의 엄격성과 편의성을 위해서는 이러한 방식이 가지고 있는 장점이 있다. 그러나 이러한 과정에서 중간의 많은 노력에 대한 정보가 상실된다. 향후 구간을 설정하여 5점 만점에 등급에 따라 일정한 점수의 폭을 설정할 필요가 있다.

10 성과지표치 달성도 평가

"4-1. 계획된 성과지표의 목표치를 달성했는가?"는 지표의 경우는 "예, 상당한 정도, 어느 정도, 아니오"의 4단계 수준을 두고 있다. 역시 이에 중간의 많은 수준에 대한 정보가 사장되고 있다.

그러나 더 큰 문제는 성과 달성도와 재정 투입 간의 인과 관계를 제대로 반영하느냐의 문제이다. 목표치의 문제점은 실적치에서도 마찬가지로 나타난다. 즉, 정책 기여

평가지표	4-1. 계획된 성과지표의 목표치를 달성했는가?

측정 방법

□ 의욕적으로 제시된 목표치 달성 정도를 확인하여 4단계로 배점 부여

〈4단계 배점 방법〉

답변	"아니오"	"어느 정도"	"상당한 정도"	"예"
비중	0	0.33	0.67	1
배점	0	10	20	30

측정 기준

1 **'예' 판단 기준**

- 2-2에서 "예"이면서 모든 성과지표의 목표치를 100% 달성한 경우
  - * 목표달성률이 100%를 초과하는 경우도 100%로 계산

2 **'상당한 정도' 판단 기준**

- 2-2에서 "예"이면서 제시한 목표치를 상당 정도로 달성한 경우
- 2-2에서 "예"이면서 모든 성과지표의 목표치를 100% 달성했더라도 아래의 경우에 해당하면 '상당한 정도'로 처리
  - 신규 사업이거나 공정이 진행 중인 사업 등으로서 당해 사업의 궁극적 효과 달성 여부 확인이 곤란한 경우
  - 사업 추진 과정에서 문제가 발생하여 정상 집행이 안 된 경우

3 **'어느 정도' 판단 기준**

- 2-2에서 "예"이면서 제시한 목표치를 어느정도 달성한 경우
- 2-2에서 "예"이면서 모든 성과지표의 목표치를 100% 달성했더라도 아래의 경우에 해당하면 '어느 정도'로 인정
  - 신뢰할 수 없는 데이터를 실적치로 제시한 경우
  - 연례적으로 실집행률이 저조한 경우
- 2-2에서 "아니오"이나 목표치를 100% 달성한 경우

4 **'아니오' 판단 기준**

- 그 밖의 모든 경우

평가 근거/자료

□ 성과지표의 목표치 달성 여부 및 데이터의 신뢰성을 입증할 수 있는 관련 자료

도와 과학적 논리의 연계에 대한 논의가 필요하다는 점이다. 예컨대 환경사업의 경우 재정 지출이 환경 개선에 어느 정도 기여했는가를 진실험 상황에서 평가할 수 없기 때문이다. 수출 지원을 하기 위해 박람회를 개최하여 결과적으로 한국의 수출이 잘된 경우에 박람회 개최에 따른 효과만을 따로 추출하는 것이 쉽지 않다. 그러다 보면 박람회 개최에 따른 수출의 증대를 성과로 관리하는 위험이 발생한다. 신용 보증이나 기업에 대한 융자사업의 경우 당해 연도 경기 변동 요인뿐만 아니라, 기업의 부가가치 증가율에 영향을 미치는 기업의 일반적 특성, 경영 규모, 경영구조 및 생산비용 요인들 역시, 정부 정책 및 사업의 효과와 함께, 당해 연도 실적치에 영향을 미친다.

따라서 이런 요인들을 체계적으로 고려한 정책기여도 증거 제시는 성과정보의 신뢰 향상에 꼭 필요한 요소라 할 수 있다. 그러나 이를 실적치에서 정확하게 포착하고 관리한다는 것이 쉽지 않고, 이러한 기술적 측면의 애로 사항이 재정사업 자율평가의 존재 자체에 대한 비판으로 비약되는 위험이 상존한다.

제 4 절 개선 과제

1 성과지표의 컨설팅 기능 강화

성과지표는 예산을 배정할 때 합의를 가져야 한다. 국가재정법에서는 다음 회계연도 개시 90일 전까지 예산요구서를 제출할 때, 성과계획서를 제출하도록 하고 있다.

마찬가지로 기획재정부가 미리 성과지표에 대해서는 합의를 하고, 재정사업 자율평가에서는 목표로 한 성과의 달성 여부만 평가하는 것으로 전환할 필요가 있다.

즉, 성과지표의 적정성 여부를 성과 평가에서 다루지 말고, 예산 배정 시에 이를 확보하는 과정으로 전환할 필요가 있는 것이다. 한도액(ceiling)에 의한 예산 배정 방식으로 전환하고, 이러한 과정과 연계하여 재정사업 자율평가를 한다는 것은 미리 성과계획에 대한 합의를 한다는 의미가 있기 때문이다. 즉, 성과계획은 사전 합의 사항인 것이다.

이럴 경우 성과지표의 개발은 평가의 과정이 아니라 컨설팅의 과정이 되어야 할 것이다.

2 평가의 목표에 따른 활용도

집행의 효율성을 다루는 부분과 성과에서 평가를 주기적으로 했는가 하는 부분은 별도로 관리할 필요가 있다. 집행의 평가점수 역시 계획과 마찬가지로 점수로 포함시키지 말고 이는 과정의 개선을 위한 지표로 활용할 필요가 있다.

성과는 기획재정부에서 예산 배정에 활용하지만, 집행 관리는 사업 부처에서 사업 관리와 관련한 피드백(feedback)의 장치로 활용하는 것으로 목적이 구분되기 때문이다.

3 평가 수준의 연속적 설정

지금은 지표 "4-1 성과 달성도"를 제외하고는 전부가 "예, 아니오"의 2분법으로 평가한다. 따라서 어느 정도 노력을 했다고 하더라도 그 정보는 완전히 무시되고 "0"점 처리되는 것이다.

향후 수준별로 3단계 내지 5단계로 구분하여 점수를 부여하는 방식이 필요하다. 성과 달성도도 현재는 4단계만으로 구분하고 있으나, 이를 90% 이상, 80% 이상, 70% 이상, 60% 이상, 60% 이하 등으로 좀 더 세분화된 평가 기준으로 구분할 필요가 있다.

4 자체평가위원회의 객관성 확보

자체평가는 가장 기본적인 자료를 생산하는 첫 단계이다. 따라서 자체평가위원회가 부처에 포획되지 않고 객관성과 전문성에 근거한 평가를 할 수 있도록 체계를 정립하는 것이 필요하다. 지금은 개별 부처에 임명을 전부 위임하고 있기 때문에 부처의 입장을 대변하는 위상을 갖기 쉽게 되어 있다.

자체평가의 객관성을 확보하는 방안의 하나로 국무총리실이나 기획재정부가 인적 DB를 구축하고, 개별 부처는 이 중에서 선택하여 위촉하는 방안도 가능하다. 이럴 경우 개별 부처와 평가위원 간의 직접적 관계를 한번은 스크린 하는 장치가 될 수 있을 것이다.

아니면 전체 위원 중 해당 분야의 전문성을 가지는 위원은 해당 부처에서 위촉하되 정책 전문가나 재정 전문가는 인력 풀을 활용하는 2원적 구조를 가지도록 하는 방안도 가능하다.

5 기획재정부의 메타평가 기능의 재정립

자체평가의 과정에서 발생하는 쟁점은 개별 부처의 사업 전문성을 인정할 것인가 아니면 이럴 경우 관대화 경향이 발생하기 때문에 기획재정부에 의한 상위평가를 할 것인가의 쟁점으로 요약된다. 이에 관련 기관의 적절한 역할 재정립이 필요하다.

성과지표 설정과 관련하여 조세연구원은 평가 대행기관이 아니라, 평가지표의 개발에 대한 컨설팅 기능을 강화해야 할 필요가 있다. 개별 사업이 가져오는 궁극적인 효과와의 인과 관계를 확인하고 좀 더 적실성 있는 성과지표가 적용되는 것이 재정사업 자율평가의 출발이기 때문이다. 따라서 조세연구원은 사업이 결정되고 예산 배분이 결정되는 시기에 성과지표에 대한 컨설팅을 통해 이를 확정하는 역할이 강화되어야 한다.

그리고 각 부처는 점검의 기능이 발달되어야 한다. 사업 집행 과정에서 성과를 제고하기 위한 노력을 하고 모니터링하는 기능을 발전시켜야 한다. 사업이 완료되고 나서 잘못된 것을 지적하는 과정이 아니라, 사업 집행 과정에서 끊임없이 모니터링하여 사업의 성과를 제고하는 노력이 중요하기 때문이다. 그리고 자체평가위원회의 전문성과 객관성을 존중해야 한다. 지금과 같이 예산 확보라는 보상과 연계되어 왜곡될 가능성이 상존하나, 자원의 기회비용을 고려하여 좀 더 효율적으로 국가 재원을 활용한다는 책임 의식을 강화할 필요가 있다.

기획재정부는 다시 전면적으로 상위 평가하는 방식을 지양하고 점검하는 방식으로 전환할 필요가 있다. 정부 업무평가와 관련하여 현재 국무총리실의 점검 기능으로 전환할 필요가 있다. 특히 계획 과정을 사전 컨설팅으로 전환하고, 집행 기능을 개별 부처에 위임한다면, 기획재정부는 성과 결과에 대한 점검 기능에 국한할 수 있을 것이다. 그리고 필요 시 재정사업 심층평가를 요구하여 사업의 효율성을 제고하는 노력을 촉구하는 기능을 가질 수 있을 것이다.

제 5 절 결론

청출어람(青出於藍)의 모습으로 우리의 재정사업 자율평가를 미국의 PART에서 빌려 왔지만 우리 식으로 잘 활용하고 있다. 우리의 경우에 미국과 구분되는 가장 특징적인 것은 우리의 경우 예산편성권을 행정부가 가지고 있기 때문에 성과예산과 연계된다는 점이다. 미국은 OMB에 의한 중앙통제 권한이 약한 데 비해, 우리는 상위평가를 통해 조정하는 과정이 있고 평가의 점수를 다음 연도 예산에 반영하는 과정이 있기 때문에 정보의 품질을 관리하는 과정이 있다고 할 수 있다.

그러나 기획재정부가 실시하는 상위평가의 점수가 개별 사업 부처가 실시하는 점수와 워낙 차이가 크게 발생하여 재정사업 자율평가의 실효성 자체에 대한 비판의 목소리가 높은 것도 사실이다. 그리고 각 부처에서 더 많은 예산을 확보하기 위해 관대화 경향이 개선될 여지가 보이지 않는다. 국민들의 사업 타당성에 대한 의심, 그리고 사업 우선순위에 대한 우려도 여전히 잔존한다. 이에 이 연구에서는 부처의 점수와 최종 점수를 비교하여 차이점을 분석하고 이러한 과정에서 평가의 실효성을 제고하기 위한 정책 과제를 도출하고자 했다.

기획재정부가 상위평가를 하는 것이 지금처럼 평가지표 전체에 대한 평가를 하는 것은 제도의 목적을 달성하는 데 오히려 걸림돌이 될 수 있다. 계획은 사전 컨설팅 과정으로 전환할 필요가 있다. 집행은 개별 사업 부처에서 집행의 모니터링으로 전환할 필요가 있다. 성과의 달성도에 대해서는 사후적으로 사업 부처의 책임을 확보하는 수단으로 활용하고 특히 예산 배분의 과정에서 중요한 자료로 활용할 수 있을 것이다.

이러한 과정에서 담당하고 있는 공무원들이 예산의 본질을 제대로 이해하고, 사업

평가를 하는 데 객관성을 갖도록 의식 전환을 하도록 하는 것도 중요하다. 평가의 점수로 예산 배정에 활용하는 인센티브로 작용하기 때문에 평가의 왜곡이 개입될 소지가 있다면 자체평가위원회의 구성에서 이를 객관화할 수 있도록 데이터베이스(DB)를 구축하고 인력 풀(pool)제로 활용하는 방안도 가능할 것이다.

"결과(성과)를 측정하지 않는다면 성공과 실패를 구별할 수 없다"(Osborne & Gaebler, 1992: 147)는 주장에 근거하여 신공공관리론의 연장에서 1990년대 이후 성과관리는 전 세계적으로 정책 유행(policy fashion)이 되었다. 그러나 성과관리는 실시한다고 하는 명분이 중요한 것이 아니라, 성과측정을 통해 사업이나 과제의 책임성 및 효율성을 확보해 나가려는 개인이나 조직들의 끊임없는 시행착오를 필요로 하고 있다. 그런 의미에서 2004년부터 실시해 온 재정사업 자율평가의 평가지표, 평가 방식, 평가 절차에 대한 검토가 필요한 시기이다.

참고 문헌

공동성 · 방문규 · 윤기웅(2007). 재정사업 평가 결과에 영향을 미치는 요인에 관한 연구: 2006년도 평가 결과를 중심으로. 「정책분석평가학회보」, 17(4): 27-56.

국회예산정책처(2006). 「2005년도 재정사업 자율평가에 대한 메타평가」.

기획예산처(2004). 「2004-2008 국가재정운용계획」.

―――(2006). 「2006년도 재정사업 자율평가 지침」.

―――(2007a). 「재정사업 성과관리 및 재정사업 자율평가제도 설명회 자료」.

―――(2007b). 「재정사업자율평가 및 재정운용평가 매뉴얼: 2007년도 재정성과 부문」.

―――(2007c). 재정성과관리제도. 재정혁신. 1. 3. http://www.mpb.go.kr

김성일 · 홍정열(2005). 건설교통 부문의 재정사업 자율평가의 문제점과 개선 방안. 「건설경제」, 46(4): 34-45.

김성철 · 박기묵 · 전성훈(2007). 우리나라 중앙관서의 '재정사업 성과관리제도'에 관한 연구. 「한국사회와 행정연구」, 17(4): 101-122.

나태준 · 이남국 · 조병덕(2006). 교육인적자원부 재정사업 성과관리 체계의 개발과 한계. 「행정논총」, 44(4): 259-283.

남동균(2007). 2006년도 재정사업 자율평가 결과 및 시사점. 「평가리뷰」, 가을(제6호): 76-87.

박노욱(2005). 공공부문의 성과평가와 경제적 유인의 도입에 관한 연구: 성과관리 예산제도 도입에의 시사점을 중심으로. 한국조세연구원.

박민정 · 박중훈(2008). 예산관리의 효율성 제고를 위한 재정 성과관리 연구: '재정사업 자율평가제'를 중심으로. 한국행정연구원.

윤수재 · 이광희 · 홍재환(2008). 성과관리제도에 대한 해외 사례 비교 분석. 한국행정연구원.

Blöndal, J. R., D. J. Kraan, & M. Ruffner (2003). Budgeting in the United States. *OECD Journal on Budgeting*, 3(2): 7-53.

Caiden, N. (1981). Public Budgeting amidst Uncertainty and Instability. *Public Budgeting and Finance*, 1(1): 6-19.

———(1998). Public Service Professionalism for Performance Measurement and Evaluation. *Public Budgeting & Finance,* 18(2): 35-52.

———(2007). Performance Management in the Public Sector. 2007 UN Governance 1st Symposium 발표문.

GAO(2001). Performance and Accountability Series: Major Management Challenges and Program Risks-A Governmentwide Perspective, GAO-01-241.

———(2002). Performance Budgeting: Opportunities and Challenges, GAO-02-1106T.

———(2003). Performance Budgeting: Current Developments and Future Prospects, GAO-03-595T.

———(2004a). Performance Budgeting: Observations on the Use of OMB's Program Assessment Rating Tool for the Fiscal Year 2004 Budget, GAO-04-174.

———(2004b). Performance Budgeting: OMB's Performance Rating Tool Presents Opportunities and Challenges For Evaluating Program Performance, GAO-04-550T.

———(2005). Program Evaluation: OMB's PART Reviews Increased Agencies' Attention to Improving Evidence of Program Results, GAO-06-67.

Gilmour, J. B. & D. E. Lewis (2006a). Assessing Performance Budgeting at OMB: The Influence of Politics, Performance, and Program Size. *Journal of Public Research and Theory*, 16(2): 169-186.

———(2006b), Does Performance Budgeting Work? An Examination of the Office of Management and Budget's PART Scores. *Public Administration Review*, 66(5): 742-452.

———(2006c). Political Appointees and the Competence of Federal Program Management. *American Politics Research*, 34(1): 22-50.

Hood, Christopher(2007). Public Service Management by Numbers: Why Does it Vary? Where Has it Come From? What Are the Gaps and the Puzzles? *Public Money & Manangement,* 27(2): 95-102.

Joyce, P. G. (1997). Using Performance Measures for Budgeting: A New Beat, or Is It the Same Old Tune?, in Kathryn E. Newcomer(ed.). *Using Performance Measurement to Improve Public and Nonprofit Programs*, 45-61. San Francisco: Jossey-Bass

Melkers, J. & K. Willoughby(1998). The State of the States: Performance-Based Budgeting Requirements in 47 out of 50. *Public Administration Review*, 58(1): 66-73.

Milgrom, Paul & John Roberts(1992). *Economics, Organization and Management,* Englewood Cliffs, N.J.: Prentice-Hall.

OMB(2005). Guidance for Completing the Program Assessment Rating Tool(PART).

———(2007). Guide to the Program Assessment Rating Tool(PART).

Osborne, David & Ted Gabler(1992). *Reinventing Government: How the Entleprenurial Sprits Transforming the Public Sector*. New York: Addison-Wesley.

Poister, Theodore H.(2003). *Measuring Performance in Public and Nonprofit Organization*. CA: Jossey-Bass.

Wholey, J. S. & K. E. Newcomer(1997). Clarifying Goals, Reporting Results, in Kathryn E. Newcomer(ed.). *Using Performance Measurement to Improve Public and Nonprofit Programs*, 91-98. San Francisco: Jossey-Bass.

Wildavsky, A. & N. Caiden(2004). *The New Politics of the Budgetary Process*. Pearson Education, Inc.

제 8 장

정부회계제도의 변화와 발전 과제

임동완

제 1 절 의의

1 정부회계의 개념

정부회계(government accounting)란 정부의 재정에 관한 정보를 이해관계자의 의사결정에 유용한 자료를 제공하기 위해 계량적인 수단으로 표시하고 보고하는 여러 활동이다(편호범, 2010).

최근 정부회계제도 개혁 방향은 단식부기 · 현금주의에서 복식부기 · 발생주의로의 전환이라고 할 수 있다. 복식부기와 발생주의는 동시에 명시되고 있으나 양자는 다른 의미이다. 단식부기와 복식부기는 기장방식에 의한 구분이고 현금주의와 발생주의는 인식 기준에 의한 구분이다.

2 정부회계의 유형

1) 기장 방식에 의한 구분

부기란 기업의 경영활동에서 일어나는 자산과 부채 및 자본의 변화를 일정한 원리 원칙에 따라 기록, 계산 및 정리하여 그 결과를 명백히 하는 방법으로서 장부 기장의 줄임말이다. 부기는 일정 시점의 재정 상태를 파악하고 일정 기간의 경영 성과를 파악하기 위한 목적으로 작성된다. 기장 방식에 의한 부기의 종류는 단식부기와 복식부기로 나눌 수 있다.

(1) 단식부기

단식부기(single entry bookkeeping)란 현금, 특정 재산, 채무 등을 대상으로 발생된 거래의 일면만을 기록하는 방식이다. 이는 전통적으로 정부 부문에서 사용해 왔다(윤성식, 2003). 일반적으로 자산과 부채, 현금 수지 등이 각각의 대장에 독립적으로 기록된다. 따라서 자기검증이 어렵고 손익 파악이 불완전하다.

(2) 복식부기

복식부기(double entry bookkeeping)는 자산, 부채, 자본의 변동을 측정하기 위해 하나의 거래가 발생하면 이를 회계장부의 차변과 대변으로 나누어 기록하는 방식이다. 그리고 차변의 합계와 대변의 합계를 반드시 일치시키는 대차 평균의 원리에 의해 회계 기록의 자기검증이 가능하다(윤성식, 2003). 일반적으로 기업에서 활용되고 있으며 손익 파악이 완전하다.

2) 인식 기준에 의한 구분

경제적 사건을 어떻게 인식하느냐에 따라 현금주의와 발생주의로 구분된다. 그리고 현금주의를 바탕으로 발생주의 요소를 도입한 수정현금주의와 발생주의를 바탕으로 현금주의 요소를 도입한 수정발생주의도 있다(김혁 외, 2004). 이 중 현금주의와 발생주의에 대해 설명하면 다음과 같다.

(1) 현금주의

현금주의(cash basis)란 현금자원의 흐름에 초점을 두고 현금의 유입과 유출 여부에 따라 수익과 비용을 인식하는 방식이다. 현금의 유입이 수입 또는 수익이 되며 현금의 유출이 지출 또는 비용으로 인식된다. 따라서 현금이 수반되지 않은 수익 비용 및 자산 및 부채의 증감은 고려되지 않고 감가상각비 역시 제외된다. 현금주의는 단순하고 예산과 실제 지출액의 비교가 잘 되기 때문에 예산통제에 잘 활용될 수 있는 장점이 있지만 재정 상태나 정부활동의 성과평가를 위한 비용이나 원가정보를 제공하지 못하는 단점이 있다.

(2) 발생주의

발생주의(accrual basis)는 수익과 비용을 인식하여 측정할 때 현금을 수수한 시점과는 관계없이 재무 상태를 변동시킨 거래나 사건이 발생한 시점에서 인식하는 방식이다. 즉, 수익은 수익을 획득한 시점에, 비용은 비용이 발생된 시점에 수익과 비용으로 인식한다. 이에 따라 거래는 발생했으나 현금의 유입과 유출이 이루어지기 이전 시점에 지급되는 미수금, 미수수익, 미지급비용, 선수수익, 선급비용 등의 발생주의 거래 항목이 사용되게 된다.

발생주의는 정확한 수익과 비용의 측정이 가능하여 성과에 대한 정보를 제공할 수 있다는 장점이 있다. 반면에 발생 사실을 측정하는 과정에서 예측이나 추정과 같은 불확실성을 포함하여 회계정보가 객관성이 결여될 수 있고 정보 생산에 많은 비용이 들 수 있다는 단점이 있다.

3) 유형의 분류

정부회계제도를 기장 방식(단식부기 · 복식부기)과 인식 기준(현금주의 · 발생주의)에 따라 <표 8-1>과 같은 네 가지 유형으로 구분할 수 있다(윤영진, 2010). Ⅰ 유형이 가계부와 과거의 우리나라 정부의 회계제도였고, Ⅱ 유형은 현실에 없다. Ⅲ 유형은 과거의 영미계 국가들의 회계제도였고, Ⅳ 유형이 민간기업과 현재의 우리나라에서 사용하는 유형이다.

표 8-1 정부회계제도 유형의 분류

기장 방식 \ 인식 기준	현금주의	발생주의
단식부기	Ⅰ	Ⅱ
복식부기	Ⅲ	Ⅳ

제 2 절 현황

1 지방정부 개혁과 현황

정부회계제도 개혁은 1997년 이전에도 있어 왔다. 그러나 정부회계제도 개혁이 본격적으로 논의되기 시작된 것은 1997년 대통령 선거에서 김대중 후보가 복식부기·발생주의 회계의 도입을 공약으로 제시하고, 100대 국정과제로 정부회계제도 개혁을 추진하면서부터이다. 1998년에는 고건 서울시장도 50대 시정개혁 과제 중의 하나로 복식부기·발생주의 제도의 도입을 제시했다. 특히 정부회계제도 개혁을 위해 국제기구와 일부 지방자치단체 및 시민단체 등에서 복식부기·발생주의회계 도입의 필요성을 강하게 주장했다. 특히 시민단체인 경제정의실천시민연합은 행정자치부(현 행정안전부), 부천시 등을 면담하고 설득하는 데 적극적인 역할을 수행했다(이남국, 2003; 조상은, 2003).

그 결과 1998년 12월에 행정자치부가 복식부기·발생주의 회계제도를 도입할 것을 결정했고, 1999년 3월에는 재정의 효율성, 투명성, 책임성을 제고하기 위해 복식부기·발생주의 회계제도 도입이 국정과제로 선정되었다. 이에 따라 1999년 4월 부천시와 강남구가 시범기관으로 지정되었다(이남국, 2003).

1999년 12월에는 지방정부 회계제도 개혁의 첫 작업으로 '복식부기 회계 기준 및 전산 프로그램 개발연구 용역'이 시작되었다. 이 작업은 2001년 3월까지 이어졌는데, 이에 의해 정부회계 기준 시안과 복식부기 회계 시스템(Local Government Accrual Accounting and Double Entry Information System: LADI)이 마련되었다(문병기, 2003).

이와 같은 기술의 발달은 지방정부의 회계제도 개혁을 촉진시켰다. 지방정부 회계제도 개혁의 가장 큰 문제점 중의 하나는 회계 담당 공무원들을 어떻게 교육시킬 것인가에 대한 것이었다. 그런데 복식부기 회계 시스템은 자동분개 시스템에 의거하여 복식부기 회계정보가 자동 산출되어 실무 담당자가 회계 원리에 대한 상세한 이해 없이도 회계 처리가 가능하게 되었고 업무에 대한 부담도 완화되었다.

부천시는 2002년부터, 강남구는 2003년부터 복식부기・발생주의에 의한 결산 재무제표를 산출했다. 특히 부천시는 2003년 4월에 국제정부회계비교연구학회(Comparative International Governmental Accounting Research: CIGAR)의 학술대회에서 부천시 정부회계 개혁 사례를 소개했다.

2003년 1월부터는 기존의 부천시와 강남구 이외에 광역자치단체를 포함한 7개 자치단체(대전광역시, 대전 서구, 전라북도, 전주시, 정읍시, 무주군, 순창군)를 시범기관으로 확대하여 회계기준 및 전산 프로그램의 표준화사업을 추진했다.

2003년 2월에는 참여정부 대통령 업무보고에서 복식부기・발생주의 회계제도를 지방정부 개혁 과제로 제시했고, 4월에는 정부혁신지방분권위원회의 지방분권 및 재정・세제개혁 어젠다에 예산회계제도 개혁 과제로 복식부기・발생주의 회계제도 도입을 포함했으며, 12월에 「지방분권특별법」에 지방자치단체 복식부기・발생주의 회계제도 도입 규정을 마련했다(유성용・권병철, 2007).

2003년 8월에는 지방자치단체회계기준심의위원회가 구성되었다. 위원회는 2004년 5월 20일에 공개 초안을 발표했다.[1] 동년 11월에는 행정자치부가 기존의 9개 지방자치단체 이외에 54개 지방자치단체를 시범기관으로 선정했다(정윤한, 2006).

그리고 2005년 6월 개정된 「지방재정법」에서는 2007년부터 전 지방자치단체가 복식부기・발생주의에 기초한 재무보고서를 작성할 것을 명시했다. 그래서 2007년부터 모든 자치단체가 복식부기・발생주의 회계제도를 도입했고 지방재정관리시스템(e-호조)을 2008년 1월부터 사용하고 있다. 2009년 12월에는 회계기준을 운영하면서 부족한 점을 보완하여 「지방자치단체 회계기준에 관한 규칙」을 일부 개정했다. 2010년에는 「지방자치단체 원가계산준칙」을 제정했다.

---

1) 이 초안에서는 시행일을 2006년 1월 1일로 했으나 이후 1년을 연장했다(심재영, 2010: 96).

2 중앙정부 개혁과 현황

중앙정부의 회계 개혁은 재정경제부(현 기획재정부)가 1998년 5월 도입 방침을 밝히면서 시작되었다(김혁 외, 2004). 1998년 재정관리제도 개선을 위한 실무 작업반이 재정경제부 국고국 내에 구성되었고, 이들의 연구 결과인 정부회계제도의 개편 방향이 재정경제부 장관에게 보고되고 공표되었다. 곧이어 12월에 정부회계제도 개선추진협의회와 정부회계자문위원회를 구성했다(편호범, 2004).

재정경제부가 회계법인에 의뢰하여 정부회계 기준 초안 작성을 위한 연구용역을 수행하게 한 것이 국가회계기준의 시작이었다. 이때 마련된 초안을 바탕으로 2000년 2월에 구성된 정부회계기준위원회가 수많은 회의를 거쳐 정부회계기준 시안을 만들었다. 2002년 5월에 기준초안 및 개편 방향에 대한 공청회가 있었다(심재영, 2010).

2004년 1월에 참여정부는 복식부기·발생주의 회계 도입을 다시 국정과제로 채택했고, 복식부기·발생주의 회계 등을 포함하는 통합재정정보시스템 구축을 위해 재정경제부, 행정자치부, 기획예산처, 감사원 등 재정 관련 기관을 포함하는 디지털예산회계기획단을 구성했다(박상임·허웅, 2007). 디지털예산회계시스템은 세입 징수, 예산 편성·집행·결산·평가 등 재정 프로세스의 모든 정보를 실시간으로 분석해 제공할 수 있는 통합재정정보시스템이다. 이는 예산 및 회계제도를 선진 체계로 개편하기 위해 국제 기준(IMF GFS)을 고려해 공공부문 재정통계 작성 범위 재설정, 사업 및 성과관리를 연계한 프로그램 예산제도 도입, 회계 투명성을 제고하기 위한 복식부기·발생주의 회계제도 도입 등 예산회계제도 개편 내용을 담아 통합재정정보시스템을 구축하고자 했다. 특히 복식부기·발생주의 회계제도를 바탕으로 구축되는 통합재정정보시스템은 공공부문의 모든 재정정보를 실시간으로 분석하여 활용할 수 있도록 정보 및 시스템을 통합해 연계하고, 사업관리시스템 및 원가정보시스템 구축을 통해 성과평가 기반을 마련하고 있다(기획예산처, 2006). 2005년 2월부터 9월까지 정보화 설계를 마치고, 동년 10월부터 시스템을 개발했으며, 2007년부터 가동되고 있다.

2005년에는 12개 중앙관서(재정경제부, 과학기술부, 산업자원부, 해양수산부, 여성부, 기획예산처, 보훈처, 국정홍보처, 통계청, 조달청, 특허청, 공정위원회)를 대상으로 복식부기·발생주의 회계제도에 대한 시험 운용을 실시했고, 2006년부터 시험 운용 대상을 모든 부처로 확대했다(정병기, 2007).

2006년 6월에 정부회계기준위원회를 대체하여 국가회계기준심의위원회를 구성했으며, 2007년 3월에 국가회계기준시안을 확정했다(심재영, 2010). 이와 더불어 중앙정부에 복식부기·발생주의 회계 도입을 위한 기본법으로 「국가회계법」 제정안을 관계 기관 및 관련 전문가 협의를 거쳐 마련하고 2006년 12월 27일자로 국회에 제출했다. 이후 공청회와 국회에서의 논의를 거쳐 2007년 9월 20일 국회에서 수정 의결되어 2007년 10월 17일 공포되었다(임동완, 2007). 「국가회계법」은 2009년 1월 1일부터 시행되었다.

「국가회계법」은 복식부기·발생주의 회계를 도입하여 국가 회계의 투명성과 신뢰성을 제고하고 국가 경영에 필요한 정보를 제공하는 것을 목적으로 한다. 이는 국가회계의 기본법으로서 역할을 수행한다. 최근에는 기획재정부가 「국가회계기준에 관한 규칙」을 개정하고 「원가계산준칙」을 제정했다.

제 3 절 평가

1 종합적이고 체계적인 재정정보 제공

정부가 갖고 있는 여러 형태의 재산을 최대한 효율적으로 관리하기 위해서는 재정현황을 일목요연하게 파악할 수 있어야 하는데, 이를 가능하게 한 것이 복식부기·발생주의 회계제도이다. 복식부기·발생주의 회계가 실행되면서 재무제표가 작성되게 되었는데 이는 재정상태보고서, 재정운영보고서, 순자산변동보고서 등으로 구성된다. 재정상태보고서는 일정 시점의 자산, 부채, 자본 등의 재정 상태를 나타낸다. 재정운영보고서는 회계연도 동안의 수익과 비용 등의 운영 성과를 나타낸다. 순자산변동보고서는 회계연도 동안 순자산의 증감 내역을 보여준다. 이 밖에도 주석, 필수보충정보, 부속명세서 등을 통해 다양한 정보를 제공한다.

2 재정위기 조기경보 기능 강화 및 재정책임성 증대

재무제표에 의해 정부의 부채 상환 능력을 파악할 수 있고, 정부가 보유하고 있는 자산과 정부에 귀속되어야 하는 부채와의 대비에서 정부의 재정 상황이나 상환 능력이 좀 더 명확해진다. 또한 소유자산 파악 시 부서의 협조를 얻어야만 가능했으나, 복식부기·발생주의 도입 후에는 검수 시점에 자산 취득 및 매각 등의 변동 사항이 현장에서 입력되어야만 지출이 가능하므로 자동으로 통제가 이루어져 자산관리의 효율성이 증대되었다(정미숙, 2007).

또한 재정상태보고서, 재정운영보고서 및 주석에 정부에서 부과하여 징수하는 세입과 세외수입에 대한 정보를 일별, 월별, 분기별, 반기별, 연도별로 생성 가능하여 세입관리, 특히 체납관리와 수익관리 능력이 향상된다.

3 다양한 재정분석

과거의 정부의 결산은 '예산 - 지출 = 잔액' 방식으로 이루어져 이를 바탕으로 한 재정분석의 경우 정부의 재정 상황을 체계적으로 분석하여 평가하는 데 제약이 있었다. 한편 미리 복식부기·발생주의 회계를 채택하고 있었던 공기업에서는 안정성, 수익성, 활동성, 수지 비율 분석 등 기업적 경영분석 지표를 사용하여 경영 상태를 종합적으로 분석할 수 있었다.

정부에서도 복식부기·발생주의 회계가 도입된 후에는 기존 재정분석과 함께 복식부기·발생주의에 의한 정보를 바탕으로 재정효과 분석 및 재정건전성 분석 등 다양한 분석이 가능하게 되었다. 따라서 정부에 적합한 재정분석 모델이 개발될 수 있다.

재정분석의 경우 2008 회계연도 이전에는 자주성, 안전성, 효율성, 회계 책임, 비용 및 성과 등 5개 부문별로 구성되어 있었다. 2008년부터는 과거의 재정분석을 보완하여 재정 상태, 재정 운영, 회계 책임의 3개 분야를 측정한다(이효, 2010).

첫째, 재정 상태 관련 재무분석지표는 주로 자산과 부채를 대비한 비중(총자산 대비 총부채 비율, 총부채 대비 현금창출자산 비율, 차입부채 대비 재정자금 비율, 유

표 8-2 재무분석지표

분야	지표명	산식
재정 상태	① 총자산 대비 총부채 비율	총부채 / 총자산 × 100
	② 총부채 대비 차입부채 비율	차입부채 / 총부채 × 100
	③ 총부채 대비 실질부채 비율	(총부채 – 기초단체 융자액) / 총부채 × 100
	④ 재정자금 대비 금융상품 비율	장 · 단기 금융상품 / 재정자금 × 100
	⑤ 총부채 대비 현금창출자산 비율	현금창출자산 / 총부채 ※ 현금창출자산: (유동자산+기타유동자산–일반미수금) + 장기금융상품 + (장기대여금–학자금위탁대여금) + 기타투자자산
	⑥ 차입부채 대비 재정자금 비율	재정자금 / 차입부채 × 100 ※ 재정자금: 현금 및 현금성자산 + 장 · 단기금융상품
	⑦ 유동부채 대비 유동자산 비율	유동자산 / 유동부채 × 100
	⑧ 미수세금 대비 대손충당금 비율	미수세금 대손충당금 / 미수세금(대손충당금 차감전) × 100
	⑨ 단기 민간융자금 비율	단기민간융자금 / 장 · 단기 민간융자금 × 100
재정 운영	① 예산 대비 세출 비율	세출액(일반+특별회계) / 예산현액(일반+특별회계) × 100
	② 경상비용 대비 이자비용 비율	이자비용 / 경상비용 × 100 ※ 이자비용: 차입부채 이자비용 ※ 경상비용: 인건비 + 운영비 + 재정보전금 + 조정교부금 + 교육비특별회계전출금
	③ 이자수익 대비 이자비용 비율	이자비용 / 이자수익 × 100
	④ 총수익 대비 경상수익 비율	경상수익 / 총수익 × 100 ※ 경상수익: 지방세수익 + 경상세외수익 + 지방교부세 + 재정보전금 + 조정교부금
	⑤ 총수익 대비 경상 자체조달수익 비율	경상자체조달수익 / 총수익 ※ 경상자체조달수익: 지방세수익 + 경상세외수익
	⑥ 자체조달수익 대비 채권 비율	미수자체조달수익(대손충당금차감후) / 자체조달수익 × 100 ※ 미수자체조달수익: 미수세금 + 미수세외수입금 + 일반미수금
	⑦ 세외수익 대비 채권 비율	미수세외수익(대손충당금 차감후) / 세외수익 × 100 ※ 미수세외수익: 미수세외수입금 + 일반미수금
	⑧ 총비용 대비 경상비용 비율	경상비용 / 총비용 × 100
	⑨ 지출액 대비 자산취득 비율	자산 취득액 / 지출액 × 100

회계 책임	지표	산식
	① 주민 1인당 총자산	총자산 / 인구 수(회계연도 말 인구 수)
	② 주민 1인당 총부채	총부채 / 인구 수(회계연도 말 인구 수)
	③ 주민 1인당 실질부채	실질부채 / 인구 수(회계연도 말 인구 수)
	④ 주민 1인당 총수익	총수익 / 인구 수(회계연도 말 인구 수)
	⑤ 주민 1인당 자체조달수익	자체조달수익 / 인구 수(회계연도 말 인구 수)
회계책임	⑥ 주민 1인당 지방세수익	지방세수익 / 인구 수(회계연도 말 인구 수)
	⑦ 주민 1인당 총비용	총비용 / 인구 수(회계연도 말 인구 수)
	⑧ 주민 1인당 기타 이전비용	기타 이전비용 / 인구 수(회계연도 말 인구 수)
	⑨ 공무원 1인당 총수익	총수익 / 공무원(현원)
	⑩ 공무원 1인당 총비용	총비용 / 공무원(현원)
	⑪ 공무원 1인당 급여	총급여 / 공무원(현원)

동부채 대비 유동자산 비율), 자산 항목 중 특정 자산이 점하는 비중(재정자금 대비 금융상품 비율), 총부채 중 특정 부채가 점하는 비중(총부채 대비 차입부채 비율, 총부채 대비 실질부채 비율) 등의 지표와 미수세금에 대한 대손충당금 비율, 단기민간융자금 비율 등 9개 지표로 구성된다.

둘째, 재정 운영 분야의 재무분석지표는 주로 총수익 중 특정 수익이 점하는 비중(총수익 대비 경상수익 비율, 총수익 대비 경상자체 조달수익 비율), 총비용 중 특정 비용이 점하는 비중(총비용 대비 경상비용 비율), 비용 항목 중 특정 항목이 점하는 비중(경상비용 대비 이자비용 비율), 수익 항목에 대한 채권 비율(자체조달수익 대비 채권 비율, 세외수익 대비 채권 비율) 등의 지표와 예산 대비 세출 비율, 이자수익 대비 이자비용 비율, 지출액 대비 자산취득 비율 등 9개 지표로 구성된다.

마지막으로 회계책임성 분야는 주로 자산, 부채, 수익, 비용과 관련한 주민 1인당 지표로 구성되며, 그 외에 공무원 1인당 총수익, 총비용, 급여액 등 총 11개 지표로 구성된다.

4 비교가능성의 증대

주요 회계 과목별 인건비, 미수세금, 운영비, 고정자산 등의 세부 내역이 전년도와 현년도를 비교하여 체계적으로 보여줌으로써 현재의 재정 운영 상황과 재무 상태를 쉽게 파악하는 것이 가능하다. 또한 중앙부처별 내지는 자치단체별 체계적 비교가능성이 높아져 재정의 운영 상황을 쉽게 파악하고 분석이 가능하다. 이들 재무정보는 단년도의 실적 파악에 활용할 뿐만 아니라 시계열분석이나 다른 자치단체와의 비교에 의해 현재 자치단체의 재정 상황을 새로운 시점에서 파악하고 향후의 재정 운영의 자료로서 활용하는 것이 가능하게 되었다(정미숙, 2007).

제 4 절 향후 개선 과제

1 성과관리와의 연계

복식부기·발생주의 회계의 도입으로 사업별 지출 내역만 제공되던 결산에서 투입 원가정보까지 제공될 수 있게 되어 사업별 성과 파악이 가능하고, 이를 바탕으로 성과 중심의 재정 운영 체계가 구축될 수 있게 되었다. 또한 정부 부문 단위로 재무보고서가 작성되어 회계보고 책임성이 강화되고, 정부 부문의 업무 수행 시에 기업경영 마인드가 도입되어 예산 집행의 효율성이 증진되고 정부의 성과를 중심으로 재정 운영이 가능하게 되었다.

그러나 아직까지는 성과관리와의 연계가 부족하다. 정책이나 프로그램의 성과측정에서 원가정보 내지는 재무정보의 활용은 매우 중요하다. 성과평가에서 프로그램의 성과목표 달성도를 측정하기 위한 성과지표를 살펴보면 원가정보나 재무정보를 포함하는 지표를 발견하기 어렵다. 성과측정은 투입 대비 산출을 파악하는 것으로 성과정보가 진정한 의미에서 경제적 의사결정을 위한 가치 있는 정보로 활용되기 위해서는 원가정보와 재무정보를 포함하는 성과정보가 제공되고 이를 활용해야 한다. 특히 원가를 고려하지 않고 프로그램의 목표 달성도 자체만을 측정하는 것은 무의미하다. 따라서 원가 대비 산출의 관계를 통해 성과를 평가하는 것이 필요하다(이효, 2010).

2 원가관리

복식부기·발생주의 회계제도를 성과관리 등에 활용하기 위해서는 정부사업에 대한 적절한 정의가 내려져야 할 것이며, 사업 중심으로 예산편성, 예산심의, 예산집행 및 결산 및 회계감사가 일관되게 운영되어야 한다. 또한 정부사업에 대한 원가정보를 충분하게 제공하는 것이 필요하다. 실무에서도 중앙정부의 경우 최근 기획재정부가 「원가계산준칙」을 제정하여 2009년 7월 6일 고시했고, 지방정부의 경우에도 행정안전부가 훈령 제185호(2010년 12월 7일)로 「지방자치단체 원가부계산준칙」을 제정하여 원가정보 문제는 많이 해결이 되었다. 그런데 간접원가 배부문제는 아직 명확하지 않다. 「원가계산준칙」 제9조와 「지방자치단체 원가계산준칙」 제10조는 다음과 같다.

원가계산준칙

제9조(간접원가) ① 간접원가는 사업의 수행과 관련하여 소요되었으나 특정 사업에 직접 부과하는 것이 불가능한 인건비, 지급임차료, 수선유지비 등의 원가를 말하며, 동일 부서의 다른 프로그램에서 발생한 간접원가(이하 "부서 내 간접원가"라 한다)와 다른 부서에서 발생한 간접원가(이하 "부서간 간접원가")로 구분된다.

② 간접원가는 원가 집계 대상과의 인과 관계 등 합리적 배부 기준에 따라 배부한다.

지방자치단체 원가계산준칙

제10조(간접원가) ① 간접원가는 여러 사업의 추진에 사용되어 원가 대상에 직접 부과하는 것이 적절하지 아니한 원가를 말한다.

② 간접원가는 적용가능성, 원가 대상과의 인과관계 등을 고려한 합리적 배부 기준에 따라 배부한다.

③ 간접원가에 포함되지만 제17조의 규정에 따른 관리운영비에 포함되는 것은 원가 대상에 배분하지 아니한다. 다만 관리 목적으로는 배분할 수 있다.

간접원가 배부의 쟁점은 행정운영경비의 배부 여부이다. 행정운영경비의 사업별 배부 문제는 행정안전부 재무회계 선진화위원회에서 논란이 많았다. 행정운영경비를 사업별로 배부하여 사업별 원가계산을 정확히 하는 것이 바람직하다는 견해도 있었고, 행정운영경비를 관리운영비로 두고 비목별로 통제하는 것이 바람직하다는 견해도 있었다.[2] 논의 결과 행정운영경비를 사업별로 배부하는 기술적인 문제점도 고려하여 위원회는 보고용 원가계산서에서는 행정운영경비를 일단 사업별로 배부하지 않기로 했다. 그러나 서비스 요금 산정, 관리 방법 개선, 특정 사무의 위탁 여부 결정 등 관리회계 목적으로는 행정운영경비를 관련 사업에 배부할 수 있도록 했다(백태영, 2010).

원가정보와 관련하여 비용에서 차지하는 비율이 높은 행정운영경비가 행정 서비스 활동에 배부되지 않고 하나의 비배부 원가를 구성할 경우, 온전한 성과관리를 위한 비용정보를 제공하기 힘들다. 행정운영경비는 사업별로 분리가 가능하므로 예산을 편성할 때 사업별로 인건비나 기본경비를 세분화하여 간접비를 최소화함으로써 예산 우선순위의 결정에 기여하고 사후에는 사업을 평가하는 데 유용한 정보를 제공해야 한다(이은경, 2007).

원가를 명확히 하는 것이 복식부기·발생주의로 전환하는 목적이다(Blöndal, 2003). 따라서 간접비 배분을 정교하게 하기 위해 선진국에서 활용하고 있는 활동기준원가 계산(Activity Based Costing: ABC) 등에 대한 논의가 필요하다.

3 의회의 역량 강화

복식부기·발생주의 회계가 재정 운영의 효율성에 기여하는 것으로 알려졌지만 국회와 지방의회의 예·결산 심의에 미치는 효과에 대해서는 산출된 재정정보를 의원들이 활용하여 재정 운용의 효율성과 회계책임성을 제고한다는 규범적 차원의 논의에 그치고 있다. 이는 복식부기·발생주의 회계 정보의 이점을 활용하여 예·결산 심의의 효율성을 제고하려는 유인이 적을 뿐만 아니라 의원들이 쉽사리 이용할 수 있는 정형화된 재정정보가 적기 때문이다. 또한 재정관리제도 간에 연계가 부족하여 실질적으로 활용될 수 없는 측면도 있다(강인재, 2010).

---

2) 행정운영경비를 배부하지 않는 견해는 다음과 같다. 행정운영경비를 모든 단위사업이나 세부사업, 즉 프로그램에 배부하는 것은 원가회계 이론에 부합하는 점은 있으나 이용가능성이나 유용성에 문제가 많다. 행정운영경비를 모든 단위사업에 배부하는 것은 배부 기준에 문제가 나타날 수 있다. 실제 각 부처의 환경이나 업무 내용이 다르므로 각 부처별로 행정운영경비를 배부할 기준을 만드는 것은 사실상 어렵고 무리해서 만들어도 이를 수긍하기 매우 어렵다(이경섭, 2010).

이와 더불어 복식부기·발생주의 회계보고서를 읽고 해석해야 하는 국회의원과 지방의회 의원의 역량도 강화되어야 한다. 우리나라는 의원의 전문성이 낮다는 비판이 지속되고 있으며, 부천시를 비롯한 몇몇 자치단체의 경우 의회 공무원들의 회계 전문성을 확보하기 위해 회계교육 프로그램을 운영해 왔다. 그럼에도 불구하고 국회의원과 지방의회 의원은 4년마다 바뀌기 때문에 지속적인 교육이 필요하며, 또한 전문성 확보를 위한 의원들의 노력도 필요하다. 이와 더불어 보좌관에 대한 회계교육도 함께 이루어져야 한다.

4 효과적 감사 방안

우리나라는 정부회계에서 회계감사의 역할은 크게 주목받지 못했다. 우선 중앙정부의 경우 전통적인 감사원에 의한 검사만 규정되어 있었다. 그리고 최근에 시행되는 「국가회계법」에서는 기금의 경우에만 감사보고서에 대한 명시가 있을 뿐 일반회계와 특별회계에 대해서는 제도적으로 규정되지 않고 있다.

헌법
제99조 감사원은 세입·세출의 결산을 매년 검사하여 대통령과 차년도 국회에 그 결과를 보고하여야 한다.

감사원법
제21조 감사원은 회계검사의 결과에 따라 국가의 세입·세출의 결산을 확인한다.

국가회계법
제13조(결산의 수행) ① 중앙관서의 장은 회계연도마다 제14조·제15조 및 제15조의2에 따라 그 소관에 속하는 일반회계·특별회계 및 기금을 통합한 결산보고서(이하 "중앙관서결산보고서"라 한다)를 작성하여야 한다.
② 중앙관서의 장이 아닌 기금관리 주체는 회계연도마다 제14조·제15조 및 제15조의2(세입세출결산에 관한 부분은 제외한다)에 따라 기금에 관한 결산보고서(이하 "기금결산보고서"라 한다)를 작성하여 소관 중앙관서의 장에게 제출하여야 한다. 이 경우 기금운용규모 등을 고려하여 대통령령으로 정하는 기준에 해당하는 기금은 기금결산보고서에 「공인회계사법」 제23조에 따른 회계법인의 감사보고서를 첨부하여야 한다.

한편 지방정부는 복식부기·발생주의 회계 도입에 따라 지방재정법 제53조의 규정에 의해 검토가 규정되었으나 이는 감사보다는 낮은 수준이다. 재무제표의 검토는 감사와 달리 감사인이 질문과 분석적 절차 등 제한된 절차를 기초로 재무제표가 중요성의 관점에서 일반적으로 인정된 회계 처리 기준에 따라 작성되지 않았다고 믿게 하는 사항이 발견되었는지 여부에 대해 보고하는 것을 목적으로 한다. 이는 정보에 중요한 왜곡 표시가 없다는 것에 대한 보통 수준의 확신을 제공하며 감사 의견을 표명하지 않는다.

지방재정법

제53조(재무회계의 결산) ② 지방자치단체의 장은 「지방자치법」 제134조 제1항의 규정에 의한 검사위원에게 결산검사에 필요한 서류를 제출하는 때에는 제1항의 규정에 의한 재무보고서에 「공인회계사법」에 의한 공인회계사의 검토의견을 첨부하여야 한다.

지방재정법 시행령

제63조(공인회계사의 검토 의견) ①법 제53조 제2항의 규정에 의한 공인회계사의 검토 의견에는 검토의 대상과 기준, 재무보고서의 적정성 여부 등이 포함되어야 한다.

이와같이 우리나라 정부의 경우 회계감사가 정확하게 시행되고 있지 않다. 그러나 민간이나 외국 정부의 사례를 참고한다면 궁극적으로 감사보고서에는 감사 의견의 표시가 반드시 필요하다.

다만, 우리나라의 경우 아직 복식부기·발생주의 회계제도 도입의 초기로 감사원 등 감사 주체가 충분하고 철저한 감사 업무 수행을 할 수 있는 시간과 인력을 동원하기 어려워 감사보고서에 의견 표시의 시행은 단계적 접근이 필요하다(김경호, 2010).

중앙정부의 경우 단기적으로는 법적인 책임 문제가 있어 현행 법규상 감사 자체를 전적으로 민간에 위임하는 것은 어려울 것이나 민간회계법인 등 전문가의 조력을 받아 감사원이 최종적인 책임을 지는 형식을 유지하는 것이 바람직하다. 장기적으로는 법규의 개정을 통해 이미 일부 기금에 대해서 규정되고 있듯이 재무제표를 작성하는 모든 정부 부문의 회계보고 실체에 대해 회계법인에 의한 외부감사가 필수적 사항으로 규정되는 것이 바람직하다. 이때 감사원은 상위 감사기구로 외부 감사인에 대한 관리 업무를 수행해야 한다.

지방정부의 재무제표에 대한 공인회계사의 검토는 단기적으로 인력 문제나 전문성 문제 등으로 현재와 같이 검토의 형식으로 운영될 수는 있으나 장기적으로는 독립적인 회계감사로 전환되어야 할 것이다. 외국의 경우를 참고할 때 외형적으로 정부감사인이 직접 수행하더라도 실질적으로는 민간회계법인이나 민간의 회계 전문인력을 활용하는 것이 현실적인 대안이 될 것이다.

5 발생주의 예산제도 도입

발생주의회계가 정부의 재정활동 결과를 사후적으로 발생주의 개념에 입각해서 기록하고 보고하는 체계인 반면, 발생주의 예산제도는 발생주의 개념에 입각해서 사전적으로 재정활동을 계획하는 것을 의미한다. 발생주의 예산은 현금의 흐름뿐만 아니라 비현금 거래와 자산과 부채까지도 예산에 반영한다. 따라서 발생주의 예산은 계획된 정부활동에 수반되는 화폐적 비용뿐만 아니라 자원의 사용과 관련된 비용에 대한 정보를 제공하게 된다. 의회의 예산 배분도 단순히 다음 회계연도에 예상되는 현금 지출에 기반해서 이루어지는 것이 아니라 정부 운영의 총비용을 반영해서 이루어지게 된다(하연섭, 2010).

발생주의 예산의 장점은 다음과 같다(우석진·조진권, 2008; 윤재원, 2010).

첫째, 관리자들이 자산에 대한 관리를 향상시키려는 노력을 더할 유인이 생기게 된다. 발생주의 예산은 현금 흐름뿐만 아니라 자산 및 부채 등의 상태가 파악 가능해짐에 따라 자산을 좀 더 잘 관리할 유인이 증가하게 된다. 특히 예산총액배분 자율편성제도와 함께 활용될 수 있다. 발생주의로 승인받은 예산 총액에 대해 현금 항목과 비현금 항목 간의 전용이 가능해지므로 자산관리의 효율성을 유도할 수 있다. 예를 들어 감가상각비는 자산의 가액에 비례하여 발생하므로, 불필요한 자산을 처분하거나 리스 계약을 통해 임차하면 발생 항목인 감가상각비를 줄일 수 있다. 이를 통해 절약한 비현금 비용은 예산 총액 한도 내에서 현금비용으로 전용하여 다른 사업에 사용할 수 있게 된다. 이러한 유인은 자산관리의 효율성을 제고할 수 있다.

둘째, 발생주의로 예산과 결산을 일치시켜 불필요한 혼란을 방지하고 회계정보를 잘 활용할 수 있다. 현실적으로도 발생주의 회계정보가 예산에서 잘 활용되기 위해서는 발생주의 예산이 필요하다. 우리나라는 결산에 대해서는 정부나 의회의 관심이 적고 예산에 대해서는 관심이 많다. 그래서 결산은 발생주의에 의해 재정상태보고서, 재정운영보고서 등을 산출한다 하더라도 예산이 현금주의로 운영될 경우 이러한 보고서가 활용될 가능성은 매우 적다. 따라서 발생주의 예산을 도입하면 자연스럽게 결산에 대해서도 관심을 갖게 되고 예산에서도 자산 및 부채 정보를 활용할 수 있게 된다.

셋째, 재정의 지속가능성도 파악할 수 있게 된다. 선진국에서는 발생주의 예산을 통해 추정재무제표를 만들고 3년 정도를 예측하여 제시한다. 이는 회계와 예산의 일치를 바탕으로 미래의 예산을 추정한 것이다. 결국 예산안은 다년도를 제시함으로써 중기재정계획과 긴밀하게 연계가 된다. 또한 공무원연금과 같은 이연보상제도에 따른 국가부채의 증가를 사전에 파악할 수 있고 이를 정책에 반영할 수 있다.

마지막으로 발생주의 예산을 통해 정책결정자는 정책에 수반되는 비용에 대해 더 정확한 정보를 갖게 되어 예산집행에 규율을 강화할 수 있게 된다. 예산에 반영된 원가는 행정부의 책임성을 평가하는 기준이 되므로, 발생주의 예산제도를 통해 기관 관리자들의 주요 관리 대상을 단순한 현금비용의 집행이 아닌 총비용과 자산 및 부채 관리로 유인하는 효과가 있다. 또한 자본 투자를 감가상각을 통해 여러 기간에 걸친 비용으로 인식해 한 번에 모든 비용을 인식함으로써 오는 편향을 제거할 수 있다.

이와 같은 장점 때문에 발생주의 예산을 도입할 필요가 있다. 발생주의 예산을 도입하는 것은 회계와 예산을 연계시켜 개혁의 효과를 극대화할 수 있다(Athukorala & Reid, 2003). 선진국들은 우선적으로 발생주의회계를 도입하고 정착시킨 후 이를 기반으로 하여 발생주의 예산제도를 도입하고 있다. 그러나 한국은 아직 발생주의회계가 도입된 초기이므로 발생주의 예산을 급진적으로 도입하는 것보다는 단계적이고 점진적으로 도입하는 것이 필요하다.

참고 문헌

강인재(2003). 공인정부회계사 자격증제도에 대한 소고. 「한국사회와 행정연구」, 13(4): 327-344.

———(2010). 발생주의회계 도입에 따른 국회 예·결산심의의 개선방안. 한국조세연구원 발

표 논문.
기획예산처(2006). 「2006 나라살림」, 서울: 기획예산처.
김경호(2010). 정부 재무제표의 효과적 감사를 통한 신뢰성 제고 방안. 한국조세연구원 발표 논문.
김수희(2010). 지방자치단체 원가회계제도 도입 현황과 과제. 「정부회계연구」, 8(2): 61-88.
김혁 · 이병철 · 전중열 · 최신재(2004). 「알기 쉬운 정부회계」. 서울: 신영사.
문병기(2003). 지방자치단체 회계개혁의 논리와 공과: 활동정보회계(AIA)에서 LADI 시스템까지. 「정부회계연구」, 1(1): 1-25.
박상임 · 허웅(2007). 회계정보 유용성 관점에서의 국가회계·지방자치단체회계 · 기업회계의 비교분석. 「생산성논집」, 21(3): 291-319.
심재영(2010). 한국의 정부회계제도의 생성과 발전. 「정부회계연구」, 8(2): 89-113.
윤성식(2003). 「예산론」. 서울: 나남출판사.
윤영진(2010). 「새 재무행정학」. 서울: 대영문화사.
윤재원(2010). 발생기준 예산제도 도입 국가 비교연구. 한국조세연구원 발표 논문.
이경섭(2010). 발생주의 정부회계 정보 활용 방안. 「정부회계연구」, 8(2): 115-152.
이남국(2003). 한국 정부회계제도 개혁 과정에 관한 분석: Lüder의 상황모형 적용을 중심으로. 「한국행정학보」, 37(4): 193-213.
이은경(2007). 「프로그램 예산제도의 평가」. 서울: 국회예산정책처.
이효(2010). 지방자치단체 재무정보의 활용도 제고 방안. 「정부회계연구」, 8(2): 53-82.
임동완(2007). OECD 주요 국가 중앙정부의 복식부기·발생기준 예산 및 회계 제도화에 대한 비교연구. 「한국행정학보」, 41(1): 129-151.
정미숙(2007). 복식부기 회계제도 전면 시행 후기: 부천시를 중심으로. 「계간감사」, 95: 18-23.
정병기(2007). 국가회계제도의 성공적 정착 방안. 「한국정부회계학회 동계 세미나 자료집」: 3-13.
정윤한(2006). 지방자치단체 발생주의 복식부기 회계제도 도입 성과와 과제: 법령, 기준, 시스템을 중심으로. 「한국정부회계학회 춘계세미나 자료집」: 45-56.
조상은(2003). 「한국 지방정부 회계제도 개혁 과정에 관한 연구: 복식부기 · 발생주의 도입을 중심으로」. 서울대학교 행정대학원 석사학위 논문.
편호범(2004). 「정부회계의 복식부기 및 발생주의 수용 요인에 관한 연구」. 성균관대학교 대학원 박사학위 논문.
———(2010). 「정부 및 비영리회계」. 서울: 법문사.
하연섭(2010). 「정부예산과 재무행정」. 서울: 다산출판사.
Athukorala, L. S. & B. Reid (2003). *Accrual Budgeting and Accounting in Government and its Relevance for Developing Member Countries.* Manila: Asian Development Bank.

Blöndal, Jón R. (2003). Budget Reform in OECD Member Countries: Common Trends. *OECD Journal on Budgeting*, 2(4): 7-25.

제 9 장 공공채무의 문제와 체계적 관리 방안의 모색

김철회

제 1 절 서론

대내외적으로 공공채무[1)]와 관련된 문제에 대한 국민적 관심이 고조되고 있다. 대외적으로는 그리스, 포르투갈 등 유럽 국가들이 겪고 있는 경제위기의 중요한 원인으로 공공채무의 문제가 지적되었다.[2)] 대내적으로는 2010년 지방선거 이후 성남시가 모라토리엄(지불유예)을 선언하고, 2012년에는 인천광역시의 재정위기가 제기되었다. 기획재정부(2012)에 따르면, 2011년도 결산 기준 지방정부의 채무를 포함한 국가채무는 420.7조 원으로, GDP 대비 비중은 34.0%이다. 정부는 국가채무의 GDP 대비 비중이 OECD 평균인 91.6%에 비해 상대적으로 낮고, 국가채무 건전성이 28개 OECD국가 중에서 양호한 수준이라는 점을 강조하고 있다. 그러나 1997년 외환위기 이후 국가채무가 빠르게 증가했고, 향후 인구구조의 고령화, 통일비용 등 미래의 지

1) 필자는 국가채무(national debt)라는 개념 대신에 공공채무(government debt)라는 용어를 사용하기로 한다. 다만, 기획재정부 등의 보도자료 등을 인용할 때에는 국가채무라는 용어를 그대로 사용하기로 한다.

2) 최근에 공공채무 문제로 재정위기를 겪은 포르투갈, 아일랜드, 그리스, 스페인의 영문 이니셜을 붙여 PIGS 국가로 명명하기도 한다.

출 수요와 국가채무 통계에 포함되지 않은 공공기관의 채무, 연금의 책임준비금 부족액 등을 고려할 때, 공공채무에 대한 보수적 관점의 관리가 필요하다는 주장도 만만치 않게 주장되고 있다.[3] 이 글은 공공채무를 둘러싼 논쟁의 핵심과 우리나라의 공공채무 현황을 분석한 후, 국가채무의 체계적 관리를 위한 대안을 모색하고자 한다.

제 2 절 공공채무관리의 기초적 논의

1 공공채무의 의의와 범위

1) 공공채무의 개념

국가재정법은 정부가 건전재정을 유지하고, 국가채권을 효율적으로 관리하며, 국가채무를 적정 수준으로 유지하도록 노력하도록 의무화하고 있다.[4] 동시에 기획재정부장관에게 국가의 회계 또는 기금이 부담하는 금전채무에 대해 매년 일정한 사항이 포함된 국가채무관리계획을 수립하여 관리하도록 하고 있으며,[5] 매년 국가채무관리계획을 수립하여 국가재정 운영계획과 함께 첨부서류로 국회에 제출하여 점검을 받도록 하고 있다.[6] 이와 함께 국가회계법은 국가결산보고서에 국가채무관리보고서를 첨부하도록 규정하여 결산 심의 시에도 국회가 국가채무 현황 및 관리 실태를 점검받도록 하고 있다.[7]

그러나 학술적으로 '국가채무'라는 개념에 대한 논란이 적지 않다. 전주성(2010)은 국가채무(national debt)라고 하면 민간부채와 공공부문의 부채를 모두 포함한 개념으로 이해될 수 있는 여지가 있기 때문에, 그동안 관행적으로 써 오던 국가채무라는

3) 한국경제연구원(2010)은 실질적 국가채무를 1,171조 원이라고 주장했고, 이한구 의원(2010)은 1,637조 원이라고 발표한 바 있다.
4) 국가재정법 제86조(재정건전화를 위한 노력) 참조.
5) 국가재정법 제91조(국가채무의 관리) 참조.
6) 국가재정법 제7조(국가재정운용계획의 수립 등) 참조.
7) 국가회계법 제15조의2(결산보고서의 부속서류) 참조.

개념보다 더 나은 대안으로 정부부채(government debt) 또는 공공부채(public debt)라는 개념을 사용할 것을 제안한다. 또한 IMF와 World Bank(2009)도 'national debt'라는 용어 대신에 'public debt'라는 용어를 사용한다. 필자는 비록 실정법상에는 정부 또는 공공부문이 부담해야 할 채무를 국가채무라고 명명하고 있으나, 좀 더 엄격한 의미에서 공공채무로 부르고, 공공채무에 포함되는 내역도 넓힐 필요가 있다고 본다.

2) 공공채무의 포함 범위

정부가 작성하는 '국가채무관리계획'에 포함된 국가채무는 국회가 심의하는 일반회계 및 특별회계와 38개 기금[8]의 국채, 차입금, 국고채무부담행위[9]를 말한다.[10] 세부 항목은 국채는 국고채, 국민주택채권, 외평채 등 3개로, 차입금은 국내차입금과 해외차입금 등 2개로 구분된다. 정부는 위 기준에 의해 2011년 결산기준 국가채무가 420.7조 원이며, GDP 대비 비중은 34.0%라고 발표했다.

국회예산정책처(2010)는 OECD 기준[11]과 IMF 기준,[12] 우리나라의 국가채무 기준[13]이 각각 다르기 때문에 국가채무의 범위 및 규모에 대한 논란이 계속되고 있으며, IMF GSFM 2001 기준에 의해 국가채무를 계산할 경우, 2009년 전망 국가채무 규모가 40조 원가량 증가할 수 있다고 보고 있다. 또한 궁극적으로 중앙은행을 포함한 공공기관[14]의 채무도 잠재적인 국가채무로서 포함하여, 공공부문의 채무에 대한

---

8) 63개 기금 중 민간이 관리하는 25개 기금을 제외한 38개 기금만 포함한다.

9) 국가가 예산의 확보 없이 미리 채무를 지는 행위로서, 채무를 부담할 권한만을 부여받은 것으로서 실제 지출에서는 차년도 이후 예산안으로 다시 국회 의결을 받아야 한다.

10) 국가의 개념에는 중앙정부와 지방정부를 포함하는 개념이며, 지방정부의 채무의 경우에는 순채무만 포함하여 정부 통계를 작성한다.

11) OECD 기준은 UN의 국민계정 체계(ANA 1993)에 기초하여 추정한, 일반정부(중앙+지방+하위 단위) 금융부채 순부담액의 누적액을 의미한다. 우리나라에서 OECD 기준에 따른 기준 통계는 한국은행에서 작성한다.

12) IMF의 정부재정통계지침(Government Finance Statistics Mannual: GFSM) 2001에 따르면, 국가채무는 일반정부(중앙+지방정부)의 범위에서 미래의 특정 일자에 이자 또는 원금을 지급해야 하는 확정부채로 정의된다.

13) 우리나라(기획재정부)의 국가채무 기준은 기본적으로 IMF의 기준을 따르고 있다. 다만 민간이 관리하는 25개 기금을 제외하고 있고, 발생주의가 적용되고 있지 않다는 점이 다르다고 볼 수 있다. 발생주의를 적용할 경우, 공무원연금 및 군인연금과 관련된 충당부채나 민간투자사업(BTL)과 관련된 부채가 국가채무로 인식될 수 있다(국회예산정책처, 2010).

14) 2009년 기준으로 정부와 밀접한 관련을 갖는 공공기관은 공기업이 24개, 준정부기관이 80개 등 총

통계를 작성할 필요가 있다고 주장한다.

이보다 적극적으로 국가채무의 범위를 설정하여 관리해야 한다는 주장들은 정부가 국가채무라고 발표하는 채무에는 국가 직접채무만 포함되며, 보증채무, 4대 공적연금 책임준비금 부족액 등 사실상의 국가채무가 포함되지 않는다는 점을 강조한다. 한국경제연구원(2010)은 국가채무에 금융성 기관의 부채, 공기업의 부채, 중앙은행의 준재정 활동으로 야기되는 부채, BTL(임대형 민간투자사업), 연금 분야의 책임적립금도 국제 비교를 위해 국가채무에 포함해야 하며, 이를 포함한 국가채무는 1,171조 원이며 GDP의 130.1%에 해당한다고 주장했다. 또한 이한구(2010)는 기획재정부가 발표하는 채무를 협의의 국가부채로 보고, 2009년 기준으로 4대 공적연금 책임준비금 부족액(769조 원), 준정부기관 및 공기업 부채(310조 원), 통화안전증권잔액(149조 원), 보증채무(30조 원) 등 광의의 국가부채를 포함한 국가채무는 1,637조 원에 달한다고 주장하고 있다.

2 공공채무와 재정건전성 기준

공공채무가 국민의 관심이 되는 주된 이유는 재정건전성이 위협을 받을 수 있기 때문이다. 국가재정법은 정부가 예산의 편성 및 집행에서 재정건전성의 확보를 위해 최선을 다하도록 의무화하고 있으며,[15] 건전재정을 유지하기 위해 국가채무를 적정 수준으로 유지하도록 노력해야 한다[16]고 규정한 것도 이러한 취지를 반영하고 있다고 볼 수 있다. 그러나 국가재정법은 공공채무의 관리와 관련하여 건전재정이 무엇을 의미하는지 명시하지 않고, 학계에서도 건전성을 평가하기 위한 기준에 대한 합의가 이루어져 있지 않은 실정이다.

이에 대해 전주성(2010)은 개념적 수준에서 재정건전성 평가의 세 가지 잣대로 부채의 유지 가능성, 추세, 국제 비교 등을 제시하고 있는데, 이를 필자의 관점에서 재해석하여 제시하면 다음과 같다. 첫째, 유지가능성이라 함은 부채를 감당할 수 있는

297개 기관이다.

15) 第16조(예산의 원칙) 참조.

16) 第86조(재정건전화를 위한 노력) 참조.

지 여부라 할 수 있다. 부채를 통해 조달한 자금을 수익성이 높고, 투자수익의 회수가 용이한 분야에 투자한다면, 채무가 단기적으로는 증가하더라도 장기적으로는 줄어들 수 있기 때문에 유지가능성에 문제가 없을 수 있다. 그러나 부채를 통해 조달한 자금을 수익성이 높다고 볼 수 없는 분야에 투자할 경우, 지속적으로 채무가 증가할 수밖에 없어 유지가능성에 문제가 발생할 수 있는 것이다.17)

둘째, 추세라 함은 얼마나 빠른 속도로 증가하고 있는가를 의미한다. 어떤 이유로든 공공부문의 부채가 지나치게 빠른 속도로 증가한다는 것은 재정건전성을 위협하는 요인으로 볼 수 있다는 것이다. 우리나라의 경우 외환위기 이전에는 GDP 대비 12% 수준에 그쳤던 정부채무 비중이 2010년에는 36.9% 수준으로 급속히 증가했다는 점은 재정건전성이 상대적으로 떨어진 것으로 볼 수 있다. 즉, 특정 연도를 기준으로 최근 5~10년 동안 국가채무의 상대적으로 큰 폭으로 증가할 경우에 재정건전성이 떨어졌다고 볼 수 있다.

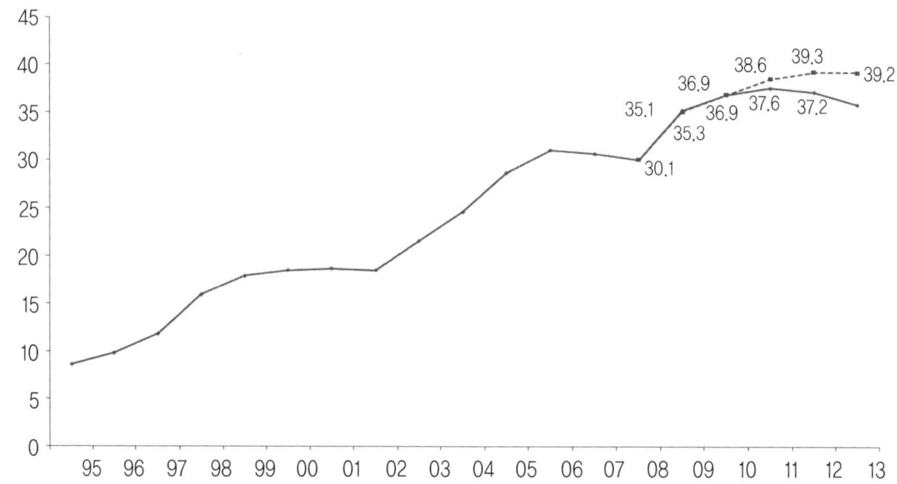

그림 9-1 GDP 대비 국가채무 비중의 추세

주: 2010년 이후 점선은 국회예산정책처의 전망치, 실선은 기획재정부(국가재정운용계획)의 전망치임.
자료: 국회예산정책처(2009).

17) 이러한 측면에서 외환위기 이후 우리나라 정부가 사회복지에 대한 지출을 증가하기 위해 조달하는 부채는 개발연대에 성장산업에 투자를 위해 조달된 부채에 비해 상대적으로 유지가능성이 떨어진다고 볼 수 있다.

셋째, 국제 비교라 함은 우리나라의 국채 수준을 다른 나라와 비교해 보는 것이다. 기획재정부는 2010년 GDP 대비 국가채무의 비율이 36.9%인데, 이는 OECD 평균인 90%대에 비해 상대적으로 낮은 수준이기 때문에 재정건전성에 문제가 없다고 주장한다. 그러나 국가채무와 관련하여 국제 비교를 재정건전성의 기준으로 삼는 것에 대해서는 반론도 만만치 않다. 나라마다 채무 상환 능력, 대외 여건 등이 상이한데 일률적으로 GDP 대비 국가채무 비중을 기준으로 삼는 것은 적절하지 못하다는 것이다. 미국의 경우에는 달러가 국제 기축통화이기 때문에 국채 발행이 쉽고, 대표적인 안전자산이기 때문에 GDP 대비 국가채무 비중이 재정건전성과 깊은 관련이 없다. 일본의 경우에는 GDP 대비 국가채무의 비중이 212.7%로 세계 최고 수준이나 국가채무의 대부분이 국내채무이고, 엔화에 대한 신뢰도가 높아 상대적으로 재정건전성에 문제가 없다. 반면 중남미 국가들은 GDP 대비 국가채무 비율이 35~45%임에도 빈번한 국가채무 위기를 겪고 있다(강성원 외, 2010).

표 9-1 GDP 대비 국가채무 비중의 국제 비교 (단위: %)

한국	미국	일본	독일	프랑스	영국	OECD 평균
34.0	101.1	212.7	87.3	97.3	88.5	102.4

주: 한국은 2011년 기준, 해외 자료는 OECD Economic Outlook No.89(2009.11).
자료: e-나라지표(http://www.index.go.kr)의 국가채무추이(2012년 9월 24일 검색)

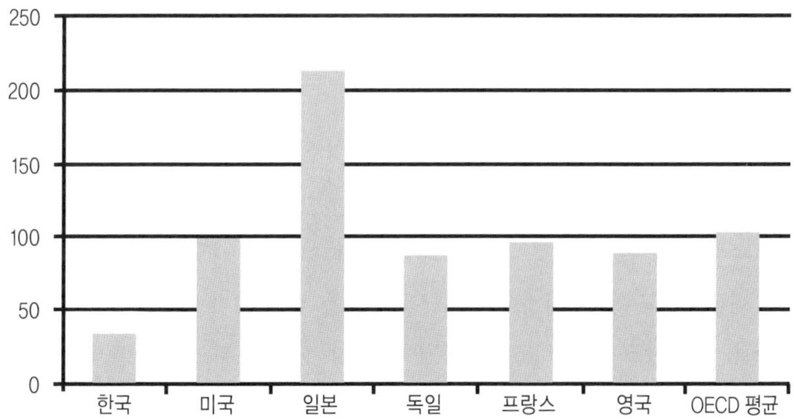

그림 9-1 GDP 대비 국가채무 비중의 국제 비교(%)
자료: [표 9-1]을 그림으로 표현함.

제 3 절 우리나라 공공채무의 현황과 건전성 검토

1 정부 발표 기준 국가채무 현황

정부(기획재정부)가 공식적으로 발표한 2011년 예산 기준 국가채무는 421조 원으로, 2005년 이후 연평균 9.2% 증가했다. 2005년 이후 국가채무의 GDP 대비 비중은 2006년에 30%를 넘어섰으며, 2011년에는 34.0%까지 상승했다.

표 9-2 국가채무 현황(2005~2012) (단위: 조 원, %)

	2005년	2006년	2007년	2008년	2009년	2010년	2011년	2012년 예산
국가채무	247.9	282.7	299.2	309.0	359.6	392.2	420.7	445.9
(GDP 대비,%)	28.7	31.1	30.7	30.1	33.8	33.4	34.0	33.3
일반회계	40.9	48.9	55.6	63.0	97.0	119.7	135.3	149.2
공적자금	42.4	53.3	52.7	49.2	49.5	47.0	45.7	45.7
외환시장 안정용	67.1	78.6	89.7	94.0	104.9	120.6	136.7	155.7
국민주택기금	39.7	43.3	43.6	45.2	48.5	49.3	48.9	48.5
기타	57.8	58.6	57.6	57.6	59.7	55.6	54.1	46.8

자료: 기획재정부 디지털예산회계시스템(http://www.digitalbrain.go.kr) 국가채무 현황.

성질별로 볼 때, 국가채무는 적자성 채무와 금융성 채무로 나뉜다. 적자성 채무는 향후 조세 등 실질적인 국민 부담으로 재원을 조달하여 상환해야 할 채무를 말하며, 금융성 채무는 외환, 융자금 등 자체상환 재원을 보유한 채무를 말한다. 적자성 채무는 미래의 세금 등을 통해 재정에서 그 상환금을 마련해야 하기 때문에 재정건전성에 큰 영향을 미친다고 볼 수 있다. 반면 금융성 채무는 대응자산을 가지고 있기 때문에 상대적으로 재정건전성에 미치는 영향이 크지 않다고 볼 수 있다.[18] 우리나

18) 다만, 금융성 채무라도 보유한 대응자산의 질(質)에 따라 위험도가 달라질 수 있어 반드시 더 재정건전성에 미치는 영향이 작다고 볼 수는 없다.

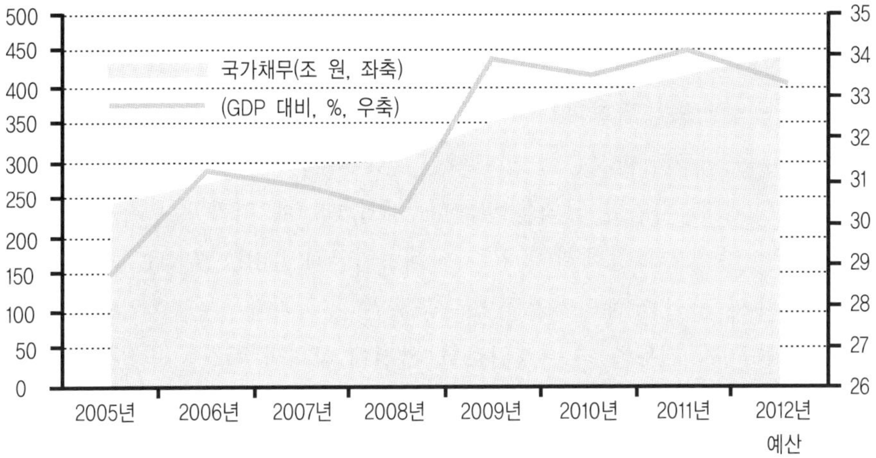

그림 9-3 국가채무 규모 및 GDP 대비 비중의 전망(국가재정 운용계획)

라 국채의 성질별 비중은 1997년에는 적자성 채무와 금융성 채무의 비율이 20 : 80 수준이었으나, 2003년에는 36 : 64, 2010년에는 49 : 51 수준으로 적자성 채무의 비중이 상승하고 있다. 특히 일반회계 적자국채의 순증 발행 규모는 2008년까지는 10조 원을 넘지 않았으나, 2009년과 2010년에는 30조 원 이상으로 급증했다.[19] 이러한 일반회계 적자국채의 증가는 상대적으로 국가채무의 성질상 재정안정성이 취약해졌음을 의미하는 것이라 볼 수 있다.

표 9-3 국가채무의 성질별 비중 (단위: 조 원, %)

	1997	2003	2010
적자성 채무	4.2	60	197.9
비중	20.1	36.2	48.6
금융성 채무	16.6	105.7	209.2
비중	79.8	63.8	51.4
합계	20.8	165.7	407.1

자료: 국회예산정책처(2010).

19) 2009~2010년 동안 일반회계 적자국채의 순증발행액은 66조 4천억 원이다.

국가재정법은 국가채무의 종류를 국채, 차입금, 국고채무부담행위로 구분하고 있다. 국채는 국가의 재정수지상의 세입부족액을 보전하고, 수지 균형을 도모하기 위해 국가가 발행하는 채권을 말한다. 국채는 국채법에 의거하여 기획재정부장관이 발행한다.[20] 차입금은 정부가 한국은행, 민간기금 또는 국제기구 등으로부터 법정 유가증권의 발행 없이 직접 차입한 금액을 말한다. 차입 대상에 따라 정부가 한국은행 등 국내 금융기관, 민간기금 등에서 차입한 국내차입금과 IBRD, ADB 등 국제기구와 외국 정부 등에서 차입한 해외차입금으로 구분된다. 국가채무부담행위는 국가가 예산의 확보 없이 미리 채무를 지는 행위로서, 사전에 국회의 의결을 받은 범위 내에서 이루어지며, 실제 지출은 차년도 이후 예산안에서 다시 국회의 의견을 받아야 한다. 여기에 정부는 1997년 이후 지방정부의 순채무 통계를 포함하여 국가채무를 산출하고 있다.

1970년 이후 1980년대 중반까지 개발연대에 국가채무의 주된 비중을 차지하는 것은 차입금이었다. 그러나 외환위기를 겪은 1990년대 후반 이후로는 차입금 비중은 축소되고, 국채 비중이 빠르게 증가하여 2010년 기준으로는 국채 비중이 97.8%에 이르러, 사실상 국가채무는 국채를 통해 조달되고 있다고 볼 수 있다. 이중 국고채는 공공자금관리기금에서 발행하고 있는데 2010년 기준으로 전체 국가채무의 83.1%를 차지하고 있다. 이 밖에 국민주택채권은 국민주택기금에서, 외국환평형기금채권은 외국환평형기금에서 발행하고 있는데, 원화 표시 외평채는 국고채로 통합하여 발행되고 있다.

2 정부 발표 국가채무에 대한 재정건전성 검토

앞에서 살펴본 전주성(2010)이 제시한 유지 가능성, 추세, 국제 비교 등의 기준에 따라 우리나라 국가채무 관련 재정건전성을 평가해 보면 다음과 같다.

첫째, 우리나라의 국가채무는 경제성장률은 낮은 수준을 유지하는 반면, 지출 수요는 지속적으로 증가하고 있다는 점에서 유지 가능성이 취약해지고 있다고 볼 수 있다.

20) 국채의 종류는 국고채권(외국환평형채권 포함), 국민주택채권 등으로 구분된다.

계량적 측면에서는 국회예산정책처(2010)가 블랜차드 등(Blanchard et al., 1990)이 제안한 조세격차(tax gap)를 이용한 방법을 활용하여 1997~2008년 동안의 유지가능성을 분석한 결과에 의하면, 1997~1999년에는 재정의 유지가능성이 훼손되었고, 외환위기를 겪은 이후의 기간에는 사례별로 유지가능성의 측정 결과가 상이하게 나타났다. 또한 2009~2013년에 대한 유지가능성은 국회예산정책처나 행정부의 전망치 모두에 대해 대체적으로 유지되는 것으로 나타났다.

둘째, 우리나라의 국가채무는 최근 5~10년의 추세를 볼 때, 특히 2009~2010년 동안 글로벌 금융위기를 극복하기 위해 일반회계 부문의 지출을 충당하기 위해 적자성 국가채무가 빠르게 증가했다는 점에서 취약해졌다고 볼 수 있다. 다만 글로벌 금융위기 이후 정부가 재정건전성을 확보하기 위해 국가채무를 보수적으로 관리하여 통제했고, 유럽이 극심한 재정위기를 겪는 와중에서도 건실한 재정구조를 유지했다는 점은 긍정적으로 평가할 수 있다.

셋째, 국제 비교 측면은 비교 대상을 어떤 국가로 설정하느냐에 따라 달라질 수 있다. OECD 전체 국가의 GDP 대비 국가채무 비중 평균(100% 수준)과 우리나라의 그것(34%)을 비교할 때에는 정부가 주장하는 대로 매우 안정적이라고 볼 수 있다. 그러나 IMF가 2009년에 도출한 신흥시장 20개국의 GDP 대비 국가채무의 비중은 37.8%로 우리나라와 큰 차이가 없는 것으로 나타났다(IMF, 2009). 이러한 관점에서 선진국과는 달리 우리나라와 유사한 신흥국들은 아직 인구구조의 고령화가 충분히 성숙하지 않은 상태라는 점에서, 상대적으로 우리나라와 비슷한 경제적 여건과 재정지출 수요를 지니고 있는 국가들로 구성된 신흥국과 비교한 결과를 활용하는 것이 바람직하다고 본다.

3 정부 이외에서 발표한 국가채무

여기서는 이한구 의원과 한국경제연구원에서 발표한 국가채무의 규모와 내용을 간략히 소개하고, 검토해 보고자 한다.

먼저 이한구(2010) 의원은 기획재정부에 대한 국정감사를 위한 보도자료에서 정부가 발표한 국가채무 이외에 보증채무, 연금채무, 통안증권, 공기업 부채 등을 광의의 국가

표 9-4 이한구 의원이 제시한 '사실상의 국가부채' 현황

(단위: 조 원)

구분			2003	2007	2008	2009
사실상의 국가부채[주3)]	협의(狹義)의 국가부채[주1)]	국채		280.5	289.4	337.5
		차입금		5.7	5.3	5.4
		국고채무부담행위		2.9	3.2	3.2
		지방정부부채(중복 제외)		9.8	10.3	13.5
		소계	165.7	298.9	308.3	359.6
	광의(廣義)의 국가부채[주2)]	보증채무	80.6	33.1	28.1	29.8
		부실채권정리기금부채	0.7	0.8	0.4	0.5
		예금보험공사 및 예금보험기금 관련 부채	9.5	2.7	2.5	2.9
		4대 공적연금 책임준비금 부족액	381.7	608.8	684.1	768.8
		통화안전증권 잔액	105.5	150.3	126.9	149.2
		한국은행 외화부채	8.1	30.4	13.3	16.0
		준정부기관 및 공기업 부채	182.6	220.5	264.0	310.6
		소계	768.7	1046.6	1119.3	1261.8
	합계		934.4	1345.5	1427.6	1637.4

주1) 협의의 국가부채: IMF manual에 의해 한국 정부가 발표하는 국가부채.
주2) 광의의 국가부채: 잠재·우발적으로 국가가 부담져야 하는 실질적인 국가부채.
주3) 각 국가마다 재정 운영 방식이 다르므로 IMF의 기준으로만 국가부채 규모를 산정할 경우 우리나라의 실질적인 국가부채 규모를 과소 평가할 우려가 있으므로 건전 재정을 위해 보증채무, 연금채무, 통안증권, 공기업채무 등 실질적인 광의 개념의 국가부채 규모를 파악할 필요성이 있음.
자료: 이한구(2010) 의원의 기획재정부에 대한 국정감사를 위한 보도자료(2010.10.5).

부채로 포함할 경우, 2010년 사실상의 국가채무는 1,637조 원에 달한다고 주장했다.

다음으로 한국경제연구원(2010)은 「국가채무 관리 어떻게 해야 하나」(2010년 8월)라는 보고서에서 우리나라의 실질적인 국가채무는 정부의 발표보다 2배 이상 높은 수준이라고 주장했다. 우리나라의 경우 국가채무 포함 범위가 국제 기준에 비해 자의적이고 협소하여 정부 발표의 국가채무 통계로 국제 간 비교를 하는 것은 적절하지 못하다고 지적하고, 국제 비교를 위해서는 정부 정책을 대행하는 공기업의 부채, 국회의 예산심사와 의결을 거치는 금융성 기관의 부채, 통안증권, 외환보유고 관리 등 중앙은행의 준재정 활동으로부터 야기되는 부채, BTL(임대형 민간투자사업), 연금 분야의 책임적립금 등이 국가채무에 포함되어야 한다고 주장한다.

표 9-5 한국경제연구원의 실질적 국가부채 현황(2007년 기준) (단위: 조 원)

	정부	한국경제연구원
국가채무(재정위험)	298.9	298.9
GDP 대비 비중	33.2	33.2
특별회계		41.7
금융성 기금		88.5
중앙정부 준정부기관 (275개 준정부기관 포함 시)		68.6 (404.6)
지방정부 준정부기관		21.9
BTL		20.6
통안증권 (정부보증 대민간 부채 포함)		150.3 (296.4)
한국은행외화부채		
4대 연금 책임준비금		
공적신용보증		
부실채권정리기금		
예금보험기금 관련 부채		
국제 비교를 위한 국가채무 (실질적 국가채무)		690.5 (1,171.6)
GDP 대비 비중 (실질적 국가채무)		76.7 (130.1)

자료: 한국경제연구원(2010)의 자료를 재구성함.

제 4 절 공공채무의 체계적 관리를 위한 제언

1 공공채무의 체계적 관리를 위한 전제

무엇인가를 체계적으로 관리한다는 것은 대단히 추상적인 표현이다. 아직 학술적으로 체계적 관리가 무엇인지에 대한 개념 정의도 내려져 있지 않다. 따라서 '공공채무의 체계적 관리'가 무엇을 의미하는지 나름대로 정의를 내리고, 이를 위해 필요한 요건들을 살펴보는 것이 순서일 것이다.

필자는 행정학 전공자로서 공공채무의 체계적 관리를 계획(plan), 집행(do), 평가(see) 및 환류(feedback) 등 4대 과정적 요소가 적절히 작동되어, 궁극적으로 공공채무의 관리가 지향하는 목표인 재정건전성을 성공적으로 달성하도록 하는 것으로 정의해 보고자 한다. 또한 공공채무가 체계적으로 관리되고 있는가를 점검하기 위한 주요 요소로서 적절한 관리목표의 설정, 관리조직의 역량, 효율적인 집행 체계의 구축과 실행, 집행에 대한 평가 및 평가 결과의 환류 등으로 보고자 한다. 이를 좀 더 상세히 검토해 보면 다음과 같다.

첫째, 공공채무의 체계적 관리를 위해서는 적절한 관리목표가 설정되어야 한다. 여기서 관리목표는 추상적인 상위의 목적과 이를 실현하기 위한 하위의 수단적 목표의 체계로 이해될 수 있을 것이다. 현재 국가재정법[21]은 기획재정부장관은 국가의 회계 또는 기금이 부담하는 금전채무에 대해 매년 다음 각 호의 사항이 포함된 국가채무관리계획을 수립하여, 국가재정 운용계획과 함께 국회에 제출하도록 하고 있다. 이에 따라 정부는 2007년부터 국가채무관리계획을 작성하여 국회에 제출하고 있으며, 2009년도에 제출한 국가채무관리계획에는 관리목표로 재정의 지속가능성 유지, 중장기 차입비용의 최소화, 국채시장의 효율적 발전 등으로 설정되어 있다. 그러나 이러한 추상적 목표를 실현하기 위한 수단적 차원의 지표는 제시되지 않고 있다.

둘째, 공공채무의 체계적 관리를 위해서는 조직의 전문성과 역량이 확보되어야 한다. 공공채무의 관리만을 독립적으로 담당하는 조직이 있고, 조직구성원이 이에 필요한 전문성을 보유하고 있어야 한다. 그러나 공공채무의 관리를 담당하는 책임자가 일반직 공무원의 순환보직을 통해 정해지고, 독립된 조직이 없는 경우에는 체계적 관리를 기대하기 어렵다고 볼 수 있다. 2012년 현재 정부의 국가채무관리는 기획재정부 재정정책국 재정기획과에서 일반직 공무원[22]이 담당하고 있다. 기획재정부는 재정에

---

21) 제7조(국가재정운용계획의 수립 등) 및 제91조(국가채무의 관리) 참조.

22) 2012년 9월 24일에 기획재정부 홈페이지상 조직도를 검토한 결과, 국가채무관리를 직접적으로 수행하고 있는 직원은 과장 1명, 사무관 4명, 주무관 1명, 직원 1명 등 7명인 것으로 나타났다. 이는 필자가 2010년 원고의 초안 작성 당시 과장 1명, 서기관 1명, 사무관 1명, 주무관 1명 등 4명에서 상당

대한 충분한 전문성을 지니고 있는 조직이라 할 수 있다. 그러나 공공채무를 관리하기 위한 별도의 전문조직을 지니고 있지 않고, 일반직 공무원에 의해 업무가 수행되고 있다는 점은 영국이 국가채무관리를 위한 전문기관인 DMO(Debt Management Office)를 두고 있다는 점과 비교할 때, 상대적으로 공공채무의 체계적 관리의 수준이 떨어진다고 볼 수 있다.[23)]

셋째, 공공채무의 체계적 관리를 위해서는 효율적인 집행 과정에 대한 분석을 기초로 업무 과정이 설계되고 집행되어야 한다. 즉, 공공채무의 효율적 관리를 위한 핵심 업무가 정의되고, 이를 효과적으로 실행하기 위한 표준운영절차(SOP)가 마련되어 운영되고 있어야 한다. 이러한 측면에서 현재 정부의 국가채무관리가 체계적으로 이루어지고 있는가를 확인하기 위해서는 기획재정부 재정정책국 재정기획과가 핵심 업무를 어떻게 정의하고, 어떠한 SOP를 가지고 업무를 수행하고 있는지 검토해야 할 것이다.

마지막으로 공공채무의 체계적 관리를 위해서는 집행에 대한 평가 및 평가 결과의 환류를 통한 지속적인 개선이 이루어져야 한다. 이에 대한 점검은 기관평가 또는 정책평가를 통해 이루어질 수 있으며, 외부의 전문가에 의해 이루어질 때 더 효과적이라 할 수 있다고 본다. 또한 국가채무관리계획에 대한 국회의 평가를 통해서도 간접적으로 검토될 수 있을 것이다. 그러나 국회예산정책처(2009)는 국가채무관리계획에 대한 평가에서 매우 부정적인 입장을 취하고 있다.

2 공공채무의 체계적 관리를 위한 제언

이상에서 검토한 내용을 토대로 향후 공공채무의 체계적 관리를 위해 필요한 사항들을 제언 중심으로 정리해 보면 다음과 같다.

인원이 보강된 것으로 매우 고무적인 것으로 평가한다.

23) 다만, 기획재정부가 공공채무와 관련된 전문성을 소위 정부산하기관이라 할 수 있는 KDI, 조세연구원 등을 통해 확보한다는 점에서 관리 체계의 스타일이 다른 것으로 이해할 수도 있다. 그러나 공공채무만을 담당하는 별도의 전문조직을 지니고 있지 않은 것은 큰 차이라 할 수 있다.

1) 공공채무 통계의 신뢰성 제고

그동안 정부는 공공채무 중에서 '현금주의 회계 기준으로서 일반정부(중앙+지방)가 직접적인 상환 의무를 지는 현재의 확정 채무'만 국가채무에 포함하여 공식 통계로 제시해 왔다. 그러나 '사실상의 국가채무', '실질적인 국가채무'가 최종적인 채무의 부담을 지게 되는 국민의 관점에서 중요하다는 주장이 강하게 제기되어 왔다. 이에 따라 정부는 2011년 결산부터 발생주의 복식부기 회계에 따른 "2011년 국가재무제표"를 국회에 제출했다. 이 자료에 따르면, 우리나라의 총자산 규모는 사회기반시설 274조 원을 포함한 1,523조 원, 부채 총계는 774조 원인 것으로 나타났다. 여기서 국가부채로 계상된 774조 원은 현금주의 회계 기준으로 정부가 발표한 421조 원에 비해 353조 원을 상회하는 수준인데, 원인은 지출시기, 금액이 불확실한 공무원, 군인연금 충당부채(342조 원), 우발채무 등 잠재적 성격의 부채까지 포함되었기 때문이다.[24] 이렇게 정부가 복식부기 발생주의 회계제도를 적극적으로 도입하고, 공식적인 통계를 작성하여 제공하는 것은 매우 바람직한 정책 방향으로 평가된다. 이러한 노력들이 국제신용평가사들의 우리나라에 대한 신용 등급 상향 조정에 긍정적인 영향을 미쳤다고 볼 수 있다.[25] 향후 정부는 공공채무의 관리에 대해 좀 더 능동적이고, 적극적으로 대응함으로써 재정건전성을 관리할 필요가 있다고 본다.

2) 한국의 특성에 적합한 공공채무 관리목표 설정

공공채무는 양면성을 지닌다. 국가가 인적자원이 충분이 있음에도 불구하고 자금(현금)이 없는 경우에 공공부문이 채무를 통해 자금을 동원함으로써 경제 발전을 돕는 약이 되는 반면, 채무를 상환할 수 없는 경우에는 국가를 망하게 하는 독이 될 수도 있다. 이에 따라 공공부문의 채무를 적절한 수준에서 관리하는 것이 관건이라 할 수 있다. 그러나 문제는 적절한 수준이 얼마인가이다. 이에 대한 기준으로 GDP 대비 국가채무의 비율이 지표로 사용되고 있고, 정부는 우리나라가 OECD 선진국의 평균에 비해 낮은 수준에 있기 때문에 염려할 필요가 없다고 한다. 그러나 소위 정부가

---

24) 우리나라는 OECD 국가 중에서 15번째로 발생주의 복식부기 회계제도를 국가회계에 도입했다.

25) 2012년 9월 25일 현재 우리나라의 국가 신용 등급은 무디스 Aa3, 피치 AA-, S&P A+로 2012년 한 해 동안 세계 3대 신용평가사의 신용 등급이 모두 상승했다.

표 9-6 현 국가채무와 재무제표상 국가부채의 차이

구분		현(現) 국가채무	재무제표상 부채
근거 법령		국가재정법(§91조)	국가회계법(§14조)
인식 기준		현금주의	발생주의
포괄 범위	중앙정부	• 일반회계, 특별회계(18개) • 정부 관리기금(40개)	• 일반회계, 특별회계(18개) • 정부관리기금(40개) • 공공기관관리기금*(24개)
	지방정부	• 일반회계, 특별회계	제 외
분류 기준 (중앙정부)	국채	포함	포함
	차입금	포함	포함
	국고채무 부담행위	포함	포함
	공공기관관리기금* 공채	제외	포함
	직역연금 충당부채 (군인·공무원연금)	제외	포함
	기타 발생주의부채 항목**	제외	포함

* 공공기관관리기금: 중앙관서의 장이 아닌 기금관리 주체가 관리하는 기금.
** 선수금, 미지급비용, 보증·보험충당부채 등.
자료: 기획재정부(2012).

작성한 국가채무를 사용하는 것이 적정한지, GDP 대비 비중이 적정한 기준인지, OECD 선진국의 평균과 비교하는 것이 적정한지에 대해서는 얼마든지 이론(異論)이 있을 수 있다.

이를 해소하기 위해 정부는 학계 및 전문가와 함께 우리나라의 특성에 적합한 공공채무의 관리 기준 및 목표를 설정할 필요가 있다. 국제 비교를 위해서는 현재의 국가채무 통계를 사용할 수 있을 것이다. 그러나 실제 국가채무의 관리목표로서 공기업, 연기금의 부채도 포함해야 한다는 의견에 공감대가 형성된다면 국제 기준과는 별도로 공공채무의 관리 기준을 설정할 수도 있을 것이다. GDP가 아닌 발생주의/복식부기제도를 통해 산출한 순자산[26] 대비 비중을 사용하는 것도 검토될 필요가 있다.

26) 기업회계에서는 자본에 해당하는 개념이며, 기업회계에서 부채 비율을 도출할 때, 분모로 자본금이 사용된다.

또한 최종적인 공공채무 관리목표의 설정에는 대외의존도, 국제 금융시장에서 원화의 가치 등 우리나라가 가진 특수성이 충실히 반영될 필요가 있다.

3) 공공채무관리를 위한 전문조직 신설 검토

공공채무의 관리가 중요하고, 전문적이고 독립적인 조직에 의해 수행될 필요가 있다면, 영국의 DMO(Debt Management Office)와 같은 전문조직을 신설하는 것도 검토할 필요가 있다고 본다. 다만 새로운 조직의 신설은 지속적인 공공지출의 증가를 의미한다는 점에서 사회적인 비용과 편익에 대한 엄격한 검토가 선행되어야 할 것이다. 필자는 현재 기획재정부의 재정기획과에서 상대적으로 전문성[27]이 낮은 일반직 공무원이 다른 업무와 함께 국가채무관리 업무를 수행하는 것은 미흡하다고 보며, 국가채무관리 업무를 전담할 새로운 조직에 대한 진단과 설계가 이루어질 필요가 있다고 본다. 이와 함께 국민의 대표기관인 국회에도 행정부의 공공채무관리를 위한 전문조직에 대응하는 조직이 마련되어 견제와 균형의 원리에 따라 공공채무가 전문적으로 관리될 필요가 있다고 본다.

4) 공공채무의 체계적 관리를 위한 법제적 개선 방향

현재 국가재정법은 기획재정부장관이 국가채무관리계획을 작성하여, 국가재정 운용계획과 함께 국회에 제출하도록 하고 있다. 그러나 향후 공기업, 연기금 등의 부채를 포함한 공공채무를 체계적으로 관리하기 위해서는 앞에서 논의한 내용들을 국가재정법의 내용에 포함시킬 필요가 있다. 특히 국민을 대표하는 기관인 국회가 행정부의 공공채무관리를 효과적으로 평가하고, 견제할 수 있도록 하는 기반을 마련할 필요가 있다고 본다. 또한 기본적으로 문제가 되는 공공채무의 증가가 정부지출의 증가에 기인한다는 점에서, 새롭게 발생하는 정부지출 소요를 어떻게 관리할 것인가와 관련된 재정소요 점검제도(score keeping)의 도입을 위한 근거를 국가재정법에 마련할 필요가 있다고 본다.

---

27) 일반직 공무원도 얼마든지 전문성을 보유할 수 있으며, 관련 업무에 대한 폭넓은 지식을 배경으로 공공채무 관리 업무를 수행한다는 점은 장점으로 볼 수 있다. 그러나 행정고시 등 공채시험을 통해 공직에 임용되고, 순환보직으로 관련 업무를 장기간 수행한 경험이 부족하다는 점은 전문성 측면에서 단점으로 볼 수 있다.

참고 문헌

강성원 외(2010). 국가채무의 재조명. 삼성경제연구소.

기획재정부(2012). 2011회계연도 국가결산보고서 등 국회 제출－국가재무제표 국회 최초 제출. 기획재정부 보도자료(2012.5.30).

나성린 · 박기백 · 박형수(2006). 우리나라 국가부채의 지속가능성. 한국조세연구원.

박기백(2003). 국가채무의 개념 및 분류. 한국조세연구원 재정포럼.

박승준 외(2009). 2010년도 예산안 국가채무관리계획 분석. 국회예산정책처.

박형수 · 박기백(2003). 재정건전화를 위한 국가채무 관리 방안. 한국조세연구원.

박형수 외(2008). 경제 · 사회환경 변화에 대응한 국가채무 관리 방안. 한국조세연구원.

송호신 외(2009). 주요국의 국가채무관리 비교 및 분석. 한국조세연구원.

옥동석(2007). 재정지표로서의 국가채무와 정부부채. 「재정논집」, 제22집 제1호.

이남수 외(2007). 국가채무 관리 방안에 관한 연구. 국회예산정책처.

이한구(2010). 기획재정위원회 국정감사 보도자료(2010년 10월 5일).

전주성(2010). 재정건전성 논쟁, 기초부터 튼튼하게. 재정포럼.

한국경제연구원(2010). 국가채무관리 어떻게 해야 하나.

Blanchard, Oliver J.(1990). Suggestions for a New Set of Fiscal Indicators. *OECD Woking Paper,* No. 79.

Blanchard, O. J., J. C. Chouraqui, R. P. Hagemann, & N. Sartor(1990). The Sustainability of Fiscal Policy: New Answers to an Old Questions. *OECD Economic Studies,* No. 15.

IMF(2003). Sustainability Assessments: Review of Application and Methodological Refinements.

———(2007). Code of Good Practices on Fiscal Transparency.

———(2009). World Economic Outlook.

IMF & World Bank(2003). Guidlines for Public Debt Management.

International Monetary Fund and The World Bank(2009). Managing Public Debt: Formulating Strategies and Strengthening Institutional Capacity.

OECD(2007). *Economic Outlook*, Statistical Annex.

제10장

프로그램(사업)예산제도의 운영 실태와 평가

김관보

제1절 프로그램예산제도의 도입 배경과 의의

1980년대 이후 세계 각국에서는 효율성·투명성·책임성을 강조하는 공공부문 개혁을 통해 국가재정 운영의 패러다임을 전환하고 있다. 특히 OECD 등 주요 선진국들은 예산을 정부재정 운영의 성과관리와 연계하여 재정규율과 재정책임을 강화하고 있다.

프로그램(사업)예산제도(Program Budgeting System)[1]는 이러한 재정규율과 재정책임의 일환으로 도입된 정책 수단이다. 프로그램예산제도는 프로그램(사업)을 중심으로 예산을 편성하는 제도로 프로그램이란 정부 기능을 수행하기 위한 세부 목표로서 동일한 정책목표를 수행하는 단위사업(activity/project)의 묶음이다. 특히 프로그램예산제도는 정책과 예산의 연계 및 재정성과 제고를 위해 국가의 최소 정책 단위인 프로그램 중심으로 설정한 예산 체계이다.

프로그램 예산의 기본구조는 일반적으로 '정부의 기능-정책-프로그램-단위사업'의 계층구조를 가진다. 프로그램 예산의 핵심적 작업은 '프로그램-단위사업'의 프로

1) 프로그램예산제도는 현재 정부에서 사업예산제도로 용어를 혼용하고 있다. 따라서 이 장에서도 부분적으로 혼용하고 있지만 대부분 프로그램예산제도의 용어를 사용하고자 한다.

그램 구조를 예산 체계에 연계하는 프로그램(사업) 중심의 예산편성과 함께 성과관리와 일치화하는 것이다. 따라서 프로그램예산제도는 프로그램을 성과목표별로 설정하고 예산을 관리하며, 기존 투입 중심의 예산 운용을 프로그램(정책사업) 및 성과 중심의 예산 운영의 패러다임으로 전환하는 의미를 지닌다.[2)]

과거 예산과목구조는 개별사업(세세항)과 비목(목-세목) 중심으로 편성 및 집행 관리하여, 투입재원의 통제에는 효과적인 반면 정책 우선순위에 입각한 전략적 재원 배분과 효율적 성과관리에는 미흡했다. 프로그램예산제도는 이러한 한계를 극복하고 정책과 성과 중심으로 재정 운용을 선진화함은 물론 국가재정 운용계획, 총액배분 자율편성(top-down) 제도, 성과관리제도 등 현재 시행 중인 재정개혁 과제의 원활한 추진을 위한 정책 수단이다.

우리나라는 이러한 프로그램예산제도를 중앙정부는 2007년, 지방자치단체는 2008년부터 도입하여 시행하고 있다.[3)] 이러한 배경에서 이 장에서는 재정규율과 재정책임의 정책 수단으로 도입된 시행 5년째 접어든 프로그램예산제도의 구체적인 내용과 예산과목 구조화 원칙, 성과관리와의 일치화 등 현행 운영 실태를 진단 평가하고자 한다.

제 2 절 프로그램 예산과목구조 디자인의 내용과 설정 원칙

프로그램 구조 디자인이란 "정부의 전략과 정책을 체계적으로 프로그램(사업)에 반영하게 하기 위해 분야-부문과 프로그램(정책사업)·단위사업·세부사업이 일정한 규칙에 따라 계층을 형성하도록 프로그램을 구조화"함을 의미한다(송광호, 2008).

2) "예산의 기획, 편성, 배정, 집행, 결산, 평가, 환류의 모든 과정을 프로그램 중심으로 구조화하고, 그것을 성과평가 체계와 연계시켜 성과를 관리하는 기법이다"(국회예산정책처, 2012: 241).

3) 중앙정부는 국가재정법 제8조(성과 중심의 재정 운용) 제2항에서 예산의 성과계획서를 전년도 예산의 성과보고서와 함께 예산요구서 제출시 포함하도록 의무화하고 있다. 지방자치단체는 지방재정법 제5조(성과 중심의 지방재정 운용) 및 지방자치단체 예산편성 운용 기준(행정안전부훈령 제129호, 2008.7.28.) 제3조에서 지방자치단체는 사업예산 성과관리를 위해 자율적으로 성과계획서 등을 작성할 수 있음을 규정하고 있다.

이러한 디자인 원칙은 국제통화기금(International Monetary Fund: IMF)의 권고 사항을 감안한 것으로 프로그램 구조화의 방법과 중요한 원칙들을 정리하면 다음과 같다(송광호, 2008; 이상용·이효 2008, 윤영진, 2009).4)

1 프로그램 구조화의 방법과 내용

프로그램의 구조화의 방법으로 기능 중심의 구조화 방법과 조직 중심의 구조화 방법으로 양분할 수 있다. 전자는 기능, 즉 분야-부문으로부터 직접적으로 프로그램을 도출하는 방법이다. 그러나 기능 중심의 방법은 동일한 정책사업(프로그램)이 서로 다른 조직에서 수행될 가능성이 존재하므로 정책사업에 대한 관리 및 관련 조직에 대한 평가가 어렵다. 반면에 후자의 경우 조직별 성과평가가 가능하지만 유사한 사업을 서로 다른 조직이 중복하여 집행될 가능성이 존재한다. 따라서 프로그램제도 집행 과정에서 단계적으로 각 구조화 방법에 대한 장단점을 고려하여 결정해 나가야 할

4) 1. Programs are "mono-functional" so that each program is linked to one function. 2. Programs are "hierarchically constructed" so that each program has a number of subprograms, each program can be decomposed into a number of activities and projects. Each subprogram is related to only one program, likewise each activity and project is related to only subprogram. 3. Each program has an appropriate size for efficient management. This varies from country to country, but often implies for broadly defined and resource intensive programs tht the main unity for accountability and performance specification could be at a lower level than that of the program, say at the subprogram. 4. Programs and subprograms should be defined in a way to support political decision-making and prioritization, by making clear the relationship between the resources used and the envisaged outputs and envisaged policy result(outcome). 5. Programs must consider all related activities (including regulatory ones) and projects, which together assist in achieving their objectives. This means that capital and recurrent spending should be considered together in judging program performance relative to its objectives. 6. Greater levels of disaggregation to activities and project will exist to support, and be designed to facilitate, management in pursuit of the subprogram objectives and results. 7. Accountability for subprograms should have clear managerial responsibility, usually and preferably, within a single organizational unit. 8. Responsibility for implementing each particular program should almost always align by administrative unit to one chapter (or "vote") in the budget. Where it is not possible to maintain this, it is important to assign lead roles to a particular chapter. 송광호(2008: 54-57).

	종전 품목별			현행 프로그램별	
①	장(28개) • 회계 28개 • 기금 15개	대기능	①	분야(16개) • 회계 · 기금 공동 사용	(종전) 장 · 관 · 항 → (개편) 분야 · 부문
②	관(76개) • 회계 76개 • 기금 26개	중기능	②	부문(69개) • 회계 · 기금 공동 사용	
③	항(963개) • 회계 509개 • 기금 454개	소기능	③	프로그램(749개) • 회계 · 기금 공동 사용	(종전) 항 · 세항 → (개편) 프로그램
④	세항(2,413개) • 회계 1,421개 • 기금 992개	실 · 국	④	단위사업(3,224개) • 회계 2,523개 • 기금 701개	(종전) 세세항 · 세사업 →(개편)단위사업: 사업 성격별로 통합 →단순화. 단위사업은 예산의 체계 및 예산심의의 최소 단위
⑤	세세항(8,041개) • 회계 6,294개 • 기금 1,747개	세부사업			
⑥	세사업	세부사업 (세세항의 지역별 분류 등)			
⑦	목(49개)	예산편성 비목		편성 비목	예산편성 시 비목
⑧	세목(102개)	예산심의 및 집행 비목		통계 비목	예산집행 비목

그림 10-1 중앙정부 프로그램 예산과목구조

주: 종전 2006년, 현행 2009년임.

것이다.[5)]

프로그램 예산체계 개편의 주요 내용을 정리하면 다음과 같다. 기본적으로 과거 품목별 예산제도에서의 예산과목구조인 "장-관-항-세항-세세항" 체계를 프로그램예산제도 하에서는 "분야-부문-프로그램(정책사업)-단위사업-세부사업" 체계로 새롭게 편제했다.

(종전) 품목별		(현행) 프로그램별	
장(5)	대기능	분야 (13)	(종전) 장 · 관 · 항을 분야–부문으로 개편
관 (16)	중기능	부문 (51)	
항(자율)	소기능: 조직별(실과)	정책사업(심의)	실과별/성과 측정
세항(자율)	새부기능: 조직별(실과)	단위사업(심의)	회계별/경상/투자
세세항(자율)	인건비, 경상적경비, 자체사업, 보조사업 등	세부사업(자율)	보조/자체, 투자적/경상적
목그룹(8개)	인건비, 물건비 등	목그룹(8개)	인력운영비, 운영경비 등
목(37)	예산편성 비목	편성목(38)	예산편성: 국제 분류 기준 (GFS)
세목 (109)	심의/집행 비목	통계목 (129)	예산집행/통계 및 회계처리
예산서 체계	회계별/품목별	예산서 체계	사업설명서

그림 10-2 지방자치단체 프로그램 예산과목구조

주: 항, 세항, 산출기초를 사업 중심으로 개편

5) 조직 중심의 구조화 방법은 도로 운영 조직과 상수도 관리조직 간에 사업의 우선순위 결정을 상호간에 협조할 수 있는 반면, 기능 중심의 사업구조화 방법은 여러 조직이 동일한 사업을 중복적으로 추진하는 문제점을 극복할 수 있다. 미국의 다기능 프로그램(cross-cutting program)을 참조할 수 있다 (송광호, 2008).

현행 중앙정부 및 지방자치단체 프로그램 예산과목구조를 살펴보면 [그림 10-1] 및 [그림 10-2]와 같다. 중앙정부의 경우 분야-부문(예: 농림해양수산/해양수산 · 어촌)은 정부 기능 · 업무 분류의 기본 틀로서 16 개 분야- 69 개 부문으로 설정하고 있다. 정부의 모든 회계와 기금이 공동으로 사용된다. 프로그램(예: 수산물 유통 및 안전관리)은 최소 정책 단위로서 동일한 정책목표를 달성하기 위한 한 개 이상의 단위사업으로 구성된다. 지나치게 포괄적인 회계의 "항"은 나누고, 상대적으로 세분화된

종전 품목별			현행 프로그램별		
①	장	(국방)	①	분야	(좌동)
②	관	(경상/전력)	②	부문	(병력 운영/전력 유지)
③	항	조직 반영 (지상/해상/항공)	③	프로그램	종전 세세항의 부문별 사업을 프로그램(정책사업)으로 개편
④	세항	조직 반영 (군사령부/국직기관)	④	단위사업	(종전)사업 → (개편)단위사업
⑤	세세항	부문별 사업 (인건비,시설 건설 등 16개 부문)	⑤	세부사업	(종전)세사업 → (개편)세부사업
	(사업)				※ 현재 세부사업은 예산서 체계 및 예산심의의 최소 단위
⑥	세사업				
⑦	목	예산편성 비목	⑥	목	예산편성 비목
⑧	세목	예산심의 및 집행 비목		세목	예산심의 및 집행 비목

그림 10-3 국방부 종전 예산 체계와 프로그램예산 체계 간의 비교

주: 2012년 기준 25개 프로그램-76개 단위사업-216개 세부사업
자료: 국방부 내부자료.

기금의 "항"은 통합하여 균형 있게 정비하고 있다. 단위사업(예: 수산물 가격 안정)은 프로그램 달성을 위한 수단으로서 세부사업군(群)으로 구성되며, 기존 개별사업(現 세세항)을 사업성격 · 예산규모 등을 감안하여 설정한다. 끝으로 세부사업(예: 비축사업, 출하 조절 등)은 재정사업의 최소 단위로서 부처 내부적으로 관리한다.

이러한 현행 프로그램 예산과목구조 하에 운영되고 있는 국방부의 사례를 보면 [그림 10-3]과 같다.

지방자치단체의 프로그램예산 체계는 지방정부의 기능과 조직을 기준으로 정책목표를 달성하기 위한 정책·사업을 체계적으로 구조화하고 이들 정책 · 사업을 중심으로 예산을 편성하는 구조적 특성을 나타낸다. 13 분야-대기능, 51개 부문-중기능 하에 정책사업-단위사업-세부사업으로 분류되며, 38 편성목, 129 통계목으로 분류되고 예산서 체계(사업설명서)가 첨부된다. 정책사업은 실과별로 성과측정이 이루어지며, 단위사업은 회계별로 경상/투자를 제시한다. 편성목은 국제 분류 기준(GFS)에 의해 예산편성이 이루어지고, 통계목은 예산집행과 통계 및 회계 처리이다([그림 10-2]) (이상용 · 이효, 2008).

한편 종전의 품목별 예산제도는 5개 장-대기능, 16개 관-중기능, 항(자율)-조직별(실과소), 세항(자율)-조직별(실과소), 37개 목-예산편성 비목, 109개 세목-심의/집행 비목, 예산서 체계-회계별/품목별로 구성되었다.

부천시 프로그램 예산과목구조 사례를 예시하면 <표 10-1>과 같다.

2 프로그램 예산과목구조 디자인 원칙

프로그램 예산과목구조 디자인 원칙을 개괄하면, 우선 프로그램(정책사업)들은 단일 기능을 가져야 한다. 동일한 프로그램이 복수의 기능(분야, 부문)을 포함해서는 아니 된다. 또한 프로그램은 일정한 계층구조를 가져야 한다. 프로그램은 하위에 복수의 하위 프로그램을 가지며, 하위 프로그램은 복수의 활동(activities) 및 프로젝트(projects)를 갖는다. 즉, 프로그램-단위사업-세부사업들 간에 1 : N의 계층적인 구조를 형성해야 한다. 다음으로 프로그램의 목적에 맞는 성과를 판단할 경우 자본투자 및 경상지출의 성과를 구분해야 한다. 끝으로 하위 프로그램들은 단일 조직에서

표 10-1 지방자치단체 프로그램 예산과목구조: 부천시 사례 예시

종전 품목별					현행 프로그램별								
장·관·항·세항·세세항	목	예산액	산출기초		조직	정책	단위	회계	세부	편성목	예산액	전년도(기정)	비교증감
3332 도로관리		22,779,000			도로과								
220 자체사업		5,766,000				편리한 교통체계 구축					22,779,000	21,179,000	1,679,000
	401 시설비 및 부대비	5,766,000					도로개설	일반			5,766,000	5,166,000	666,000
		5,766,000	01 시설비						A대로		1,866,000	4,666,000	−2,800,000
			• A대로	1,586,000						시설비	1,866,000	4,666,000	−2,800,000
			−시설비	1,586,000						감리비	271,000	0000	0000
										부대비	9,000		
			• B우회	2,890,000					B우회도로		2,900,000	500,000	2,400,000
			−설계용역	80,000						시설비	2,900,000	500,000	2,400,000
			−토지 매입	2,810,000						및 부대비			
			• C고가	995,000					C고가교확장		1,000,000	0	1,000,000
			−토지 매입	995,000						시설비	1,000,000	0	1,000,000
		271,000	02 감리비							및 부대비			
			• 계수대로	271,000									
		24,000	03 부대비										
			• A대로	9,000									
			• B우회도로	10,000									
			• C고가교	5,000									

자료: 부천시 2011년 내부자료 부분 수정.

관리 책임을 져야 하며 동일한 하위 프로그램은 복수의 조직에서 관리되지 말아야 한다(윤영진, 2009; 송광호, 2008). 이러한 프로그램 예산과목구조의 개요를 구체적으로 설명하면 다음과 같다.

1) 정부 '기능(분야-부문)'과 '프로그램(정책사업)'의 연계 원칙

첫째, 프로그램과 단일 기능의 연계이다. 프로그램구조화의 내용을 보면, 첫째 분야-부문이다. 분야-부문을 일컬어 기능이라 할 수 있으며, 정책을 달성하기 위한 정부 고유의 영역을 의미한다. 정부 고유 영역에 대한 제1차적 분류가 분야이고, 분야를 2차적으로 세분한 것이 부문이다. 분야-부문 분류는 국제 재정통계 기준(UN의 정부 기능 분류[6])에 일치하는 것을 원칙으로 하되, 국별 재정환경에 걸맞게 신축성을

유지하고 있다. 우리나라의 개편된 기능 분류를 보면 중앙정부는 16개 분야 68 부문으로 개편되어 운영하고 있으며, 지방자치단체는 13분야 51개 부문이다.[7)]

정부의 프로그램(정책사업) 구조는 기능 체계로부터 도출되어 서로 연계된다. 프로그램은 단일 기능의 특성을 지니며, 각 프로그램은 단 한 개의 기능과 연계되어야 한다. 따라서 정부의 기능 체계를 정점으로 그 밑에 다수의 프로그램이 위치하고, 각 프로그램 밑에 복수의 단위사업이 위치하도록 설계한다.

기능은 '분야'-'부문'의 2단계로 분류되며, '프로그램'은 '부문'의 하위 기능의 성격을 갖게 직접 연계되도록 분류한다. 따라서 기능과 프로그램의 연계는 1 : n의 관계이다.

2) 프로그램 구조화의 원칙(정책사업-단위사업-세부사업)

둘째, 정책-단위-세부사업 설정의 원칙이다. 정책목표를 달성하기 위해 사업을 통해 구체화하는 단계이다. 세 가지 사업 설정 시 기본 지침은 다음과 같다. 먼저 '정책사업 설정 원칙 1'은 정책 체계에시 일관성을 지닌 다수 단위사업들의 묶음인 정책사업 설정 시 1개의 정책사업은 단일 부문으로만 구성한다. '정책사업 설정 원칙 2'는 1개의 정책사업은 단일조직에서만 운용된다.[8)]

특히 적정한 프로그램 명칭을 디자인하게 위해 프로그램의 명칭은 단위사업 내용이 함축되어야 하며 너무 포괄적 · 추상적이어서는 아니 된다. 프로그램은 산출 정보의 편익과 비용을 고려한 예산 규모 측면과 정책적 측면에서 일정한 중요성이 내포되어야 한다. 사업 단위를 세분화할수록 세부적인 정보 제공이 가능하나, 많은 비용이 소요되므로 비용-편익을 고려해야 할 것이다(윤영진, 2009).

---

6) COFOG(Classification of the Function of Government). UN COFOG에 의한 정부 기능은 10개 분야이다.

7) 중앙정부 16개 분야는 1. 일반공공행정, 2. 공공질서 및 안전, 3. 통일 · 외교, 4. 국방, 5. 교육, 6. 문화 · 체육 · 관광, 7. 환경보호, 8. 사회복지, 9. 보건, 10. 농림 · 해양수산, 11. 산업 · 중소기업, 12. 수송 및 교통, 13. 통신, 14. 지역개발, 15. 과학기술, 16. 예비비이다. 지방자치단체 13개 분야는 중앙정부에서 통일 · 외교, 국방, 통신이 제외된다.

8) 예시: 대중교통지원사업(정책사업)의 하부 단위사업인 유류비 보조사업이 시내버스운송조합에 대한 지원(대중교통과), 택시운송조합에 대한 지원(교통정책과) 등 2개 부서에서 지원될 경우, 부서가 상이하므로 각각 별도의 정책사업으로 분리한다(행정안전부, 2011).

표 10-2 정책사업-단위사업-세부사업 설정 시 주요 지침

구분	기본 지침
정책사업	• 1개의 정책사업은 단일 부문으로만 구성 • 1개의 정책사업은 단일 조직(실 · 과)에서만 운영 (본청과 산하기관은 원칙적으로 유사 정책사업을 단일화)
단위사업	• 1개의 단위사업은 동일 회계 또는 기금으로만 구성
세부사업	• 광역자치단체는 직접사업과 지원사업을 구분 • 보조재원 포함사업과 자체재원사업을 구분 • 특정 사업 유형에 해당되는 세부사업은 별도 구분 관리

주: 지방정부에 적용되는 지침이나 중앙정부에도 이와 유사함(행정안전부, 2011; 송광호, 2008).

다음으로 단위사업으로 정책사업을 세분한 다수의 실행 단위로서(subprogram), 정책사업 활동 근거이다. '단위사업 설정 원칙'은 1개의 단위사업은 동일 회계 또는 기금으로만 구성된다. 동일 정책목표를 갖는 유사 단위사업을 동일 정책사업 하부에 설정하되, 각 단위사업은 단일 회계 · 기금만으로 설정한다.[9]

끝으로, 세부사업은 단위사업을 집행하기 위한 여러 개의 사업단위로 예산서(부속 서류 포함)에 제시된 예산과목구조에서 최종 사업 단위이다. '세부사업 설정 원칙 1'은 지방자치단체의 경우 광역자치단체는 직접사업과 지원사업을 구분한다. '세부사업 설정 원칙 2'는 자치단체는 보조재원을 포함(자체+보조)하는 사업과 자체 재원(지방비) 단독으로 집행하는 사업을 구분한다. '세부사업 설정 원칙 3'은 자치단체는 특정 세부사업이 목록화 · 코드화된 사업 유형(예시: R&D, 정보화, 제도혁신, 미래 대비 투자, 인적자원 개발, 성장동력 확충 등)에 해당될 경우 별도로 구분 관리한다. 이 원칙들은 중앙정부의 경우에도 준용된다(송광호, 2008).

3) 목 그룹 분류의 원칙

셋째, 편성목-통계목이다. 예산과목(품목)은 어떠한 재원으로 사업 수행 예산을 집

9) 예시: 정책사업(주민기초생활보장_사회복지과) → 단위사업(1. 저소득층 기초생활 보장 → 일반회계. 2. 저소득층 의료지원-의료보호기금 운용 특별회계, 3. 저소득가구 자활 지원 → 일반회계 등). 품목별 예산제도에서는 회계 · 기금 간 구분으로 중복사업 추진 가능성의 문제점이 존재했다(송광호, 2008: 행정안전부, 2011).

행하는지를 알 수 있도록 일정한 기준에 근거해 과목의 형태로 분류한 것으로, 우리나라의 예산과목 구조는 목그룹-편성목-통계목의 3단계로 구성된다. 예산과목은 국제재정통계 기준에도 부합해야 한다.[10] 프로그램예산 체계 하에서 개편된 현행 우리나라 품목 분류를 보면 중앙정부는 9개 편성 비목[11]과 55개 통계비목, 지방자치단체는 8 목그룹,[12] 38 편성목,[13] 129 통계목으로 구성된다.[14]

4) 조직 중심의 프로그램 구조화 원칙

넷째, 조직 단위(중앙정부: 실・국/지방정부: 과)와 프로그램 단위가 직접 연계되도록 디자인해야 한다. 프로그램이 해당 조직의 관리 중심점, 자율 중심점, 책임 중심점이 되도록 한다. 중앙정부의 경우 프로그램은 실·국 단위로 연계되며, 실・국은 1개 이상의 프로그램을 수행하도록 설계해 단일 관리자에 의해 관리되도록 해야 한다.

조직관리자 1명이 해당 프로그램 단위의 예산편성 및 집행에 책임을 진다. 조직관리자 1명이 복수의 사업을 관리할 수는 있으나, 복수 관리자들이 1개 사업을 관리해서는 아니 된다(윤영진, 2009).

5) 포괄적인 예산・재정 규모 원칙

다섯째, '프로그램'- '단위사업'-'회계/기금'을 연계한다. 일반회계, 특별회계, 기금이 포괄적으로 관리 운영되도록 유사한 목적의 재정자원은 동일한 프로그램으로 디자인한다. 동일 또는 유사한 목적의 사업이 다양한 회계, 기금에 걸친 경우 '조직 단위'-'프로그램'-'회계/기금'은 일반회계, 특별회계, 기금 명칭을 부여해야 한다. 특히

---

10) 국제재정통계 기준은 IMF에서 규정하는 GFS(Government Finance Statistics)로 '86 GFS(현금주의 의한 과목 분류 방식)와 '01GFS(발생주의에 의한 과목 분류 방식) 두 가지로 분류된다. '01 GFS는 자산(비금융자산, 금융자산), 부채(국내분, 해외분), 수익 및 비용(종전의 수입 및 지출 과목과 비슷하나, 상위 수준인 경상 및 자본의 구분이 없음)으로 구분된다(송광호, 2008).

11) 1. 인력운영경비 2.운영비 3. 업무활동비 4. 경상이전 5. 유무형자산 취득 6. 금융자산취득 7. 자본이전 8. 상환지출 9.전출금 및 기타

12) 100 인건비, 200 물건비, 300 경상이전, 400 자본지출, 500 융자 및 출자, 600 보전 재원, 700 내부거래, 800 예비비 및 기타

13) 101 인건비, 501 융자금, 502 출자금 등.

14) 또한 프로그램(사업) 구조화와 관련해 투자사업과 경상사업으로 구분하는 노력이 필요함을 강조하고 있다. 자세한 내용은 송광호(2008: 82-100)를 참조한다.

동일 · 유사한 프로그램은 가능한 단일 회계(일반회계) 중심으로 운영되도록 한다(윤영진, 2009).

6) 프로그램 체계와 조직의 성과목표 체계 일치화 원칙

여섯째, 정책과 예산을 연계하는 프로그램예산제도를 성과 지향적으로 운용하기 위해 프로그램 예산과목구조를 성관관리 체계와 일치시킨다. 일치화 과정은 성과계획서와 예산서를 기준으로 바람직한 목표 체계를 도출한 후 성과목표와 프로그램 간, 관리과제와 단위사업 간의 일대일 대응을 원칙으로 하고 있다. 목표 체계 수립 방법은 연도별 성과계획서 작성지침을 기초로 한다. '일치화 원칙 1'은 성과 중심의 재정 운용을 위해 프로그램별로 성과목표를 대응시키고 원가를 계산한다. '일치화 원칙 2'는 프로그램은 동일한 정책목표 달성을 위한 단위사업의 묶음으로 성과 중심의 재정 운용을 위해 프로그램은 정책이 추구하는 결과 지향적 성과목표에 대응되어야 한다(관리 과제)(국회예산정책처, 2012).

프로그램은 성과목표를 제시하고 성과평가가 가능한 단위로 설정해 성과관리가 가능하도록 디자인해야 한다. 프로그램 명칭은 가능하면 성과목표를 나타내는 형식으로 제시되어야 한다(단위사업에 대한 성과목표 표현은 불필요). 사업의 단위는 조직의 산출(output) 또는 결과(outcome)를 측정할 수 있고 평가의 의미가 있는 지속성이 있는 업무로 디자인한다(윤영진, 2009).

표 10-3 프로그램예산 체계와 성과목표 체계 일치화 개요

프로그램 예산		성과계획서 · 보고서
부문		전략목표 (기관이 중점을 두고 지향하거나 추진해야 할 중 · 장기 계획)
프로그램	➡	성과목표 (전략목표 달성 수단)
단위사업	➡	관리과제 (성과목표 달성 위한 개별재정사업)

3 프로그램예산제도의 운용

프로그램예산제도의 과정을 정리하면 ① 중기재정계획 수립→② 단년도 예산편성→③ 예산집행→④ 예산결산→⑤ 예산 환류로 운용되고 있다. 중기재정계획 수립은 향후 5개년에 대한 중장기 재정 전망을 포함한 재정계획을 수립한다. 중앙정부는 국가재정 운영계획, 지방자치단체는 중기지방재정계획이라 명칭을 달리하고 있으며, 연도별, 분야-부문별 지출 한도액(지방정부는 예산편성 한도액)을 결정한다. 성공적인 프로그램예산제도를 위해 예산집행에서의 책임과 권한의 조화가 이루어져야 한다. 실국의 부서장들이 동일 단위사업 내 세부사업 간 또는 동일 세부사업 내 편성목 간에 책임하에 상호 신축성 있는 집행의 권한이 부여되어야 할 것이다. 예산결산은 현재 현금주의 방식에 따라 세입, 세출 결산 수행과 그 차액인 세계잉여금을 산출한다. 또한 사업별 성과를 정확히 측정하기 위해 복식부기·발생주의회계가 도입되어 예산결산(단식부기·현금주의) 및 재무결산 간 차이를 규명해야 한다.

4 프로그램예산제도 하의 사업예산서

품목별 예산제도 하에서는 예산서가 회계별 세입세출 중심(세항·세세항·목: 예시→도로관리·자체사업·시설비 및 부대비)으로 구성되어 정부조직이 추진하는 사업들을 명확히 파악하기 어려웠다. 그러나 프로그램예산제도의 도입으로 예산서가 사업 중심(조직·정책·단위: 예시→도로과·일반도로 건설·A 도로사업)으로 구성되어 정부가 어느 정도의 예산을 가지고 어떤 사업을 수행하고 있는지에 대한 투명한 정보를 제공하고 있다. 또한 사업에 대한 설명서를 예산서의 첨부자료로 제출하고 있다.

현행 우리나라 중앙정부 및 지방자치단체 사업예산서의 체계는 <표 10-4>, <표 10-5>와 같다.

표 10-4 중앙정부 예산서 체계

종전 품목별 예산제도	현행 프로그램 예산제도
	I 재정 운영 개요(신설)
	1. 재정 운용 여건 전망 2. 중장기 국가재정 운용계획 3. 내년도 예산안 전체 모습
I. 세입 · 세출예산서	**II. 세입 · 세출예산서(일부 수정)**
1. 예산총칙 2. 세입 · 세출예산안 3. 계속비 4. 명시이월비 5. 국고채무부담행위	1. 예산총칙 2. 세입 · 세출예산안 3. 계속비 4. 명시이월비 5. 국고채무부담행위
II. 기금운용계획서	**III. 기금운영계획서(일부 수정)**
1. 운용총칙 2. 자금운용계획	1. 기금운용총칙 2. 기금운용계획
	IV. 프로그램별 예산 및 기금명세서(신설)
	1. 소관별 프로그램 총괄표 2. 프로그램별 설명서
III. 첨부서류	**V. 첨부 서류(확대 개편)**
1. 예산안 편성지침 2. 독립기관 감액의견서 3. 품목별 분류(각목 명세서)	1. 예산안 편성지침 2. 독립기관 감액의견서 3. 심의자료 및 부속서류 4. 기업특별회계 재무제표 5. 품목별 · 기능별 분류 6. 투자 · 경상 분류 7. 재정통계 8. 성과계획서 9. 성인지예산서 10. 기타 재정사업 이력관리 정보 등

자료: 송광호(2008), 기획재정부 홈페이지 디지털예산회계시스템.

표 10-5 지방자치단체 예산서 체계

제1권 세입세출예산서	제2권 첨부 서류
I. 내년도 재정 전망과 시도/시군구정 방향	
I-1. 내년도 재정 전망	
I-2. 시도/시군구정 재정 운영 방향	① 예산편성 기준
II. 세입세출예산서	② 세입세출예산 사업명세서
	③ 채무부담행위설명서
II-1. 예산총칙	④ 계속비사업 설명서
II-2. 예산 규모	⑤ 명시이월사업 설명서
가. 회계별 예산 규모	⑥ 전전년도 결산 총계 및 순계표
나. 세입 총괄표	⑦ 지방채증권 및 차입금 현황조서
다. 세출 총괄표(기능별)	⑧ 공유재산 현황조서
라. 세출 총괄표(조직별)	⑨ 직종별 정원표(전년도 대비 포함)
마. 세출 총괄표(성질별)	⑩ 중기지방재정계획
II-3. 세입예산서	⑪ 당해 연도 말 현재액 추정 연차별 상황계획 조서
II-4. 세출예산서	⑫ 지방세지출보고서
II-5. 채무부담행행위조서	⑬ 가타 예산 내용을 명백히 함에 필요한 서류
II-6. 계속비사업조서	
II-7. 명시이월사업조서	

자료: 행정안전부(2011).

5 프로그램예산제도와 복식부기·발생주의 회계제도의 연계

지방자치단체는 2007년 지방재정법과 중앙정부는 2008년 국가회계법에 근거 재정 상태 및 운용 결과를 명백히 하기 위해 발생주의와 복식부기 회계 원리를 사용하도록 규정되고 있다.

우리나라 재무보고서 체계는 결산총평, 재무제표(재정상태보고서, 재정운영보고서, 순자산변동보고서, 현금흐름보고서), 주석, 필수보충정보, 부속명세서, 재정분석으로 구성된다. 현재 중앙정부 각 부처 및 지방자치단체는 회계 실체별로 재정보고서를 산출하고 있지만 프로그램예산제도 하에서는 사업별 성과관리 정착을 위해 사업별 재정보고서가 산출되어야 할 것이다. 사업간 공통 요소, 즉 다수의 사업에 관련되는 자산, 부채, 수익, 비용에 대한 배분 방법 및 사업 종료 후 지속적인 감가상각비 관리문제 등도 유의해야 할 것이다.[15]

6 프로그램별(사업별) 원가계산

프로그램예산제도 하에서는 특정 사업의 수행에 소요되는 모든 재원을 사업별 원가에 포함해야 하므로, 원가계산을 수행해야 한다. 정부의 모든 세출예산이 사업에만 배분되는 것은 아니다. 중앙정부는 행정운영경비에 해당하는 '종합지원 프로그램', 지방자치단체의 경우는 '행정운영경비' 및 '재무활동'에도 세출예산이 배분된다.

우선 우리나라 중앙정부는 각 부처별로 간접비가 설정되고, 실·국 공통비는 일정한 배부 기준을 적용하여 관련 프로그램(사업)에 배분된다. 그러나 부처공통비는 별도의 프로그램으로 처리하고 있으므로 합리적인 배부 기준과 원가관리 기반이 구축

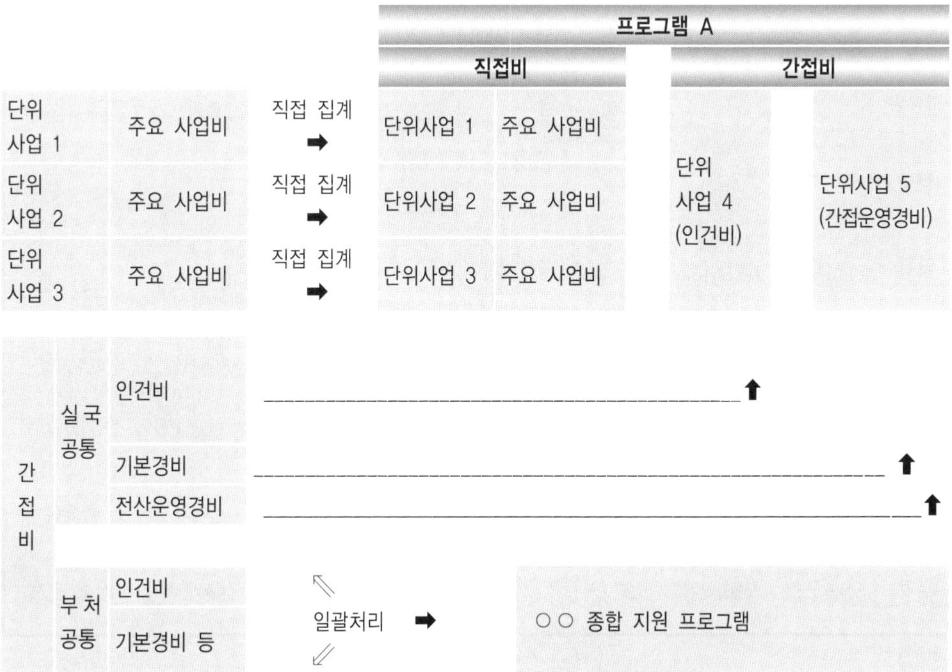

그림 10-4 사업별 원가구조

자료: 송광호(2008).

---

15) 송광호(2008)에서 자세히 설명되고 있다.

되지 않고 있다. 우리나라 중앙정부의 사업별 원가 계산구조를 보면 앞의 [그림 10-4]와 같다.[16]

다음으로 우리나라 지방자치단체의 경우 '행정운영경비'란 행정조직의 운영을 위한 최소한의 경상비로 총액인건비제도에 따른 '인력운영비'와 부서 운영을 위한 '기본경비'로 구분된다.

그러나 행정운영경비는 특정 사업에만 관리되는 것이 아니라 해당 조직이 수행하는 다수의 사업에 관련될 수가 있다. 즉, 사업에 대한 간접비에 해당하며, 재무활동비에 비해 사업에 대한 인과 관계를 파악하기 쉽다. 따라서 행정운영경비를 사업에 정확히 배분하기 위해 일정한 배부 기준을 적용하여 각 부서가 담당하는 사업에 배부해야 한다(행정안전부, 2011; 송광호, 2008).

그림 10-5 우리나라 지방자치단체의 사업구조

주: 하나의 실과에서 여러 개의 정책사업 설정 가능(정책사업은 단일 부문으로만 구성). 통계목과 산출근거는 예산서상에 표시되지 않고, 통계관리 등 내부관리 목적으로 사용함.
자료: 행정안전부(2011).

16) 송광호(2008)에서 자세히 설명되고 있다.

우리나라 지방자치단체 사업구를 살펴보면 사업이 체계적으로 편성될 수 있도록 일정한 계층구조를 형성하고 있다. 우선 자치단체 전체 재정을 정책사업, 행정운영경비, 재무활동으로 구분하고, 정책사업 하위에 단위사업 및 세부사업을 설정한다. 세부사업 하위에 편성목과 통계목을 두고, 통계목 하위에 산출 근거를 제시하고 있다(기금으로 수행 사업 포함). 재무활동은 특정 사업의 수행 목적에 지정되지 않은 회계 간 내부거래 지출(예: 예탁금) 또는 보전지출(예: 차입금 이자 상환)을 의미하며, 특정 편성목 형태로 지출된다(행정안전부, 2011; 송광호, 2008).

제 3 절 프로그램예산제도와 성과관리의 연계

「국가재정법」 제8조는 성과 중심의 재정관리를 위한 성과관리 체계의 구축을 명시하고 성과계획서와 성과보고서 작성을 규정하고 있다. 성과 중심의 재정관리와 운용은 재정의 효율적 배분과 집행의 기준을 성과로 정하는 것이다. 또한 재정사업의 성과관리를 위해 프로그램 체계 및 성과관리 체계의 일치화를 강조하고 있다. 이러한 일치화 작업은 예산-성과-조직 체계를 연계하고, 예산과목구조 개편에 따른 성과목표 체계를 예산 체계에 연계화하는 방향으로 2010년부터 2012년까지 3단계로 추진되고 있으며,[17] 2011년까지 총 50개 대상 부처 중 24개 부처에 대해 일치화 작업을 완료했다(국회예산정책처, 2012).

지방자치단체 또한 지방재정 운용 성과의 극대화 등을 위한 2014년 자치단체 "사업예산 성과관리" 의무적 도입·시행 계획에 맞추어 전 기초자치단체의 성과예산서 작성 필요성이 강화되고 있다. 2008년부터 본격 도입·시행하고 있는 프로그램(사업)

17) 1단계(2010년 추진): 여성가족부, 고용노동부, 통일부, 관세청, 특허청(5). 2단계(2011년 추진): 기획재정부, 법무부, 지식경제부, 법제처, 국가보훈처, 공정거래위원회, 국세청, 조달청, 통계청, 병무청, 경찰청, 소방방재청, 문화재청, 농촌진흥청, 산림청, 식품의약품안전청, 기상청, 해양경찰청, 원자력위원회(19). 3단계(2012년 계획): 대통령실, 국회, 대법원, 헌법재판소, 중앙선거관리위원회, 민주평통자문위원회, 감사원, 국무총리실, 국방부, 교육과학기술부, 외교통상부, 행정안전부, 보건복지부, 문화체육관광부, 농림수산식품부, 국토해양부, 환경부, 국가인권위원회, 방송통신위원회, 국가과학기술위원회, 금융위원회, 국민권익위원회, 중소기업청, 특임장관실, 방위산업청, 행정복합중심도시청(26) (국회예산정책처, 2012).

예산제도의 성과관리 추진을 위해 2011년 전 광역자치단체 및 28개 시범 기초자치단체의 성과예산서 작성 및 e-호조 시스템 구축·보완작업이 이루어져 왔다.[18]

이러한 작업 과정에서 가장 중요한 쟁점은 성과관리에 적합한 프로그램예산제도의 예산과목구조를 설정하는 것이다. 현 프로그램예산 체계가 성과 단위로 설정되지 아니하면, 재정사업 성과관리가 어렵다. 현행 프로그램이 실국별 정책사업으로, 그 정책사업이 결과 지향적 정책이 아닌 투입 및 산출(output) 지향적 정책일 경우 결과(outcome) 지향적 재정 운영의 성과관리가 어렵다. 따라서 프로그램 예산제도의 핵심은 성과관리를 위해 투입 중심의 예산과목구조를 결과 중심의 예산과목구조로 개편함에 있다.

프로그램예산제도의 성공적인 운용은 프로그램예산제도의 예산과목구조와 성과관리에서의 성과구조(정책목표와 사업의 체계적인 연계)와의 일치화이다. 성과관리의 순환 과정을 보면 성과계획 수립, 성과 모니터링, 성과측정 및 보고, 성과 평가 및 환류 등 4단계로 정리할 수 있다. 먼저 성과계획 수립에서는 사업 단위의 세부적인 성과목표를 설정하기 전에 어떠한 전략 목표와 정책목표를 정하고 어떠한 사업을 집행할 것인가에 대한 명확한 방향을 정립해야 한다.

일반적으로 성과구조인 정책목표와 사업의 체계적인 연계는 성과관리 균형성과표(Balanced Scorecard: BSC) 모형(Kaplan & Norton, 1992)에 기초한다. BSC 하의 성과구조와 프로그램예산 과목구조를 연계하면 [그림 10-6]과 같다. 구조적인 측면에서 프로그램예산제도의 핵심은 분야-부문으로부터 정책-단위-세부사업을 단계적으로 설정하고 성과관리의 성과구조와 연계한다. 조직의 임무, 전략목표, 성과목표가 결정되면 그에 해당하는 사업구조가 설정된다. 다음으로 조직의 성과를 구체적이고 합리적으로 평가할 수 있는 성과지표와 측정 방법이 제시된다.

18) ① 2010년까지 기반 조성 단계로 2010년 모든 광역자치단체 성과예산서 시범 작성(2010. 5). 2009년 예산 선도기관 운영(서울, 강원, 전북). 2011년 全 광역단체 성과예산서 작성(2010.12). e-호조 성과예산 시스템 구축 완료(2010.10) 및 시·도별 각 1명 인력 보강(2010.12). ② 20111~13년 본격 확산단계로 28개 선도 기초단체 선정(2010.12) 및 2011년도 성과예산서 시범 작성(2011.3~6). 광역·기초 합동 워크숍(2011.2.23~24, 대전) 및 선도 기초단체 연찬회(2011.4.19) 개최. 2011년 예산에 대한 광역단체 예산 성과보고서 시범작성(2012.3~5). 사업예산 성과관리제도 법제화(2012.12까지). 성과예산서 및 성과보고서 의회 제출 의무화(2014년 예산안부터). ③ 2014년 성숙 단계로 전(全) 자치단체 성과예산서 및 예산성과 보고서 작성(행정안전부, 2011).

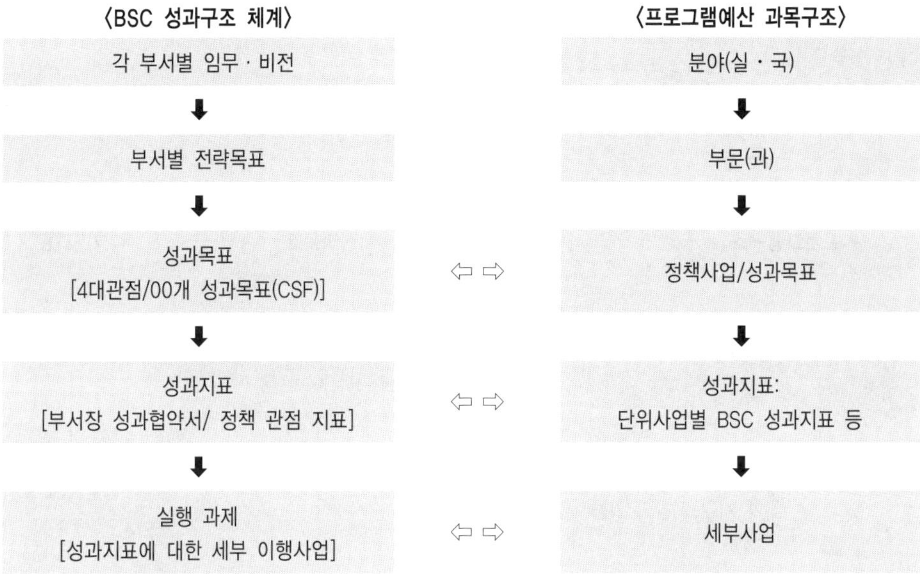

그림 10-6 BSC 성과구조 체계와 프로그램 예산과목 구조의 연계

자료: 이효(2012: 82).

이러한 과정을 정기적인 보고서 형태로 작성된 것이 성과계획서이다. 성과계획서에는 사업의 추진 목적, 연도별 성과지표와 목표치 등 성과목표 달성을 위한 구체적인 계획을 포함하고 있다.

특히 성과지표는 목표 체계에 의한 전략목표와 정책사업의 성과목표에 대한 달성 여부와 사업 성과를 평가할 수 있는 측정지표이다. 성과지표의 도출을 위해 현재의 성과관리 체계인 BSC와 프로그램예산 체계의 연계가 필요하다. 지방자치단체의 경우 프로그램예산서(사업예산서) 중 구체적인 정보를 가진 "세출예산 사업명세서"는 조직별(실 · 과 단위) 편제이고 성과목표-정책사업, 성과지표-단위사업을 연계한다. 따라서 BSC 성과 체계와 프로그램 예산 체계 간에 성과목표(정책사업)와 성과지표(단위사업)를 합리적으로 연계해야 할 것이다(이효, 2012)([그림 10-6] 참조).

지방자치단체의 도로교통과를 예시로 임무-전략목표-성과목표-성과지표의 성과구조 체계에 따라 예산을 편성 · 집행하고 그 성과를 측정 · 평가하는 예산의 성과관리 체계에 대한 성과예산서 사례를 보면 [그림 10-7]과 같다.

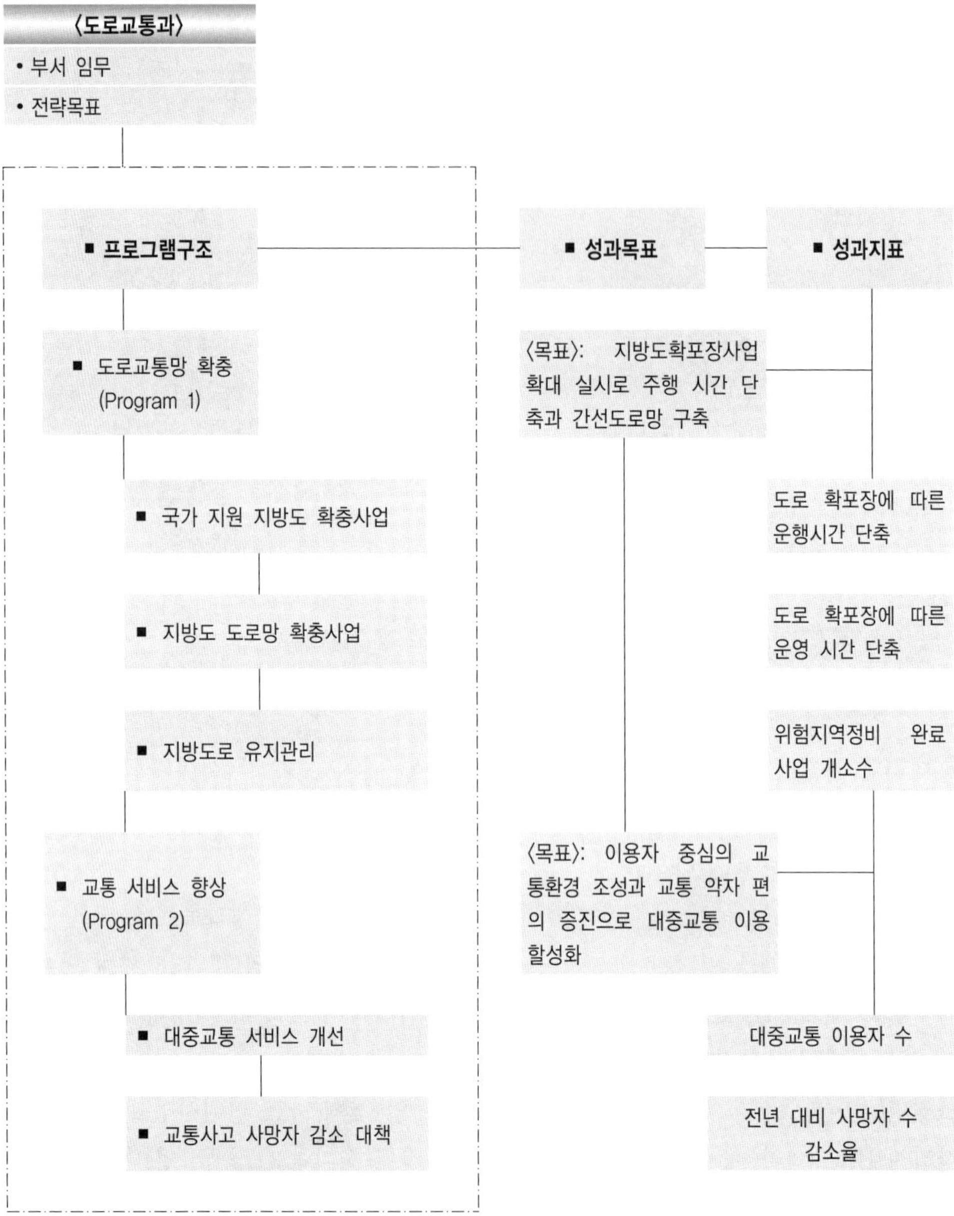

그림 10-7 우리나라 지방자치단체의 성과예산서: 도로교통과 사례

자료: 이효(2012: 83).

제 4 절 프로그램예산제도와 성과관리 연계 운영 실태 진단: 사례*

1 사례 1: 국토해양부 교통 및 물류 분야 프로그램

1) 사례 내용

국토해양부의 교통 및 물류 분야는 도로, 철도, 항공·공항, 해운·항만 4개의 부문으로 구성되며, 실·국별 정책사업인 8개의 프로그램이 수행되고 있다. 이러한 8개의 프로그램은 크게 '건설 및 개발', '관리 및 운영' 등 2개의 정책으로 분류할 수 있다.

성과목표 체계를 예산 체계와 일치화할 경우 2개의 정책사업인 '건설 및 개발', '관리 및 운영'이 성과목표로 설정될 수 있다. 성과목표는 결과 지향적 성과목표로 설정

표 10-6 교통 및 물류 분야 프로그램 및 단위사업 구성 현황(교통시설특별회계)

분야	부문	프로그램	단위사업
교통 및 물류	도로	고속도로 건설	고속도로 조사설계
			고속도로 건설
		국도 건설 등	일반국도 조사설계
			일반국도 건설 등
	철도	고속철도 건설	고속철도 건설
		일반철도 건설 등	일반철도 건설
			일반철도 조사설계 등
	항공·공항	일반공항 건설 및 관리	일반공항 관리
		항공 발전 지원	항행안전시설 등
	해운·항만	신항만 개발 등	부산항 신항만 개발
			광양항 개발 등
		주요항 및 일반항 건설	주요항 건설
			일반항 건설 등

자료: 국토해양부, 「사업별·목별 결산내역서 (II-2)」, 2012: 60-116; 국회예산정책처(2012).

* 이 절은 국회예산정책처(2012)의 사례분석 결과를 인용하고 있다. 사례는 투입 및 산출 지향적 프로그램 위주의 '교통 및 물류 분야'의 프로그램이다.

되는 것이 원칙이다.

그러나 국회예산정책처(2012)의 분석에 의하면 현행 프로그램 구조는 성과목표가 투입 및 산출 위주로 설정되고 있다. 왜냐하면 프로그램과 단위사업이 거의 동일하기 때문이다. 프로그램이 정책사업이라기보다는 대표적인 단위사업을 의미한다(<표 10-6> 참조).

기획재정부의 「2012년도 성과계획서 작성지침」에 의하면, 성과목표는 당해 연도 '전략목표'를 달성하기 위한 수단이어야 하며, 전략목표-성과목표, 성과목표-관리 과제 간에 연계성이 확보되어야 한다. 특히 성과관리 목적에 부합하기 위해 사업의 최종적인 효과를 판단할 수 있도록 결과 지향적으로 설정되어야 함을 원칙으로 한다.

2) 진단

프로그램예산제도와 성과관리 체계와의 일치화 원칙에도 불구하고 국회예산정책처(2012) 연구 결과에 의하면 국토해양부 2011 회계연도 성과보고서에서 교통 및 물류 사업을 추진하는 정책목적이 교통혼잡비용 및 물류비용 감소들이지만 이를 확인할 수 있는 성과목표와 성과지표들이 제시되지 않고 있다. 4개의 전략목표에 포함된 5개의 성과목표 중 SOC 관련 전략목표 한 가지만 프로그램 예산과목 구조의 교통 및 물류 분야의 성과목표와 연계되고 있다. 다른 전략 목표들은 교통 및 물류 분야 사업과 무관하여 일치화되지 않고 있다. 또한 2012 회계연도 성과계획서에서는 오히려 성과보고서에서 유일하게 물류비와 연계된 결과 지표인 "GDP 대비 국가 물류비 비중 축소" 성과지표를 제외하고 있다.

표 10-7 2011 회계연도 성과보고서의 교통 및 물류 분야 성과목표 및 성과지표

성과목표	성과지표	측정 방법 및 측정 산식
전략목표 I: 경쟁력 있고 품격있는 국토를 조성한다.		
지역의 경쟁력을 강화한다(I-2).	• 지역내 총생산(GRDP) 증가율 (수도권 제외, 전년도 기준) (단위: %)	(2011년도-2010년도 GRDP)/ 2010년도 GRDP x 100(%)
안전하고 매력 있는 국토환경을 조성한다(I-3).	• 연간 교통사고 사망자 감소율 (자동차 1만 대당)(단위: %)	(당해 연도 사망자-전년도 사망자)/ 전년도 사망자

전략목표 Ⅱ: 서민 중산층의 삶의 질을 개선한다		
서민 중산층의 생활 여건을 개선한다.(Ⅱ-3)	• 교통 약자 이동 편의 만족도 (단위: 점수)	(교통수단 만족도+여객시설만족도 + 보행환경 만족도)/3
전략목표 Ⅲ:기후 변화에 대비하는 저탄소 녹색성장을 구현한다		
교통 SOC를 재정비하고 녹색교통물류를 실현한다. (Ⅲ-1)	• 대중교통 이용자 수 (단위: 백만 명)	버스, 도시철도, 수도권 전철 이용자 수
전략목표 Ⅳ: 국토해양산업의 경쟁력을 높인다.		
국토해양 산업을 선진화한다. (Ⅳ-1)	• GDP 대비 국가물류비 비중 축소(단위: %)	국가물류비 산정 방식

자료: 국토해양부, 『2011회계연도 성과보고서』, 2012: 685-687; 국회예산정책처(2012: 246).

국회예산정책처(2012) 결과에 의하면 국토해양부 소관의 교통 및 물류 분야에 상당한 예산(16.8조 원)을 투입하고 있음에도 불구하고 성과보고서에 투입된 예산이 경제 성장 및 사회 발전에 미치는 효과를 제시하지 못하고 있음을 지적하고 있다. 또한 성과지표들을 건설 단계의 공정률, 시설 확보율 등으로만 설정하고 있다.

또한 2011 회계연도 성과보고서의 교통 및 물류 분야 관리 과제에 대한 성과지표도 산출(output) 위주의 성과지표이며, 교통혼잡비용 또는 물류비용 감소 여부를 확인하기 어렵다.

표 10-8 2011 회계연도 성과보고서의 교통 및 물류 분야 관리 과제 및 성과지표

관리과제	성과지표	측정 방법 및 측정 산식
성과목표 Ⅰ-2: 안전하고 매력 있는 국토환경을 조성한다.		
고속도로 조사설계	① 설계추진율 (%)	(당해 연도 예산집행액)/당해 연도 예산 규모) x 100 %
고속도로 건설	① 고속도로 주행 시간 관리(분/백만km)	주요 도시 간 평균 소요 시간의 합/총 주행거리
	(이하 생략)	

자료: 국회예산정책처(2012: 249); 국토해양부, 『20011회계연도 성과보고서』, 2012.

3) 개선 방안: 프로그램예산 체계와 성과관리 체계의 일치화

이러한 진단 결과 국회예산정책처(2012)는 프로그램예산 체계와 성과구조의 일치화를 위해 주어진 사례의 대안을 <표 10-9>와 같이 제시하고 있다.

모든 부처의 프로그램 예산구조를 합리적으로 구축하기 위해서는 프로그램 명칭을 결과 지향적 정책목표와 연계시킬 수 있는 정책사업을 재설계해야 할 것이다. 예를 들면 국토해양부의 교통 및 물류 분야의 성과관리를 위한 프로그램 예산 체계 개선 방안은 <표 10-9>와 같다(국회예산정책처, 2012). 부문은 실·국 단위로 구분되고, 프로그램은 실·국에서 추진하는 성과목표 단위로 구분한다. 또한 현행 단위사업명과 동일한 프로그램은 단위사업으로 설계한다.

표 10-9 성과관리를 위한 프로그램 예산 체계 개선안

<table>
<tr><th colspan="2">현행</th></tr>
<tr><th>부문</th><th>프로그램</th></tr>
<tr><td rowspan="3">도로</td><td>고속도로 건설</td></tr>
<tr><td>국도 건설</td></tr>
<tr><td>도로관리 등</td></tr>
<tr><td rowspan="4">철도</td><td>고속철도 건설</td></tr>
<tr><td>일반철도 건설</td></tr>
<tr><td>광역철도 건설</td></tr>
<tr><td>철도 안전 및 운영 등</td></tr>
<tr><td rowspan="2">도시 철도</td><td>도시철도 건설</td></tr>
<tr><td>도시철도경영개선 지원 등</td></tr>
<tr><td rowspan="3">해운 · 항만</td><td>신항만 개발</td></tr>
<tr><td>주요항 및 일반항 건설</td></tr>
<tr><td>항만운영 및 해상운송 등</td></tr>
<tr><td rowspan="2">항공 · 공항</td><td>일반공항 건설 및 관리</td></tr>
<tr><td>항공 발전 지원 등</td></tr>
<tr><td rowspan="2">물류 등 기타</td><td>광역교통정책</td></tr>
<tr><td>자동차 및 교통정책 등</td></tr>
</table>

➡

<table>
<tr><th colspan="3">개선안 예시</th></tr>
<tr><th>부문</th><th>프로그램</th><th>단위사업</th></tr>
<tr><td rowspan="9">육상교통</td><td rowspan="6">육상교통 체계 효율화</td><td>고속도로 건설</td></tr>
<tr><td>국도 건설</td></tr>
<tr><td>고속철도 건설</td></tr>
<tr><td>일반철도 건설</td></tr>
<tr><td>광역철도 건설</td></tr>
<tr><td>도시철도 건설</td></tr>
<tr><td>교통사고 감소</td><td>도로 안전 및 환경 개선</td></tr>
<tr><td rowspan="2">유지관리</td><td>도로 보수</td></tr>
<tr><td>철도 수해 복구</td></tr>
<tr><td rowspan="3">행운 · 항만</td><td rowspan="3">해운수송 경쟁력 강화</td><td>항만 개발</td></tr>
<tr><td>항만 운영</td></tr>
<tr><td>해상 운송</td></tr>
<tr><td rowspan="2">항공 · 공항</td><td rowspan="2">항공수송 경쟁력 강화</td><td>공항 건설</td></tr>
<tr><td>항공 발전</td></tr>
<tr><td rowspan="2">물류 체계 개선</td><td>물류산업 발전</td><td>물류 선진화</td></tr>
<tr><td>복합물류 발전</td><td>물류시설</td></tr>
</table>

자료: 국회예산정책처(2012: 252).

2 사례 2: 방위사업청 성과목표와 관리 과제의 성과 달성도 연계

성과관리 체계의 성과목표는 하위 관리 과제들의 수행을 통해 그 달성 여부가 결정되므로 상호 연계가 필수적이다. 이와 관련 국회예산정책처(2012a)의 방위사업청 2011년도 성과 달성 현황 분석에서 다음과 같은 점을 지적하고 있다.

성과목표의 경우 5개의 성과지표 모두 목표를 달성하고 있으나 이와 연계된 관리 과제의 경우 성과지표 131개 중에서 22.9%에 이루는 30개의 성과지표가 목표에 미달하고 있다. 또한 이를 성과목표별 미달성 관리 과제의 수로 구분하면 성과목표 I-2의 경우 하위 관리 과제 28개 중에서 20개가 목표를 달성하지 못했다. 국회예산정책처(2012a)는 이와같이 성과목표의 달성도와 하위 관리 과제의 달성도와의 차이는 상호간의 연계가 부족하다고 판단하고 있다. 물론 하위 관리 과제의 목표가 미달성하더라도 상위의 성과목표는 종합적인 견지에서 목표를 달성하는 것으로 인정할 수도 있다.

표 10-10 방위사업청 성과목표 및 관리 과제의 성과지표 달성 현황 비교

성과목표		관리 과제			
성과지표 수	달성지표 수	성과지표 수	달성지표 수	미달성지표 수	미달성 비율
5	5	131	101	30	22.9%

자료: 국회예산정책처(2012a: 102).

표 10-11 방위사업청 성과목표별 관리 과제의 목표 달성 현황 비교

성과목표	관리 과제 수	달성 과제 수	미달성 과제 수	미달성 과제 비율
성과목표 I-1	1	1	0	0%
성과목표 I-2	28	8	20	71.4%
성과목표 III-2	6	2	4	66.7%

자료: 국회예산정책처(2012a: 102).

그러나 성과목표 I-2의 경우 미달성 정도가 높음은 물론 목표 달성률 80% 미만의 성과지표가 있는 관리 과제의 비율도 28개 중에서 9개로 연계에 문제점이 지적되고 있다(<표 10-12> 참조). 아울러 이러한 목표 미달성 성과지표의 대부분이 예산집행률이라는 점에서 프로그램예산과 성과의 연계가 부족한 바 이에 대한 개선을 제안하고 있다(국회예산정책처, 2012a).

표 10-12 성과 목표 1-2 관리과제 달성률 80% 미만 성과지표 현황

성과목표	관리 과제	성과지표	달성률(%)
성과목표 I-2 (미래전에 대비한 국방전력 증강에 기여한다)	탑재장비사업	예산집행률	61.8
	레이더사업	예산집행률	57
	부대시설사업(공군) 외 6개 사업	예산집행률	32.5

자료: 국회예산정책처(2012a: 103).

제 5 절 결론

지금까지, 프로그램예산제도의 도입 의의와 배경, 프로그램예산제도의 내용과 설정 원칙, 프로그램예산제도와 성과관리, 프로그램예산제도와 성과관리 연계 운영 실태 진단 사례 등 프로그램예산제도와 성과관리 체계의 연계를 분석했다.

향후 이 장에서 자세하게 설명되지 않은 프로그램예산제도의 운용, 프로그램 예산제도하의 사업예산서, 프로그램별(사업별) 원가계산, 복식부기 및 발생주의회계 등이 심도 있게 분석되어야 할 것이다.

특히 프로그램(사업)예산제도 하의 예산과목구조와 성과관리 하의 성과 체계와의 연계·일치화 및 그에 따른 올바른 성과계획서 작성을 위한 예산 현장 밀착형 연구가 정부 실무자들과 공동으로 이루어져야 할 것이다. 이를 위해 「프로그램(사업)예산제도와 성과관리 연계 매뉴얼」(가칭)을 개발하여 학부와 대학원에서 정부부처의 프로그램예산제도 사례분석을 실시할 수 있으며, 정부의 실무자들도 예산서 작성 및 성과계획서 작성에 큰 길잡이가 되도록 해야 할 것이다.

참고 문헌

국토해양부(2012). 「사업별 · 목별 결산내역서 (II-2)」, 2012: 60-116.

국회예산정책처(2012a). 「2011회계연도 성과보고서 평가(중점)」, 국회예산정책처.

———(2012b). 「2011회계연도 성과보고서 평가II (국방위원회 외)」, 국회예산정책처.

송광호(2008). 「사업예산제도와 정부의 성과관리」, 좋은 땅.

윤영진(2009). 「재무행정론」, 서울: 대영문화사.

이상용 · 이효(2008). 「사업예산제도의 운영 실태와 정책 방안」, 한국지방행정연구원.

이효(2012), 사업예산제도와 성과관리. 「미래 지향적 지방재정 체계구축 방향 모색」, 한국지방재정학회·한국지방재정공제회, 65-93.

행정안전부(2011). 「2012년도 지방자치단체 예산편성 운영기준 및 기금운용계획 수립 기준」.

Kaplan, R. S. & D. P. Norton(1992). The Balanced Scorecard: Measures that Drive Performance. *Harvard Business Review*, January-Feburary 1: 71-79.

제 4 편 종합

제 11 장　재정규율과 재정책임의 향후 과제

제 11 장

재정규율과 재정책임의 향후 과제

지금까지 재정규율의 확보 방안, 재정규율과 재정책임에 대한 미국 · 핀란드 · 스웨덴 · 유럽연합(EU)·일본 선진국 사례, 예산사업과 기금사업의 연계, 재정사업 평가, 정부회계제도, 공공채무, 프로그램(사업)예산제도 등에 대한 쟁점과 대책을 논의했다. 이러한 다양한 논의는 종합한 재정규율과 재정책임의 방향 설정은 제1장의 재정규율의 확보 방안에서 출발하고 있다.

재정규율과 재정책임의 향후 과제는 바로 이러한 재정규율의 확보 방안을 토대로 각 장에서 논의된 쟁점과 대책들을 어떻게 지속적으로 진단하고 평가하고 대처해 나가느냐 하는 점이다. 물론 이 책은 재정규율과 재정책임 영역의 모든 주제를 포함하고 있지 않다. 그렇지만 재정규율과 재정책임 패기지에 담을 이슈들을 제기하고 있다는 점에서 큰 의의가 있다. 따라서 이 장에서는 선진화된 재정규율과 재정책임의 이론과 실제의 한국적 패러다임을 구축하기 위해 역점을 두어야 할 향후 과제를 제시하고자 한다.

첫째, 재정규율의 확보 방안에 대한 논의는 단순히 하나의 수단에 집착할 것이 아니라 제도-과정-준칙 간의 상호작용을 어떤 식으로 조정할 것인가에 초점을 두어야 한다. 재정규율을 확보하기 위한 방안들인 재정준칙의 제정, 독립적 재정기구의 설립, 예산 과정의 개혁, 그리고 예산제도의 개혁, 회계제도의 개혁 등에 대한 지속적인 노력이 과도한 정부 차입과 국가채무 누적의 사전적 방지에 의한 거시경제의 안정, 고령화와 같은 미래의 재정적 압력에 대응할 수 있는 외부 충격의 완화, 그리고 총량적 경제 성과의 향상을 위한 필수 요건이다. 따라서 재정건전성 확보를 위해서는 실질적인 제약과 과정적인 제약을 통합하는 제도의 재설계가 필요하다. 특히 이러한 제도적 설계가 왜 필요한지에 대한 근본적인 이유, 즉 재정규율이 와해되고 재정건전성이 약화되는 근본적인 이유들이 예산이 갖는 공유재의 특성, 정치가의 근시안적 시계, 시간적 비일관성, 왜곡된 정보의 제공 등에 대한 "예산 과정 행위의 장"의 영향 요인들임을 인식하고 이에 대한 이론적 접근과 실증적인 분석을 시도해야 할 것이다.

둘째, 재정규율과 재정책임에 대한 선진국 사례에 대한 지속적인 연구가 필요하다. 예를 들면, 제4장에서 분석한 EU의 경우 재정위기에 대응한 재정관리 · 감독 강화 방안으로 안정과 성장 협약(SGP) 이외에도 재정위기국의 도덕적 해이를 방지하기 위해 신재정협약 등 개별 국가의 재정 및 경제 상황을 개선하기 위한 협약 및 준칙 등을 마련하고 있는 바 이에 대한 연구들에 초점을 맞추어 나가야 할 것이다. 재정적인 규율을 강화하기 위한 예산관리 감독 강화와 금융 상황이 불안정한 국가에 대한 경제예산 감독 강화를 포함하는 Two-Pack(안정성장협약+six pack)은 우리에게도 의미있는 시사점을 주고 있다(박명호, 2012).

미국의 경우 최근 미국의 대선과 미국 재정과의 관계에 관한 연구가 우리나라 대선 시기와 관련해 그 시사점을 얻을 수 있다고 본다. 박형수 · 김학수(2012)는 미국 대선 후보들의 주요 대선 공약과 재정을 비교하고 있다. 오바마 대통령과 롬니 후보의 조세정책 분야의 공약 쟁점은 세 부담의 수직적 형평성 제고와 경제 성장을 위한 조세정책을 동시에 추구하기 위해 어떤 후보의 정책이 바람직한가이다.

우리나라의 경우 선거에 의한 정치적 불확실성이 확대되고 재정 여건이 어려운 상황으로 재정건전성을 위한 대통령 후보들의 공약에 대한 면밀한 분석이 주기적으로 이루어져 나가야 할 것이다. 박형수 · 김학수(2012)이 지적한 것처럼 재정건전성과 경기 부양을 위한 여러 정책 사이의 균형잡힌 정책 운용기조가 필요하며, 해외 충격에 의한 경제위기 및 남북 통일에 항시 대비해야 하는 우리 경제의 특수성을 고려하여 재정건전성 확보를 위한 제도적 개선이 향후 중요한 과제의 하나이다.

셋째, 2012~2016년 및 향후 국가재정 운용계획의 주요 내용을 검토하면서 이 책에서 논의된 재정관리 시스템 개선을 위한 제도적 정치들을 재설계하는 연구가 진행되어야 할 것이다. 먼저 국내외 재정환경을 점검하고 국가채무 비율의 축소 등 재정

위험 또는 재정절벽에 대한 체계적 관리를 위해 장기-중기-단기를 연계하는 재정관리 시스템을 진단해야 한다. 특히 지방재정과 공공기관 재무건전성에 대한 집중관리와 잠재적 재정 위험 요인 사전 차단과 함께 발생주의 회계 기준 국가통합재무제표 작성, 재정통계 개편 등을 통해 재정관리 인프라를 선진화하려는 정부의 의지에 대안을 제시하는 노력이 학계의 큰 몫이다.

넷째, 프로그램(사업)예산 제도 하의 예산과목구조와 성과관리 하의 성과 체계와의 연계·일치화 및 그에 따른 올바른 성과계획서 작성을 위한 예산 현장 밀착형 연구가 정부 실무자들과 공동으로 이루어져야 할 것이다. 이를 위해 「프로그램(사업)예산제도와 성과관리 매뉴얼」(가칭)을 개발하여 학부와 대학원에서는 정부부처의 사례분석을 실시할 수 있으며, 정부의 실무자들에게도 예산서 작성 및 성과계획서 작성에 큰 길잡이가 되도록 해야 할 것이다.

끝으로 추가적인 재정규율과 재정책임의 향후과제로 재무행정 연구회 소모임에서 논의되었던 주제들 중 「지방정부의 복식부기·발생주의 회계 개혁과 발전 방향에 대한 연구」, 「관료들의 교육예산 집행의 효과성을 결정하는 거시정치 변수에 대한 연구」, 「유인적 정책 수단의 성과 제고를 위한 재정 운용 개선 과제」, 「기금평가제도의 현황과 과제」, 「재정건전성 제고를 위한 국회의 역할」, 「구조적 재정 위험과 공적연금」 등은 후속 연구가 필요한 중요한 이슈들이다.

참고문헌

박명호(2012). 「재정위기에 대응한 EU의 금융안정 조치와 재정관리 감독 강화」, 한국조세연구원.

박형수·김학수(2012). 「미국의 대선과 미국 재정의 향배」, 한국조세연구원.

찾아보기

ㅁ

ㅂ

ㅅ

ㅇ

ㅈ

저자 약력

권오성(權五聖)

성균관대학교(문학사), 미국웨스트버지니아대학교(행정학 석사)를 거쳐 미국 조지아대학교에서 행정학 박사학위를 받았으며, 현재 한국행정연구원에서 기획조정본부장으로 재직 중이다.

주요 관심 분야는 재무행정, 정부간 관계, 정부혁신 등이며, 최근 발표된 논문으로는 "Fiscal Decentralization: An Effective Tool for Government Reform?"(2012), "입법부와 행정부의 거시경제 예측에 관한 비교 연구: CBO와 NABO를 중심으로"(2009), "공공기관의 책임성 유형과 우선순위에 관한 실증분석"(2009) 등이 있다(kwonosung@kipa.re.kr).

김관보(金琯保)

성균관대학교 행정학과에서 행정학사, 정책학석사, 미국 오하이오주립대학교(행정학석사)를 거쳐 미국 남가주대학교에서 행정학 박사학위를 받았으며, 현재 가톨릭대학교 정경학부 행정학 전공 교수로 재직 중이다.

한국개발연구원(KDI) 주임연구원, 한국건설산업연구원 부연구위원, 공정거래위원회 자체평가위원회 민간위원장, 행정안전부·외교통상부 자체평가위원 등을 역임했으며, 현재 공정거래위원회 하도급자문위원, 국방부 재정사업 자체평가 위원장, 군책임 운영기관 운영위원, 동반성장위원회 지수실무위원으로 활동하고 있다(홍조근정훈장, 2011).

"2011회계연도 국가채권 관리사무 성과평가"(2012), "화장장 건립 분쟁사례에 대한 제도론적 고찰: IAD 분석틀의 부천 화장장, 게임상황을 중심으로"(2010) 등 다수의 논문을 발표했다(kwanbo@catholic.ac.kr).

김재훈(金載勳)

미국 플로리다주립대학교에서 행정학 박사학위를 취득하고, 현재 서울과학기술대학교 행정학과 교수로 재직 중이다.

주요 관심 분야는 재무행정, 지방재정, 지방행정 등이다(jhkim@seoultech.ac.kr).

김철회(金哲會)

서울대학교 국제경제학과(경제학사), 서울대학교 행정대학원(행정학석사)을 거쳐 서울대학교 행정대학원에서 행정학박사를 받았으며, 한국연구재단 연구원, 국회예산정책처 예산분석관으로 일했다. 현재 기획재정부 경영평가위원, 지방분권촉진위원회 실무위원이며, 한남대학교 행정학과 교수로 재직 중이다.

저서로는 「테마행정학」(2007, 공저, 법우사), 「테마행정사례연구」(2011, 공저 법우사), 「지방자치론」(2012, 공저, 박영사) 등이 있다(cheolhoi@empal.com).

박정수(朴釘洙)

미국 피츠버그대학교에서 정책학박사(논문: Can Decentralization Policy Constrain the Leviathan?) 학위를 받았다. 한국조세연구원, 서울시립대학교를 거쳐 현재 이화여대 행정학과에 재직 중이다. 관심 분야는 재정정책, 공기업정책, 교육정책이다.

최근 저서로는 *Reviews of National Policies for Education: Santa Catarina State, Brazil*(OECD, 2010), 「한국과 중국의 공공기관 CEO성과평가제도 비교연구」(한국조세연구원, 2011)가 있으며, 논문은 "Governance Reform and Managing Efficiency Issues of Public Enterprises in Korea"(2010), "국가재정의 과제와 합리적 운용 방향"(2011) 등이 있다(parkj@ewha.ac.kr).

이원희(李元熙)

서울대 경제학과, 서울대 행정대학원(석사)을 거쳐 서울대에서 행정학 박사학위를 받았다. 아메리칸대학교 방문교수, 국회입법조사분석실 연구관, 경실련 예산감사위원회 위원장, 한경대 기획연구처장, 한경대 인문사회과학대학 학장, 한국정부회계학회 회장을 역임했으며, 현재 한경대 행정학과 교수로 재직 중이다.

주요 저서 및 논문으로는 「시민이 챙겨야 할 나라 가계부」(창비, 2008), "분권교부세의 자치단체에 대한 영향분석"(2011) 등이 있다(wonheel daum@daum.net).

이정희(李正熙)

서울대학교 경제학과(경제학사), 서울대 행정대학원(행정학석사)를 거쳐, 아메리칸대학교에서 행정학 박사학위를 받았다. 한국행정연구원 부연구의원을 역임했으며, 현재 서울시립대학교 행정학과 교수로 재직중이다.

최근 주요 논문으로는 "대통령제하의 예산전쟁의 갈등 양상에 관한 연구"(2012), "2011 회계연도 국가채권 관리사무 성과 평가"(2012) 등이 있다(luckhee72@kipa.re.kr).

인태환(印兌煥)

동국대학교(행정학학사)를 거쳐 서울대학교 행정대학원 및 인디애나대학교 행정환경대학원(SPEA)에서 행정학석사, 시라큐스대학교(Maxwell School)에서 행정학 박사학위를 받았다. 증권감독원(現 금융감독원), 한국소비자원 대리, *The Journal of East Asian Affairs* 편집위원장, George Mason University 정책대학원(SPP) 객원교수, 정부혁신지방분권위원회 전문위원, 국가안보전략연구소 기획실장 등 역임했으며, 현재 국가안보전략연구소 수석연구위원으로 재직 중이다.

주요 연구로는 "The Effect of Mandatory, Secondary Municipal Bond Market Disclosure Requirements on the U.S. Municipal Bond Market: The Amended Securities Exchange Act, Rule 15c-12 of 1994"(박사학위 논문), "1960년 이후 미국 재정적자 추이 및 주요 적자 감축정책 연구," "이명박 정부의 재정개혁 과제: 총량적 지출 상한제(spending caps) 도입을 통한 재정준칙 제정을 중심으로" 등이 있다(enlightyin@hotmail.com).

임동완(林東浣)

고려대학교(인문학사), 서울대학교(행정학석사)를 거쳐 서울대학교에서 행정학 박사학위(논문: 복식부기·발생주의 예산회계의 제도화에 대한 비교연구: OECD 주요 회원국들의 중앙정부를 중심으로, 2007)를 받았다. 국회예산정책처 예산분석관을 역임했으며, 현재 단국대학교 행정학과에 교수로 재직 중이다.

주요 관심 분야는 제도론, 재무행정, 정부회계 등이며, 최근 발표한 논문으로는 "성인지 예산의 제도화에 대한 영향 요인 분석"(2008), "Evaluation of Law: The Parental Leave Clauses in the Act on Equal Employment and Work-Family Compatibility"(2009), "미국과 한국 지방정부의 발생기준 회계 제도화에 대한 비교연구"(2011) 등이 있다(sum2@dankoor.ac.kr).

하연섭(河連燮)

연세대학교 사회과학대학 행정학과(학사), 미국 인디애나대학교(행정학석사)를 거쳐 미국 인디애나대학교에서 정책학 박사학위를 받았다. 현재 연세대학교 행정학과 교수로 재직 주이다.

「정부예산과 재무행정」, 「제도분석: 이론과 쟁점」, 「재정학의 이해」 등의 저서가 있으며, *Public Budgeting & Finance, Journal of Public Budgeting, Accounting & Financial Management, International Review of Administrative Sciences, Policy Studies Review*, 한국행정학보, 한국정책학회보, 행정논총, 한국행정연구, 예산정책연구, 한국정치학회보 등에 재무행정, 비교정책, 제도분석 등에 관련된 논문을 발표한 바 있다(hays@yonsei.ac.kr).

재정규율과 재정책임의 이론과 실제

펴낸날 / 제1판 제1쇄 2012년 12월 5일
엮은이 / 한국행정학회 재무행정연구회
펴낸이 / 임춘환
펴낸곳 / 도서출판 대영문화사
주소 / 서울 용산구 청파동 1가 178-2 ㉾ 140-869
등록 / 1975년 12월 26일 제3-16호
전화 / (02)716-3883, (02)714-3062
FAX / (02)703-3839
홈페이지 / http://www.dymbook.co.kr

ISBN 978-89-7644-428-8

〔값 15,000원〕